筑波書房

海耕記

原耕が鰹群《なぐら》に翔けた夢

福田忠弘 著

はじめに

1　海を耕した政治家

インドネシアのアンボンに、戦前、衆議院議員を2期務めた原耕《はらこう》（1876〜1933年）という人物の巨大な墓が残されています（第1回写真参照）。この人物は、衆議院議員在任中にマラリアに罹《かか》ってアンボンで他界してしまいました。原耕は、生前からアンボンに自分の墓を準備していましたので、死後、本人の遺志に基づいて遺骨の一部はそこに埋葬されました。日本の国会議員のなかで、在任中に海外で命を落とし、そしてその地で埋葬された墓が現存している人の数はそう多くはないはずです（元陸軍大佐で参議院議員在任中にラオスで行方不明になった辻政信などがすぐに思い浮かびますが、現地での墓等は不明のままです）。生前に墓を準備していたことから、この政治家は自らの強い決意と信念に基づいてアンボンにいたことが分かります。

そんな少し変わった経歴をもつ政治家に敬意を抱きながらも親近感を込めて、本書ではこの人物のことを耕《こう》と呼んでいきます。

耕の業績はほとんど知られていません。そもそも現職の衆議院議員が、命を懸けてアンボンで何をしていたのでしょうか。戦前に海外で他界した衆議院議員と聞くと、私たちの生活とは全くかけ離れたように感じるかもしれません。しかし耕がしたことは、私たちの身近な食生活・食文化と非常に密接な関連を持っています。耕がアンボンで命を懸けたもの、それは鰹節《かつおぶし》とツナ缶です。日本近海での漁獲減少で困っている漁師たちを引き連れて、日本には鰹節を、欧米には缶詰と魚粉を輸出するという計画をたて、衆議院議員自ら赤道を越えたアンボンで陣頭指揮をとっていたのです。鰹節とツナ缶と言ったら、現在の私たちにとってはとてもなじみ深い食材です。そんな身近な食材のために、政治家自らが命を懸ける必要があったのでしょうか。この変な違和感というか、素朴な疑問を解決していくことが本書のテーマとなります。

２０１３（平成25）年12月、「和食」がユネスコの無形文化遺産に登録されました。和食と言ったらダシのうまみ。ダシのうまみと言ったら鰹節を外すことはできません。煮物やお味噌汁、めんつゆから冷や奴《やっこ》の薬味やお好み焼きまで、鰹節は幅広く利用されています。当たり前に食べられている鰹節ですが、いつの時代にも鰹節の原料になる鰹の確保が一番の問題となってきました。

鰹節製造に適しているのは脂肪分が少ない（いわゆる脂がのっていない）鰹です。鰹は餌を求めて春になると黒潮に乗って北上し、秋になると南下します。日本人の食生活には、いわゆる「のぼり鰹、もどり鰹」は欠かせないものになっていますが、同じ鰹でも鰹節製造に適しているのはのぼり鰹の方で、南の海で獲れる脂肪分の少ない鰹が最適です。脂がのっていると良い鰹節ができません。耕が活躍した大正時代から昭和時代初期、日本近海では次第に鰹が獲れなくなっていきました。鰹が獲れなくなると、鰹漁に携わる漁師と、鰹節製造に携わる加工業者の仕事がなくなってしまいます。

耕はこの問題を解決するために、鰹の群れを探しに沖縄、台湾の海域にまで漁場調査に出かけて行きました。今では当たり前の遠洋漁業ですが、当時日本の鰹船が沖縄、台湾、フィリピンの海域にまで進出していくのは極めて先進的な事例でした。耕はこうした漁場調査により、南に行けば行くほど良質な鰹が多いことを発見しました。

1927（昭和2）年に耕は、100名を超える漁師を100トン程度の漁船2隻に乗せ、当時日本の信託統治領だったパラオなどの南洋群島、オランダが支配していた蘭領東インド（蘭印：現在のインドネシア）のスラウェシ島、そして赤道を越えてアンボン島まで漁場開拓事業を行いました。耕が拠点をおいていた鹿児島県枕崎市では鰹の群れを鰹群《なぐら》と呼びますが、耕は鰹群を求めて、戦前の南洋の海を6カ月もの間、漁場開拓を行ったのです。そして大成功を収めました。耕の事業により、南洋の海域で商業ベースの鰹漁が成立することが証明されたのです。この耕の第1回南洋漁場開拓事業によって南洋漁業が脚光をあびると、日本で経営困難に陥っていた鰹漁師、鰹節加工業者は大挙して南洋に進出していき、そこで活路を開いたのでした。もし耕の南洋漁場開拓事業が行われなかったならば、原料の鰹を確保できなくなった鰹漁師や鰹節加工業者は異業種に転職してしまい、鰹節産業は衰退して現在のような形をとっていなかったかもしれません。

政治家の耕は、赤道を越えたアンボンに大規模な漁業基地を建設することを目指しました。耕の理論は非常にシンプルで、「漁獲高は漁場の良さに比例する」と考えていました。良い漁場を見つければ、漁獲高は自《おの》ずと多くなってくると。その耕が見つけた最良の漁場が、アンボンを中心とする海域だったのです。そこに一大漁業基地建設を目指しました。その計画は巨大なもので、アンボンに東京ドーム約53個分の土地を購入し、7千人の漁師たちを移住させ、日本には鰹節を、欧米には缶詰および魚粉を輸出する計画を立てていました。耕は身銭を切って南洋漁場開拓事業を推進し、そしてアンボンで漁業基地建設の陣頭指揮をとっていました。しかしその途中、衆議院議員在任中に客死してしまいました。耕の遺骨は、本人の遺志にしたがってアンボンと日本の墓に分骨されることになりました。アンボンの古老達は、耕の墓がある丘を「Ko

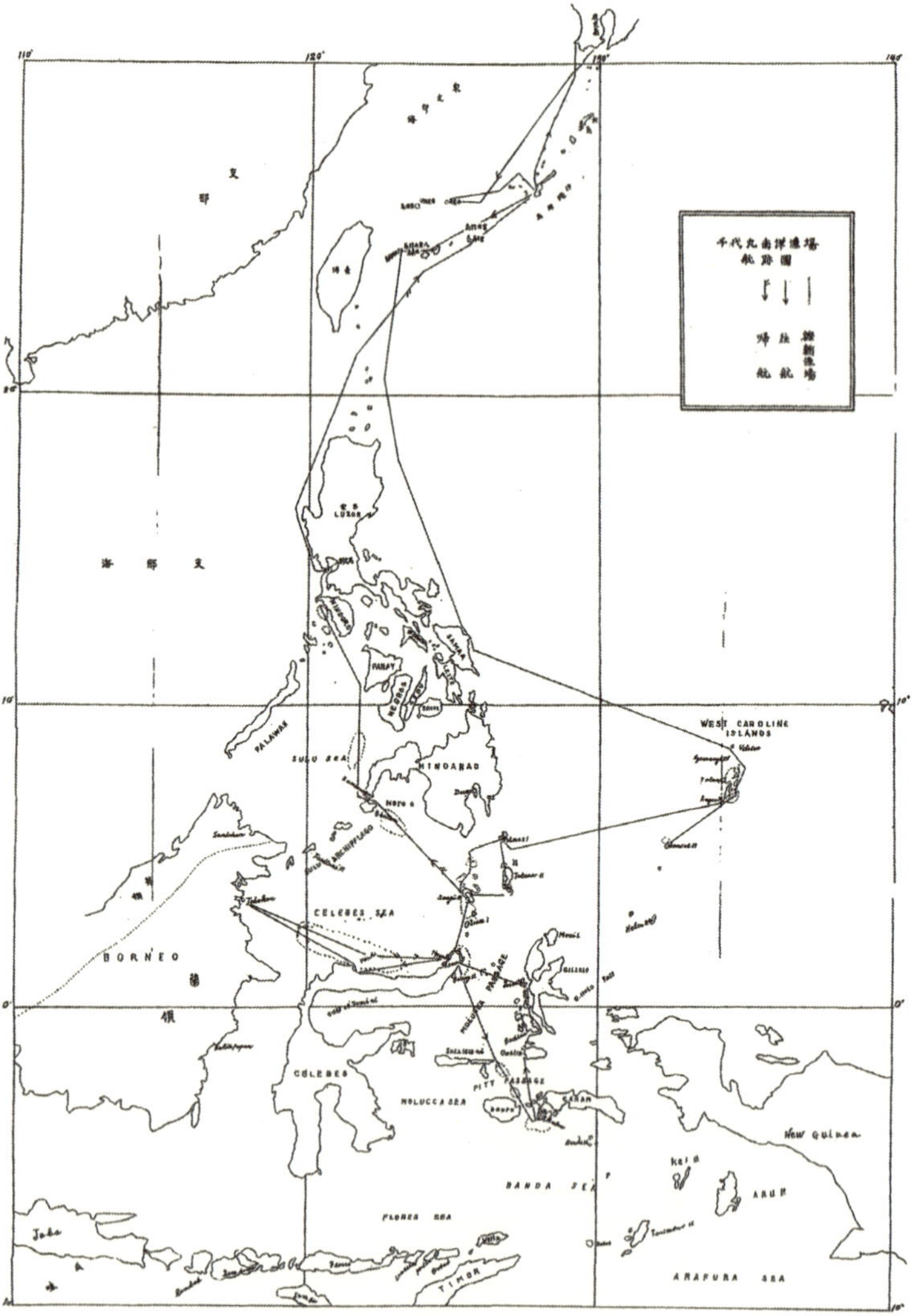

第１回南洋漁場開拓の行程図
（鹿児島県水産技術開発センター提供）

Hara の丘」と呼んでいます。耕が彼等の親の世代に日本式鰹漁・鮪《まぐろ》漁のやり方を教えたことが、現在まで伝えられています。耕が行った先進的な南洋漁場開拓事業は、その後大きな影響をもつことになりました。南洋漁場開拓事業に命を懸けた耕のことを、本書では「海を耕した政治家」と表現しています。

2　南洋鰹漁最初の成功者

「そこに海があるならば、日本近海でも、南洋でも鰹を釣ることはそう難しくない」と思われるかもしれません。「南洋で鰹漁を成功させることなど大したことない」と。

現代に住む私たちにとって、鰹節はとても身近な食材です。スーパーに並んでいるパックの鰹節を買ってきて、食べる前に封を切って、サッサとかけるだけで手軽に食べられます。しかし鰹を獲って鰹節を作ることはそう簡単なことではありません。ましてや耕の時代には。

まず鰹を釣るためには、大量の活《い》き餌《え》が必要となります。当時は、漁船に活餌槽が取りつけられはじめた頃でした。しかし生きているカタクチイワシ等をいきなり狭い活餌槽にいれると、多くの魚が死んでしまいます。そこで蓄養《ちくよう》と言って、狭い空間に慣らせるための作業が必要になります。つまり鰹漁に出かけるためには、活き餌を獲るための漁と蓄養

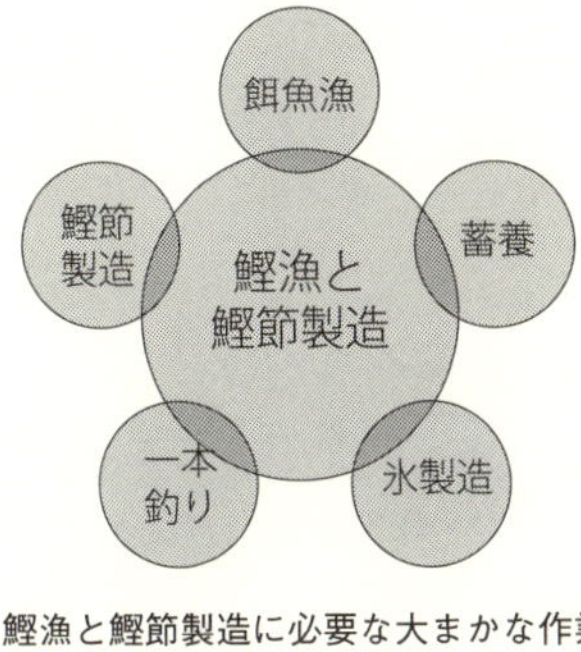

鰹漁と鰹節製造に必要な大まかな作業

という二つの過程が必要になってくるのです。そして鰹漁の漁獲高は活き餌の量に比例します。大量の鰹を釣るためには、まず大量の活き餌を準備する必要があるのです（本書ではこれを餌魚、餌魚漁と表現しています）。

そして実際に活き餌を積んで漁場に向かいます。漁は一本釣りを専門にした漁師が行います。鰹に限らず、魚の商品特性は腐りやすいということです。大正時代以降、日本近海に鰹が上がってこなくなり、漁場は遠くなる一方でした。せっかく一本釣りした鰹も、腐ってしまっては意味がありません。そのために、漁船に氷を積んでいく必要がありました。日本では漁業用の製氷所が整備されていましたが、耕が漁業基地建設を目指した南洋の地には製氷所はありません。こうした製氷設備も自前で準備しないといけません。

漁が終わると、急いで港に戻って鰹節加工に取りかかります。鰹節加工のうち、鰹の身を煮る過程（煮熟《しゃじゅく》）、そして燻《いぶ》す過程（焙乾《ばいかん》）には大掛かりな設備が必要になってきます。そしてその後、カビつけをして天日干しする作業を何度かくり返すと、鰹節（本枯節）が完成します。

腐りやすい鰹を鰹節に加工すると、保存が効くようになります。保存が効けば、販路を拡大させることができます。実は鰹節というのは画期的な発明だったのです。ただ鰹節加工には専用の設備と多くの人手が必要となります。こうした設備も当然のことながら自分たちで設置する必要がありました。

耕の時代、日本国内ではこうした餌魚漁、蓄養、氷製造、漁撈、鰹節製造については、すべて分業体制がとられていました。ですので、日本で鰹漁を行うことはそれほど難しいことではありません。

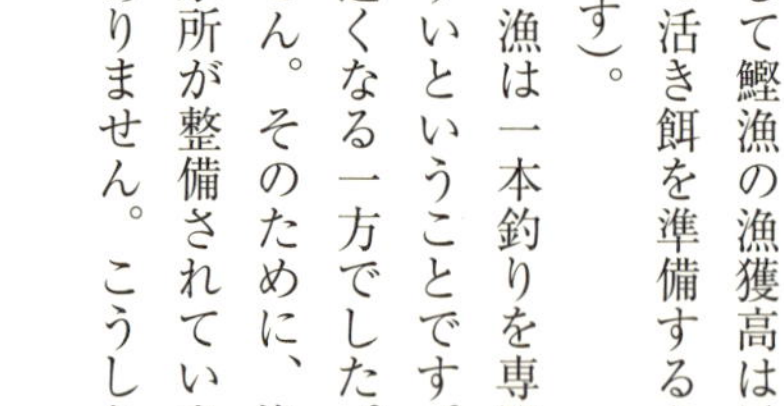

カツオ節製造工程の大きな流れ

では南洋ではどうでしょうか。分業体制が全く築かれていません。南の海に鰹の群れが多いことを報告していたのは、もちろん耕がはじめてではありません。南洋を訪問した水産技師、南洋に拠点をおいていた日本人たちは、鰹の多さに注目しています。しかし鰹がそこにいるからといって、すぐに鰹漁と鰹節製造ができる訳ではないのです。耕の南洋漁場開拓事業以前は、そもそも鰹漁に必須となる餌魚を獲ることすらできませんでした。活き餌がなければ、鰹漁を行うことはできません。また少量の餌しか確保できなければ、鰹の漁獲量も少なくなります。南洋では、鰹漁よりも先に、餌魚漁を成功させなければいけなかったのです。実は、南洋で鰹漁に必須の餌魚漁を成功させたのは、耕がはじめてです。耕は6カ月もの間、色々な場所を転々としながら、餌魚漁、鰹漁、鰹節加工を行い、さらに缶詰加工に最適な鮪《まぐろ》漁の調査を行ったのでした。

耕の成功は多くの人々に影響を与えました。耕が行おうとしていた事業は、当時、南洋に進出していた日本人漁師たちとは全く異なった発想のもとに行われていました。長崎大学名誉教授の片岡千賀之は、『南洋の日本人漁業』（同文館、1991年）という書籍で、当時の南洋で行われていた日本人漁業を鮮魚供給型漁業と輸出商品型漁業の二つに分類しています（11頁）。鮮魚供給型漁業とは、獲った魚を鮮魚のまま販売する漁業です。魚は腐りますので、腐る前に販売しなくてはいけません。獲った魚を販売するためには、人口が多い方が良いに決まっています。供給が多くて消費が少なければ、魚の値段はどんどん下がってしまいます。ですので、人口が多い地域に拠点を置かないと、鮮魚供給型漁業は成立しません。しかし鮮魚供給型漁業の場合、日本人漁業者同士の紛争や現地漁業者との紛争が起きる可能性があります。そして実際にそうした紛争が多数起きていました。一方の輸出商品型漁業とは、獲った魚を加工して輸出を目指す漁業のことです。耕が行おうとしたのは、この輸出商品型漁業の方でした（片岡は輸出商品型漁業として真珠貝採取、高瀬貝採取、真珠養殖もあげていますが、本書では鰹と鮪のみ取りあげます）。競合する相手がいない人口過疎地域に拠点を置き、日本に鰹節を、欧米には鰹や鮪の缶詰（現在で言うところのツナ缶）、そして魚粉を販売することを目指しました。これならば現地漁業者との紛争が起きることはないですし、拠点をおく都市の人口規模に消費が左右されることもありません。耕の事業は画期的な事業だったのです。

耕の成功後、日本の漁業者、鰹節製造工（女性も含む）の多くは南洋を目指しました。パラオやトラック島などの南洋群島に進出したのは、主に沖縄の漁業者と鰹節製造工でした。またアジア・太平洋戦争がすでに始まっていた１９４２（昭和17）年には、静岡の焼津で村松正之助率いる皇道産業焼津践団が設立され、日本軍占領下で水産業に従事するために南洋に進出していきました。そして戦争の激化により、多くの人々が命を落とすことになりました。こうした鰹と鮪の輸出商品型漁業の南洋進出最初のスタート地点が、耕の第1回南洋漁場開拓事業なのです。

耕の南洋漁場開拓事業は、インドネシアの漁業にも影響を与えました。耕がもたらした餌魚漁のやり方、日本式の鰹漁が戦後にも引き継がれていきます。インドネシアでは、日本式の鰹漁はフハテと呼ばれ、現地の漁法フナイとは区別されています。スラウェシ島のケマは、耕が最初に拠点を

ビトゥンでの日本式鰹船（2017年）

アンボンでの日本式鰹船（1974年）
（岩切成郎提供）

おいた場所ですが、そのすぐ近くのビトゥンは現在、鰹産業が盛んになっています。あまり知られていませんが、耕による重要な技術移転が行われていました。耕の南洋漁場開拓事業は単なる歴史ではなく、現代的な問題も含んでいるのです。

３　多様なキャリア、魅力的な個性

耕は衆議院議員を２期務め、南洋漁場開拓を推進していきましたが、彼の業績はそれだけではありません。実に多方面で活躍しています。耕の元々の職業は医者です。現在の大阪大学医学部（当時の大阪高等医学校）で刀圭術《とうけいじゅつ》を学び、アメリカにある日本の在外公館で医務官として勤務した経験もあります。鹿児島から選出される日本医師会代議員数は３名でしたが、この代議員にも耕は選ばれています。腕も良く人望もあった医者でした。

　耕の転機となったのは２回の結婚でした。最初の結婚相手は、現在の鹿児島県南さつま市加世田の名家、鮫島剛の次女トミでした。耕が35歳、トミ20歳でした。しかしトミは結婚後７カ月でこの世を去ります。妊娠に関する病気と言われていますが、はっきりした原因は伝わっていません。医者でありながら、15歳下の妻

海耕記で言及する内容

人物
- 原耕の人物像
- 妻千代子との関係
- 友人、部下との人間関係

政治
- 衆議院議員
- 政財官の人脈
- 国会での活躍
- 灯台設置

南進論との関係
- 南洋での輸出志向型漁業
- 南興水産
- 沖縄県漁民の南方出漁

地域
- 南薩のカツオ漁
- 南薩鉄道
- 鰹節生産量日本一（特に漁製分離）

水産
- 第１回南洋漁場開拓事業の意味
- 水産史における原耕の意味
- 「無限の宝庫」

医師界
- 医師としての原耕
- 佐多愛彦（大阪大学医学部長）との関係

そしておなかの子の二つの命を守ることができなかった耕の嘆きは大きかったと思います。ただこの結婚で、耕は鹿児島の実業界に足がかりを作ったことになります。

次の結婚は耕が41歳の時です。24歳の女医千代子と結婚しました。この結婚をきっかけに、耕は漁業の世界に乗りだしていくことになりました。耕は自らの船に愛妻千代子の名前を用いて「千代丸」と名付けました。医者でありながら耕は、自ら鰹船に乗り込む極めて異色の船主でした。当時の鰹漁は過酷です。甲板《かんぱん》の上に、漁師が休むような設備はありません。晴れれば太陽に焼かれ、雨が降れば食事をとることも寝ることさえもままならない生活を強いられます。そんな漁師生活を自ら受け入れて、耕は枕崎ナンバーワン漁師になっていったのです。

耕は、枕崎の鰹漁と鰹節製造の世界に次々と新風を吹き込んでいきました。船頭の勘と経験だけが頼りだった鰹漁に海図を持ち込んだり、伝書鳩《ばと》を導入したりしました。さらに大正時代に、鰹漁の無声映画（現在で言えばドキュメンタリー）を撮影しました。漁師の社会的地位を向上させるためです。この映像は、昭和天皇と結婚する前の香淳皇后もご覧になりました。大正時代の鰹漁、そして鰹節製造を知るための貴重な映像となっています。今でこそ動画を撮影することは簡単ですが、数日にわたる鰹漁の様子、鰹節製造の映像を撮影することは、当時としては画期的なことでした。

そしてすでに紹介した南洋漁場開拓事業です。半年の調査から戻った耕は、今度は衆議院議員に当選しました。政治家になった耕は、南洋漁場の有望性を当時の水産界に強力にアピールしていきます。全国の漁業者にも自らパンフレットを作って呼びかけたのです。「一緒に南洋に行こう！」と。当時の漁師が読むことを想定して、パンフレットの漢字にはすべてふりがながふられていました。漁師に呼びかけただけではありません。政治家の地位をフルに利用して、政官財の目を南洋の海に向けさせたのです。当時、日本の植民地統治や海外への移民政策などを担当していた拓務省が、日本国内、台湾、朝鮮、南洋群島の水産技師を一堂に集めて、はじめて南洋漁業についての会合を開いたのも耕の影響があったからです。

4　灯台設置や薩摩半島一周鉄道にも貢献

耕の貢献は南洋漁場開拓事業、鰹節産業だけではありません。重要なインフラ整備にも貢献しました。私たちの生活は海外との結びつきが強く、海運なくして日々の生活は成り立ちません。耕の時代、世界第3位の海運国でありながら、日本近海は「暗黒の海」と呼ばれていました。灯台などの航路標識が十分に整備されていなかったからです。耕は「噸税法《とんぜい》」と呼ばれる法律改正に貢献し、この改正により日本近海に重要な航路標識が設置されることになりました。その新設灯台のなかに草垣島灯台が含まれています。この草垣島灯台は、大隅海峡を通る船舶にとっては極めて重要な灯台です。現在ではソーラー化されていますが、耕は草垣島灯台新設のために、政治家として強いリーダーシップを発揮しました。耕が灯《とも》した火は、現代の私たちの生活にも直結しています。

耕が第1回南洋漁場開拓事業に出掛ける直前、耕の友人が校長を務める鹿児島商船水産学校の練習船「霧島丸」が沈没し、学生を含む乗組員全員が死亡するという痛ましい事件がおきました。この事件は、現代の海員養成に非常に強い影響を及ぼしています。南洋漁業以外にも、現代につながる海難事故についても本書では扱っています。

耕が拠点をおいていた鹿児島県枕崎市は、ＪＲ最南端の始発・終着駅です。現在、枕崎駅から鹿児島中央駅まで、指宿枕崎線が通っています。

実は枕崎駅はもう一つの鉄道の始発・終着駅でした。その鉄道は南薩鉄道（後の鹿児島交通枕崎線：愛称は南薩線）という私鉄でした。この南薩鉄道にも、耕は深く関わりをもっていました。南薩鉄道は、1914（大正3）年に伊集院から加世田まで開通します（地図は第71回の写真を参照）。この南薩鉄道を創業したのは、耕の最初の妻トミのおじにあたる鮫島慶彦でした。鮫島慶彦は、伊集院から枕崎までの鉄道を完成させようとしていましたが、資金不足でなかなか延長工事を進めることはできませんでした。

この延長工事を動かしたのが、衆議院議員になったばかりの耕でした。県や関係自治体から資金を提供させ、延長工事を実現させたのでした。最初の区間開設から17年経った1931（昭和6）年に、やっと加世田―枕崎間が開通しました。

耕の衆議院在任中、西鹿児島駅（現在の鹿児島中央駅）から指宿駅までの鉄道建設が進んでいました。この鉄道を指宿から枕崎まで延長することを国会で建議したのも耕でした。結局、耕の生存中は実現せず、枕崎駅まで鉄道が開通したのは1963（昭和38）年のことでした。こうして枕崎駅は、南薩線と指宿枕崎線の始発・終着駅になりました。しかし時代の流れには勝てず、1984（昭和59）年に南薩線は廃線になってしまいました。

枕崎と言ったら鰹節、そして日本最南端の始発・終着駅。このどちらにも、耕は重要な役割を果たしていたのです。

5　本書の成り立ち

本書は、2012（平成24）年5月16日から2017（平成29）年7月28日までの間、鹿児島の地方紙『南日本新聞』に126回掲載された「海耕記　原耕が鰹群に翔けた夢」がもとになっています。加筆修正を加えましたが、基本的にはそのままの形で書籍化しました。

連載では、南薩摩の漁業を中心とする歴史についてかなり意識的に言及しました。書籍化にあたり、こうしたローカルな歴史については削除しようかとも考えましたが、やはりそのまま書籍にも掲載することにしました。これには大きな理由があります。

2013（平成25）年12月に「和食」はユネスコ無形文化遺産に登録されました。海外でも、日本食そしてダシのうまみには注目が集まっています。ダシと言えば、鰹節と昆布ははずすことはできません。そして鰹節は鹿児島で75％（枕崎で50％、指宿市山川で25％：2017年段階）を、昆布は北海道で90％を生産しています。こうした地方が、世界に誇る日本のダシ文化を支えています。鰹節製造が江戸時代から始まった枕崎では、本書で紹介するような悲惨な海難事故や、技術革新や既得権益の打破など、様々な出来事を経験してきました。こうした経験が、日本の食卓を、そして無形文化遺産「和食」を支えているのです。このことを全国の皆さんと共有できればと思っています。

新聞連載では紙面の関係から引用注をつけることができませんでしたが、書籍化にあたり、全面的に注をつけました。参考した書籍はかなりの数になりますが、紙幅の関係で参考文献のリストは作成しませんでした。主要文献は注を参照いただければ幸いです。写真は、断りがない場合には、筆者が撮影しています。本書では登場する人物、史料や写真等を提供して下さった方々も含めて、敬称はすべて省略させていただいています。本文中の引用文に関しては、旧字体を新字体に改めています。注に関してはこの限りではありません。

目次

カバーデザイン　丸山容爾

第1回　南溟の墓

インドネシアのアンボン島。赤道を越えた南半球のこの島は、大航海時代の香辛料貿易で有名な場所である。

そのアンボンの空の玄関口、パティムラ空港を見おろす小高い丘に、元衆議院議員の遺骨が埋葬された巨大な墓が残されている。コンクリートで作られたその墓は、日本のものよりはるかに大きく、高さは4～5メートルにもなる。近くに立つと見上げるような高さである。

この墓があるのは、ラハ（Laha）という場所である。この地で現職の衆議院議員が議員在任中に客死したのは、アジア・太平洋戦争が始まる以前の1933（昭和8）年8月3日のことである。85年もの月日が流れてしまっているからだろう、この墓の存在を覚えている日本人も少なくなり、ほどんど誰も訪れないようだ。墓の周りには灌木《かんぼく》が生い茂り、かつて嵌《は》め込まれていた墓碑銘もはがされている。コンクリートの壁には、盗掘目的と見られる穴が開けられてしまっている。言われなければ、それが墓だということすら分からない。

しかしラハの古老達は、この墓の存在を、そして墓のなかに埋葬されている政治家の存在を忘れてはいない。自分たちの親から、その日本人についての話を聞かされているからである。人々は、その墓のある丘に、この日本人政治家の名前をつけて呼んでいる。「Ko Hara の丘」と。

原耕《はらこう》。それが、この墓に眠る人物の名前である。本書では、親しみを込めて耕《こう》と呼ぶ。耕は、1876（明治9）年現在の鹿児島県南さつま市坊津町に生まれ、1933（昭和8）年にインドネシア（当時は蘭領東インド：蘭印）のアンボンで衆議院議員在任中に客死している。

なぜ耕の名前をアンボン島ラハ村の古老達は語り継いでいるのか。それは耕が、日本式の鰹《かつお》漁や鮪《まぐろ》漁のやり方を彼等の親の世代に伝えたからである。彼等のなかには、父親から教わった片言の日本語を覚えている者もいる。

しかしそもそもの疑問は、なぜ現職の衆議院議員がアンボンで鰹漁や鮪漁をしていたのかである。耕は、戦前の水産界の問題解決のために、南洋の漁場開拓事業を推し進め、アンボンに大規模な漁業基地を建設しようとしていたのである。その計画は巨大なもので、東京ドーム約53個分の土地に約7千人の漁師を移住させ、アンボン近海で獲れる魚を利用して、日本には鰹節《かつおぶし》を、欧米には缶詰（いわゆるツナ缶）および魚粉を輸出する計画をたてていた。政治家原耕が旗を振った事業により、漁業者だけではなく、中央省庁、財界の眼を南洋の海に向けさせることになった。それだけではない。耕は衆議院議員でありながら、自らアンボンに漁船で乗り込み、漁業基地建設の陣頭指揮をとっていたのである。そしてその最中にマラリアに罹《かか》って、客死したのである。

耕がどのような経緯で「海を耕した政治家」になり、何を残したのか。そしてそのことは現代にどのような意味があるのか。それを本書で問いかけていきたい。

修復前の原耕の墓（1974 年）（鮫島昭一提供）

現在（2017 年）の原耕の墓（株式会社マルモ提供）

第2回　その男、まさに鯤の如し

「北溟《ほくめい》に魚あり。其の名を鯤《こん》と為《な》す」という寓話から、中国古典の『荘子』は始まっている。この鯤の大きさは何千里もあり、変身するとこれまた何千里もある鵬《ほう》という鳥になり、鵬は大海原を三千里ほど羽ばたき、九万里の高みに達し、南溟《なんめい》（南の大きな海）に至るという。そして、ヒグラシや小鳩は鵬の境地を理解できないとも。

南洋で鰹群《なぐら》に賭《か》けた原耕もスケールが大きすぎて、その全容をつかむことが難しい。

耕は、１８７６（明治９）年２月７日、黒潮に洗われたリアス式海岸が続く川辺郡南方郷泊村（現在の南さつま市坊津町泊）で生まれた。

この年は、明治新政府に対する士族の反乱、すなわち敬神党の乱（熊本）、秋月の乱（福岡）、萩の乱（山口）が立て続きに起きた年である。翌１８７７（明治10）年に西郷隆盛を擁した私学校党が挙兵し西南戦争が起きた際には、坊津からも私学校党に参加したものがいて、40人以上の戦死者を出した(1)。

耕が生まれた家は、子どもたちが車付きの帆掛け船を引く「唐カラ船まつり」が行われる泊の海岸から、

1927年6月に鹿児島港を出港し、半年に渡る第1回南洋漁場開拓を終えて鹿児島に戻った時の原耕（枕崎市立図書館提供）

国道226号線を渡って細い路地を少し入った場所にある。現在、家屋は撤去され土地だけが残されており、原耕生誕地の碑が建てられている。

原耕を一言で紹介するのは難しい。彼は、大阪府立医学校（現在の大阪大学医学部）を卒業後、枕崎に医院を開業したが、自ら鰹の群れを追って、漁場開拓を行った。衆議院議員に当選後も蘭領東インド（いわゆる蘭印、現在のインドネシア）のアンボン島ラハで鰹漁業基地建設に従事。悪性のマラリアにかかり1933（昭和8）年、衆議院議員在任中に57歳で客死した。全国に誇る鹿児島の鰹節産業の基礎を耕が築いたと評価する人もいる。

しかし、彼の業績はこれだけではない。政治家、医者、現在でいうところの起業家としての実績もさることながら、その構想力、先見性、進取性、行動力、統率力など、人間的魅力にも溢れ、その〝航跡〟は現在でも輝きを失っていない。それにも関わらず、耕の事績はあまり知られていない。

なぜだろうか。おそらく、耕の功績一つ一つが大きすぎて、まさかそれらが集まってさらに大きな全体を形成するとは考えられにくく、一人の人間にこれだけ多様で超一流の才能が備わっていたとは思えないからである。

本書では、耕の全体像に迫ってみたい。そう、鵬の境地を知るためには鵬の高みに立つ必要があるがごとく。

第3回　坊津の原家

耕の父、平之進《へいのしん》は1847（弘化4）年、坊村から嫁いだ母のサトは48（嘉永元）年生まれである。2人の間に生まれた、4男2女の次男が耕である。

坊津は、古くから博多津（博多）と安濃津（三重の津）とともに日本三津の一つに数えられ、長らく交易の拠点だった。江戸時代の鎖国政策下でも「密貿易」で栄えたが、享保年間の幕府の取り締まり（いわゆる「享保の唐物崩れ」）により、一転して漁業への転換を余儀なくされた。しかし「坊泊の前でつるべ返しするな、串木野の前で船廻りするな」[2]（漁業の技術が高い坊泊、串木野でうかつに技を見せると恥をかくという意味）と言われるほど漁業が盛んで、交易時代から培われた造船技術も高かった。

父平之進はもともと船大工をしていたが、機を見るに敏で、商才があったと言われ、1893（明治26）年に設立された坊泊鰤《ぶり》漁株式会社、および1907（明治40）年設立の坊泊鰹漁業株式会社の役員も務めた。同時に「原一号船」「原二号船」を所有し、自らも漁業を営んでいた。泊に近代的キビナゴ地引網漁を初めて導入したのも平之進であるという。村会議員も5期15年務める一方で、子どもたちの教育にも力を注い

南さつま市坊津町泊の原家の跡地。原耕はここで生まれた。現在は公園になっている

だ(3)。

平之進自身、漁業を営み、経営に携わり、政治の世界で活動してマルチな才能ぶりを発揮していたが、平之進の子どもたちも各界で活躍し、逸話も多い。

長男の愛之進は1873（明治6）年生まれ、慶応義塾大学に入学したが、大学の美男コンテストで入賞するほどのイケメンだったという。しかも単なる色男ではない。日清戦争にも従軍し、鹿児島で2人の金鵄《きんし》勲章《くんしょう》受章者のうちの1人であった。慶応大学卒業後、山陽鉄道に勤め、後に鐘紡に入社し、副社長となった。愛之進の長男正健は、東京工業大学の教授を務めた(4)。

しかし愛之進は、漁業に関して冷淡だったようだ。1923（大正12）年に、鐘紡常務取締役だった愛之進が坊泊小学校同窓会報に寄稿した文章が『坊津町郷土誌　下巻』に掲載されている。そこで坊津から偉人を輩出することができない理由を五つあげているが、そのなかで「漁業地殊《こと》に遠洋漁業の常として風紀紊《みだ》れ、淫靡《いんび》の風を生ずるを免れない」(5)と述べている。父や家族、知人が漁業に携わっているにも関わらずだ。

第4回　原家に凡人なし

「海に蔵を建てる覚悟で餌を撒《ま》け」とは、鰤飼付《ぶりかいつけ》漁業の特徴を表している言葉である。餌を撒けば撒くほど漁獲があり、釣れなくても餌を撒かなくてはいけないと秘訣を教えると同時に、巨額の投資がなければ無理だと経営の本質もついている。

何より語呂が良い。この言葉は、『鹿児島県水産史』（1968年）[6]や『鹿児島県水産技術のあゆみ』（2000年）[7]でも紹介されていて、時代を超えたキャッチコピーと言える。明治時代に作られたキャッチコピーでありながら、平成の現在に聞いても古くさく感じない。このキャッチコピーの発案者は誰なのか。実は、『坊津町郷土誌下巻』に耕の父の平之進談として紹介されている[8]。平之進は経営者、政治家としてだけでなく、文才があったことも伺える。

1881（明治14）年生まれの長女ヒサの子、原多計志《たけし》は鹿児島大学水産学部長を務め、退職後、坊津町長を務めた。ちなみに『鹿児島県水産史』で平之進のキャッチコピーを「古老たちの表現」として言及したのは他ならぬ多計志であった。自分の祖父の言葉と認識していたかは定かではないが、祖父と孫の不思議な邂逅《かいこう》である。

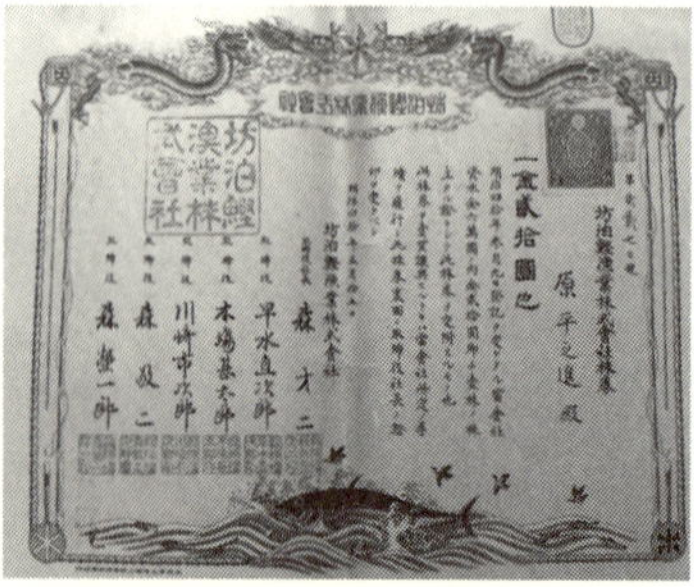

原平之進名義の株券。裏面は平之進から義秀名義に変更されている（原拓提供）

平之進の息子4人のうち、平之進の文才を特に継承したのが三男の義秀なのかもしれない。義秀は1884（明治17）年生まれ、岡山六高を卒業後、マスコミの世界で活躍した。鹿児島朝日新聞社に入社、その後、福岡日日新聞社（現在の西日本新聞）に移り、編輯《へんしゅう》局長、取締役を務めた[9]。1933（昭和8）年、兄の耕が当時の蘭領東インド（現在のインドネシア）のアンボンにて、衆議院議員在任のまま鰹漁業基地建設途中で客死し、耕の死は外務大臣にも報告された。現地に日本人漁師が80人以上残され、不祥事等が発生し、日本総領事館も巻き込む事件に発展したが、この時に解決にあたった一人が義秀であったことが外務省の史料に残されている[10]。しかし義秀が耕について書いたものは現在のところ発見できていない。『西日本新聞』は義秀の他界から18年経た1975（昭和50）年5月から、耕についての連載記事「郷土の記憶・南海を拓《ひら》く」[11]を23回掲載したが、義秀自身のことや義秀が解決にあたった耕死後の出来事について、ほとんど言及されていない。ジャーナリストとして義秀が耕の業績をどのように評価していたのか、なぜ書き残さなかったのか、気になるところである。

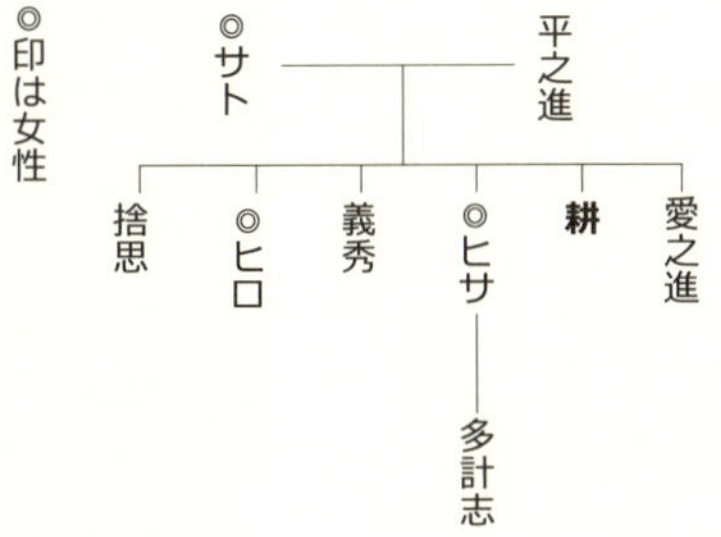

【原家家系図】

第5回　弟、捨思

平之進の四男は、1891（明治24）年生まれの捨思《すてし》である。変わった名前だが本名。捨思誕生の半年前に、次女ヒロが3歳で他界し、両親の悲嘆は激しかった。だが、新しい子が誕生したのを機に、亡き子への悲しみを断ち切るように、思いを捨てるように捨思と名付けられた(12)。この名付け親は、15歳の耕だった。

年は離れているが、捨思は耕が行った南洋漁場開拓事業に同行し、耕の事業には欠かせない人物だった。しかし捨思は、原家の3人の兄たちのような高等教育を受けられずに、小学校を出てすぐに鰹漁船に乗り込まなければいけなかった。運悪く、初めて出漁した年の10月に長崎県の男女群島沖で嵐のために遭難し、命を失いかけている。

この時の逸話と捨思の生涯については、日本民俗学の巨匠宮本常一が『南の島を開拓した人々』（1968年）(13)で紹介している。捨思自ら宮本を南薩地方に案内し、エピソードを語ったのである。

高等教育を受けられなかった理由を、「一人ぐらい家業を継いでもらわねば」ということで平之進の教育投資から外れたと捨思は説明していたようで、1973（昭和48）年2月から『南日本新聞』に掲載された

種子島の浦田漁港にある「原捨思先生頌徳碑」

耕の連載（「薩州頑質列伝第2集　俺はおれ　原耕の巻」(14)）をはじめ、他の記事でもこの言葉が紹介されている。

だが、小学校を出てすぐに鰹漁船に乗らなければいけない理由は別にあったようだ。アンボンでの耕死去後に起きた外交問題解決にあたった外務省の史料に、捨思は「鮫島」と言う名前で登場する(15)。実は捨思は、1899（明治32）年12月、理由は定かではないが8歳の時に坊の鮫島家に養子に出されていた。養子先の家計を支えるために、捨思は幼いころから働く必要があったのであろう。

しかし養子に出され、平之進の教育投資から外れた捨思だったが、生涯、原捨思と名乗った。耕の業績に隠れがちだが、捨思も鹿児島の漁業に貢献した。種子島の浦田漁港には「原捨思先生頌徳碑」（1974年）が建てられ、この碑には捨思が大正時代末期に浦田に住み、キビナゴ地引網漁を指導したこと、その指導によって戦後も苦境を乗り越えられたことが顕彰されている。やはり捨思も原家の男だった。

戦後、衆議院議員に2回当選し、自民党水産部会会長、鹿児島県漁連会長などを歴任し、勲三等瑞宝章の叙勲を受けた(16)。捨思が晩年を過ごした南さつま市坊津町丸木浜の邸宅には、「原捨思先生顕彰碑」（1977年）も建てられている。

第6回　ぼっけもん

少年時代の耕はよくけんかもし、小さな事件を起こし、わんぱくぶりを発揮したようである。それもそのはず、両親が付けた名前は武熊《たけくま》だった。「原武熊」という名前から、「野原で暴れる熊」をイメージしてしまうのは私だけだろうか。こんな勇ましい名前をもらっておいて、おとなしい少年だったらそれこそ親不孝というものである。

少年期の武熊については、二つのエピソードがよく知られている。

一つ目は、だいたい次のようなものである。小学校卒業後の奉公先で、ある日主人に書類のことでとがめられ、かんしゃくを起こして即座に辞めてしまい、その後医者の道に進むというものである。もちろん少しずつ説明が異なり、この事件後、父にも無断で即日大阪に向かったとするものと、かんしゃくを治すため父が無理やり医学校に入れたとするものがある(17)。

さらに細部についても、とがめられた書類に書いた字が汚かったとか、余白が多かったとか、その書類を

武熊（耕）の写真。はかまをつけずに着流しで撮影されている（原拓提供）

単に投げ捨てたとか、主人に投げつけたとか諸説あり真偽のほどは定かではない。

もう一つは、武熊から耕への改名についてのエピソードである。青年期に入って、親が付けた名前にも反抗し、耕へと名前を変えたという。しかもその方法が実に手が込んでいる。改名を思い立った武熊は、親類の家に男児が生まれた際に、強引に自分の名前、つまり武熊と名付けさせ、武熊が2人いるとまぎらわしいからと、自分が耕に改名し、裁判所で手続きまでしたというのである(18)。

しかし改名のエピソードは、事実とは異なり脚色された可能性が高い。というのも、耕の戸籍謄本を調べてみると、武熊から耕への改名は1905(明治38)年、つまり武熊が29(数えで30)歳の時であり(19)、大阪府立医学校の卒業名簿(26歳当時)にも「原武熊」と記載されているからである(20)。この点については後段で紹介する。

しかし問題はエピソードの真偽ではなく、これらの話がそのまま世間に受け入れられ、そう信じ込まれる素地があったということである。これらの逸話から浮かびあがるのは、気性が激しく、物事を徹底的に行い、己の信念のために(よくも悪くも)周りの人間を(無理やり)巻き込み、法律などの社会制度を巧みに利用するという人物像である。鹿児島では、大胆に行動する人、怖いもの知らずの人、そして時に乱暴者のことを「ぼっけもん」と呼ぶ。まさにこれらのエピソードからうかびあがるのは、ぼっけもんのイメージである。

実はこの人物像、驚くほど的確に後の耕の性格を言い当てているのである。

第7回　医者の道

「間違えて医者になった」と、時折、耕は周囲の人に言っていたらしい。医者でありながら医院は女医であった妻に任せっきりで、自らは南洋漁場開拓事業に没頭したのだから、耕自身照れ隠しに言っていたのだろう。

実際、耕の経歴を見てみると漁業との関わりの方が強い。1932（昭和7）年に耕が書いた履歴書が残っているが、それを見ると10歳の頃には父の漁業の手伝いを始め、18～19歳頃にかけて坊泊鰤漁株式会社に関わっていた。

そんな耕がなぜ医学の道に進んだのか、なぜ大阪の学校を選択したのかがはっきりしない。前回紹介したように勤め先でかんしゃくを起こし大阪に向かったとか、かんしゃくを治すために父が無理やり医学校に入れたとか、東京の兄・愛之進に対抗して大阪を選んだとか、どうも釈然としない説明ばかり伝えられている。

しかし耕が刀圭《とうけい》の術、すなわち医学を学んだ大阪医学校教授部（耕の在学中に大阪府立医学校に改名。後の大阪大学医学部）は、間違えて入れるような学校ではなかったし、大阪を中心とする上方は、優れた蘭《らん》方

医学校時代。前列右から２人目が耕（原拓提供）

医が多く存在したことで知られる。例えば、1754（宝暦4）年日本で初めて人体解剖を行った山脇東洋、そして有吉佐和子の小説にもなった華岡青洲（全身麻酔による手術の実施）など、日本の医学史にさんぜんと輝く人材が活躍した地である。

『大阪大学医学伝習百年史　本史』によると、大阪大学医学部は、その「源流」を江戸末期に活躍した緒方洪庵に置いている(21)。洪庵は教育機関としては蘭学塾「適塾」（1838年）を開き、医療機関としては天然痘予防のための種痘を行った「除痘館《じょとうかん》」（1849年）を開設した。適塾では、福沢諭吉、橋本左内、大村益次郎らが学び、福沢は、「凡《およ》そ勉強ということについて此上にしようもない程に勉強した」(22)と回顧している。

維新後、大阪医学校ではオランダ式、イギリス式の教育が行われていたが、耕が入学した1896（明治29）年はすでにドイツ式の医学教育が行われていた時期である。

かなりの勉強が必要だったことが想定できる。そして在学中も耕はしっかりと医術の習得に励んだようで、それを推し量る資料が残されている。『大阪大学医学伝習百年史　年表』（1970年）を見ると、耕が卒業する年、開校以来初めて卒業試験が行われたことが記されている(23)。試験に合格しない限り、卒業は認められなかったのである。

第8回　若い医学校長

大阪府立医学校（後の大阪大学医学部）で学んでいた耕（当時26歳。まだ武熊と名乗っていた）の代から、卒業試験が課せられた。この時の校長は鹿児島の二本松馬場（現在の鹿児島市加治屋町）出身の佐多《さた》愛彦《あいひこ》、当時31歳である。

佐多は異例の若さで校長に就任し、在任期間もこれまた異例の22年に及び、「大阪大学医学部の基礎を築いた」と評価されている(24)。佐多は自宅で鹿児島から来た学生の面倒を見て、「裸一貫やり抜け」と若くして出世したエリートらしからぬ、精神的なアドバイスをしていたようである(25)。

実は佐多は学歴的にはエリートコースから外れていた。佐多は、鹿児島医学校（後の鹿児島大学医学部）を卒業後、東京帝国大学医科大学本科の学生ではなく、選科（正規課程中の一つもしくは複数の科目のみ履修する制度）に籍をおいた。そして、ここでドイツ帰りの初代病理学教授の三《み》浦《うら》守《もり》治《はる》に才能を見いだされ、23歳で大阪医学校の教諭に抜てきされた。

しかし当初は、「選科出身のいなか教員の講義なんかバカバカしい」と学生がボイコットしたり、他の教諭から嫌がらせを受けたりと、かなりの苦労をしたらしい(26)。

鹿児島市の甲突川河畔に建てられた佐多愛彦顕彰碑

佐多は、耕が入学した1896（明治29）年、3年間のドイツ留学へ派遣され転機を迎えた。帰国後、留学中の成果をまとめ、1900（明治33）年東京帝国大学医学博士の学位を授与された。本科以外の出身者への医学博士号授与は日本で2人目(27)。周囲の度肝を抜いた。

帰国後の佐多と耕は、約2年間同じ学び舎で過ごしたことになる。5歳違いの同郷人2人、「裸一貫やり抜け」と佐多が叱咤《しった》激励したかどうか、個人的な関係を示す資料は発見できていない。佐多校長のもと、開校以来初の卒業試験が1902（明治35）年9月から2カ月間行われ、耕の他52人が合格。11月に第20回学業証書授与式が行なわれた。佐多にとって校長就任後、初の卒業生であった(28)。

卒業後の2人の交際について、『鹿児島医学雑誌』第46号（1928年3月発行）に記録が残っている。1928（昭和3）年3月、佐多の帰鹿を機に催された歓迎会に、耕（前年に第1回南洋漁業開拓も終え、2月に衆議院議員初当選）も参加。2日後に第25回鹿児島県医学会が開かれ、佐多が特別講演を行った。学会後の懇親会名簿にも、耕の名前が載っている(29)。

2人は何を語ったろうか。52歳になった耕が、「裸一貫南洋漁業開拓をやり抜きます」と佐多を苦笑させたかどうか、これはあくまで想像の域をでない。

第9回 〝空白〟の2年間

１９０２（明治35）年、大阪府立医学校を卒業した耕は、神戸市で医者になった。そして2年後に帰郷し、枕崎に原医院を開業する。

耕の医学校卒業から帰郷までのこの2年間について、これまで不思議なほど注目されてこなかった。いや、注目されないだけでなく、誤解されてきた。特に、鹿児島県内で耕の調査をしているとそれを強く感じる。

『南日本新聞』の連載記事「薩州頑質列伝第2集　俺はおれ原耕の巻」第5回では、医学校卒業後、神戸市市医として医者としての経歴をスタートさせた後、耕は「外国航路の船医」となったと紹介されている(30)。そして、なぜ外国航路の船医を志望したのかについて、弟・捨思へのインタビューをもとにして、次のようなエピソードを紹介している。

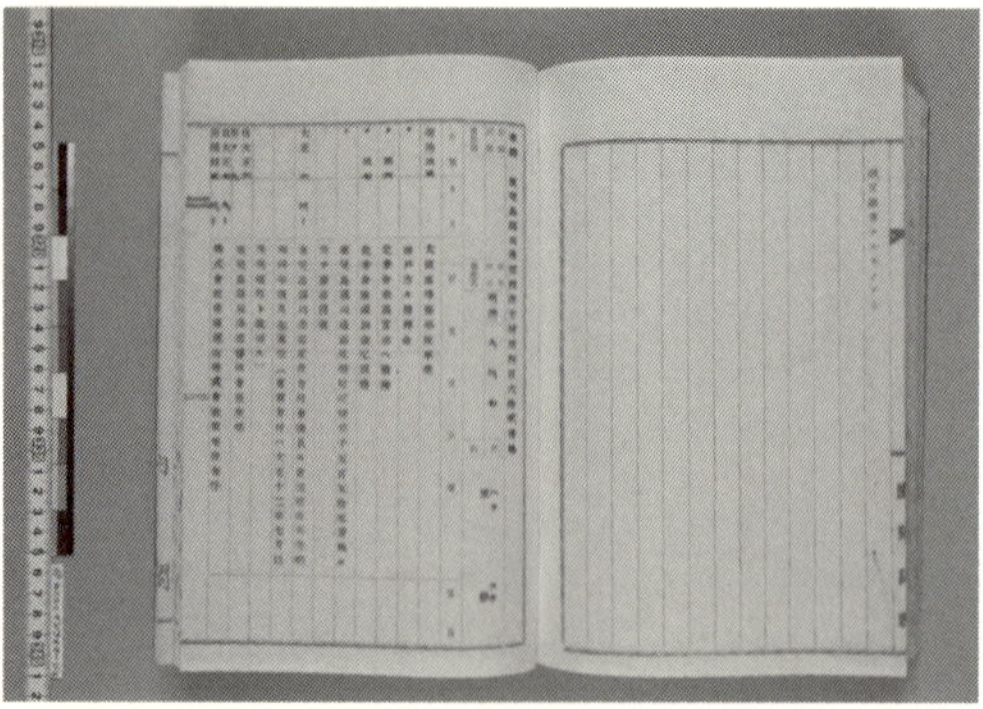

国立公文書館（東京都千代田区）に保管されている「故原耕位記追賜ノ件」に記載されている耕の履歴

医学校卒業後、耕は父・平之進に医院開業資金として当時としては大金の千円をねだるが、開業資金というのは偽りで、学生時代に放蕩《ほうとう》して作った借金の返済に充当したと。そして新たに開業資金を貯めるために、手っ取り早く稼げる外国航路の船医を志望したという(31)。このエピソードが広まってしまっているのである。

しかし私のこれまでの調査によると、神戸市市医の後、耕はアメリカの日本領事館に勤務していたことが明らかになっている。国立公文書館に保管されている耕死後の「従六位」の追賜申請書には、「明治三六北米合衆国官庁へ勤務」、「明治三七　北米合衆国加奈陀《カナダ》視察」とその経歴が書かれている(32)。また、耕が政治家として一時期所属していた立憲政友会が出した書籍『政友会総覧』(1933年)には、「米国領事館に勤務し北米滞留2年」と記されている(33)。この二つの資料以外にも、帝国議会本会議での耕の発言の速記録や、耕の直筆の履歴書でもアメリカに滞在していたことが確認できる。

神戸市市医として勤務していた耕は、アメリカの領事館で働くチャンスを得たのである。残念ながら、アメリカ行きの経緯や勤務地、職務内容などについては、現在外務省外交史料館等で調査中だが、詳細は不明である。

しかしこの時の経験が後の政治家、実業家、南洋漁場開拓者としての耕にとって、大きな意味をもつことになったのである。

第10回　夢の源流

原耕という人物は、医者としても、政治家、実業家、そして南洋漁場開拓者としても多様な才能を持ち合わせており、その業績の一つ一つのスケールが大きいことはすでに述べた。

例えば耕の業績の中で最も有名なのが、当時の蘭領東インド（現在のインドネシア）のアンボンにおける漁業基地建設計画である。耕は1930（昭和5）年に、アンボンにおける事業計画書をバタヴィア（現在のジャカルタ）の日本総領事館に提出したが、その計画は壮大なものである。

計画では鮮魚、塩魚はインドネシアで販売し、鰹節は日本へ輸出、そして鮪の缶詰をアメリカとヨーロッパに輸出する。アメリカ人が好む味についてもすでに調査済みで、これらの事業を行うために、日本からの移民をアンボンに受け入れる、というものだった(34)。

当時、耕のように南洋で漁業を行い、政府からの支援を引き出しながら、製品の販路を欧米に求め、日本人移民受け入れを計画し、その実現に奔走した人物はそれほど多くはない。

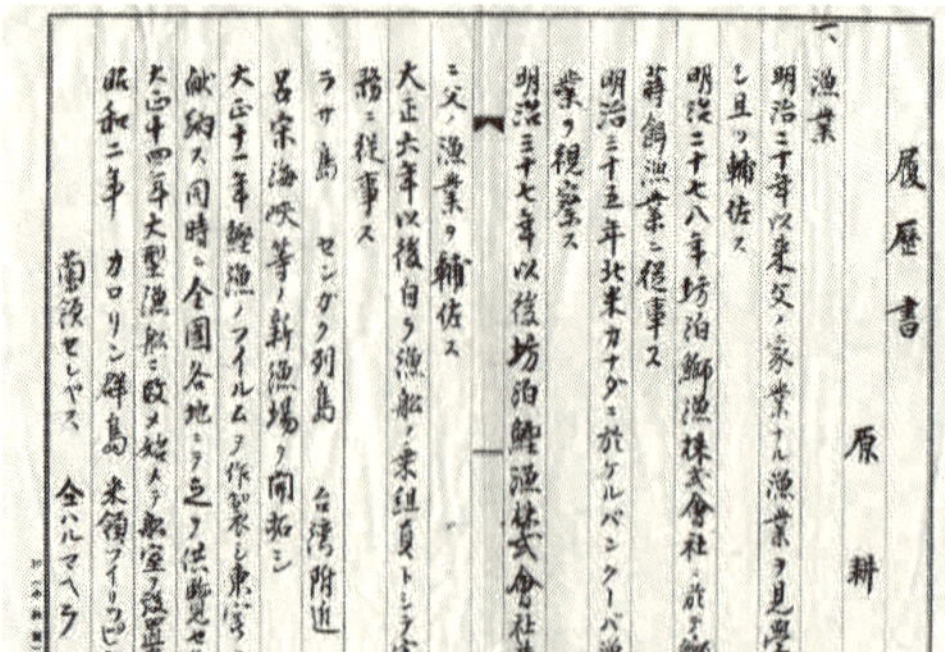
履歴書　原耕
一、漁業
明治三十年以来父ノ家業タル漁業ヲ見学シ且ツ輔佐ス
業ヲ視察ス
二父ノ漁業ヲ輔佐ス
ラサ島　センカク列島　台湾附近
昭和二年　カロリン群島　米領フイリッピン　蘭領セレベス　全ハルマヘラ

1932年7月5日に書かれた耕の履歴書。1902年にカナダのバンクーバーで漁業の視察をしたことが記されている（原拓提供）

例えば満州の南満州鉄道株式会社と「北の満鉄、南の南興」と並び称された南洋興発株式会社。南洋興発は耕が死去した1933（昭和8）年、南洋興発水産部を立ち上げ、その2年後に南興水産株式会社を設立した。社長は南興社長の松江春次、専務取締役は静岡県焼津出身で鰹漁を行っていた庵原市蔵である。

南興水産は、パラオ、サイパンなど当時日本の委任統治領だった南洋群島で、いわゆる「南洋節」を製造し、内地に移出。1942（昭和17）年頃には内地需要の4、5割を占めるまでになった。当然、内地で製造される鰹節と競合し、南洋節排撃運動が起き、帝国議会でも問題にされた。結局、南興水産は新たな市場を満州、そしてアメリカに求めざるを得なかった(35)。

南興水産がパラオでアメリカ向けの缶詰を生産し始めたのは、1940（昭和15）年であった(36)。耕が、1930（昭和5）年にアメリカ人の好みまで調べて作成した事業計画書が、どんなに早かったかが分かる。どうして耕はこうした案を立てることができたのか。

耕が大阪府立医学校卒業後、枕崎に医院を開設するまで、アメリカの領事館に2年間滞在していたことは前回紹介した通りだが、調査を進めていくと、アメリカ滞在期間中、耕がカナダで漁業を視察していたことが明らかになってきた。

第11回「ステブストン」

耕はアメリカ滞在中、カナダのバンクーバーに漁業視察に出かけている（訪問時期については、資料によって１９０２年とするものと、04年とするものもある）。

しかし残念ながら、この視察の報告書などが現在見つかっていないため、この時耕がどこを訪問し、何を見たのかは分からない。そこでいくつかの状況証拠をもとに、仮説を立ててみた。

ヒントはいくつかある。

第一に当時の耕がアメリカの日本領事館職員だったことから、日本人移民が多く存在していた場所を訪問した可能性が高いこと。そして第二に当然のことながら、漁業が基幹産業となっている場所。第三にインドネシアのアンボンにおける事業計画の原型、すなわち缶詰や塩魚をアメリカやヨーロッパ、そしてアジアなどに輸出している場所である。

これらのことを考慮に入れた場合、カナダ西岸のブリティッ

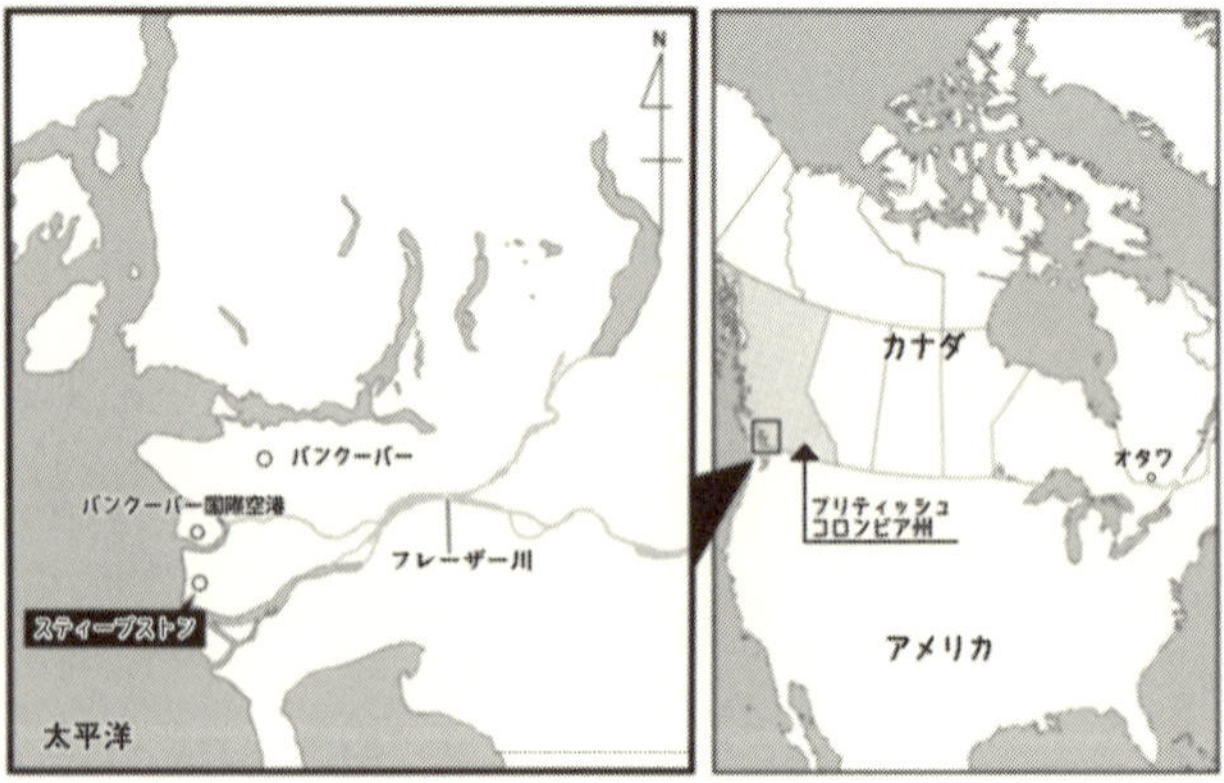

スティーブストンの位置

シュ・コロンビア州、フレーザー川河口にあるスティーブストンが、耕の訪問地の一つだったのではないかと私は見ている。

当時、日本人移民によって、「ステブストン」と呼ばれたその町には、漁業に携わった日本人移民が多く暮らしていた。哲学者鶴見俊輔の姉、鶴見和子がブリティッシュ・コロンビア大学勤務時代に日系移民を調査し、『ステブストン物語』（1962年）を執筆したことでも知られる(37)。鶴見和子はこの著書のなかで、耕と同世代の日本人漁師に聞き取りを行っている。

スティーブストンは漁業が基幹産業で、最初の入植から10年足らずで新しい町ができてしまった。この地に最初の白人開拓者が定住し始めたのは1878年ごろだった。その後、商業漁業が開始され、その利益で町にはオペラハウス、教会、ホテル、商店などが立ち並び、そしてサーモンやニシンなどの缶詰工場が次々と建てられていった。耕が訪問したスティーブストンは、まさに漁業によって栄えた町だったのである(38)。ここで製造された缶詰や塩魚は、イギリスやアメリカ、さらにアジアに運ばれて巨万の富を生み出した。

1888年に和歌山県出身の工野儀兵がカナダに渡りサケ刺網漁業に従事したのを皮切りに、日本人漁業者も大挙してこの地へ移民している(39)。それだけに、日本の水産業者の間でも有名な場所であったはずである(40)。

耕が実際にスティーブストンを訪問したかどうかは引き続き検証していく必要があるが、当時耕は、同レベルかそれ以上の規模の漁業を視察したはずであり、そこで得た経験が、後の耕のアンボンでの事業計画の下地になったと思われる。

第12回　シュガーキング

耕がアメリカに滞在した1903〜04年、もう1人、将来南洋で活躍する人物が留学していた。

松江春次(41)。満州の国策会社、南満州鉄道株式会社とともに、「北の満鉄、南の南興」と並び称されていた南洋興発の社長である。松江は戦前、日本の委任統治下に置かれたパラオやサイパンなどの南洋群島で精糖業を成功させ、「砂糖王(シュガーキング)」と呼ばれた。また、南洋群島で「南洋節」を製造した南興水産の社長でもあった。

松江は農商務省の海外実業練習生として、1903年からルイジアナ州立大学で製糖技術を学び、修士号を取得している。

耕と松江、この2人は奇妙な縁で結ばれているような気がしてならない。2人とも1876(明治9)年生まれで、松江が耕よりも23日早く生まれたにすぎない。薩摩士族の次男として生まれた耕に、明治維新で

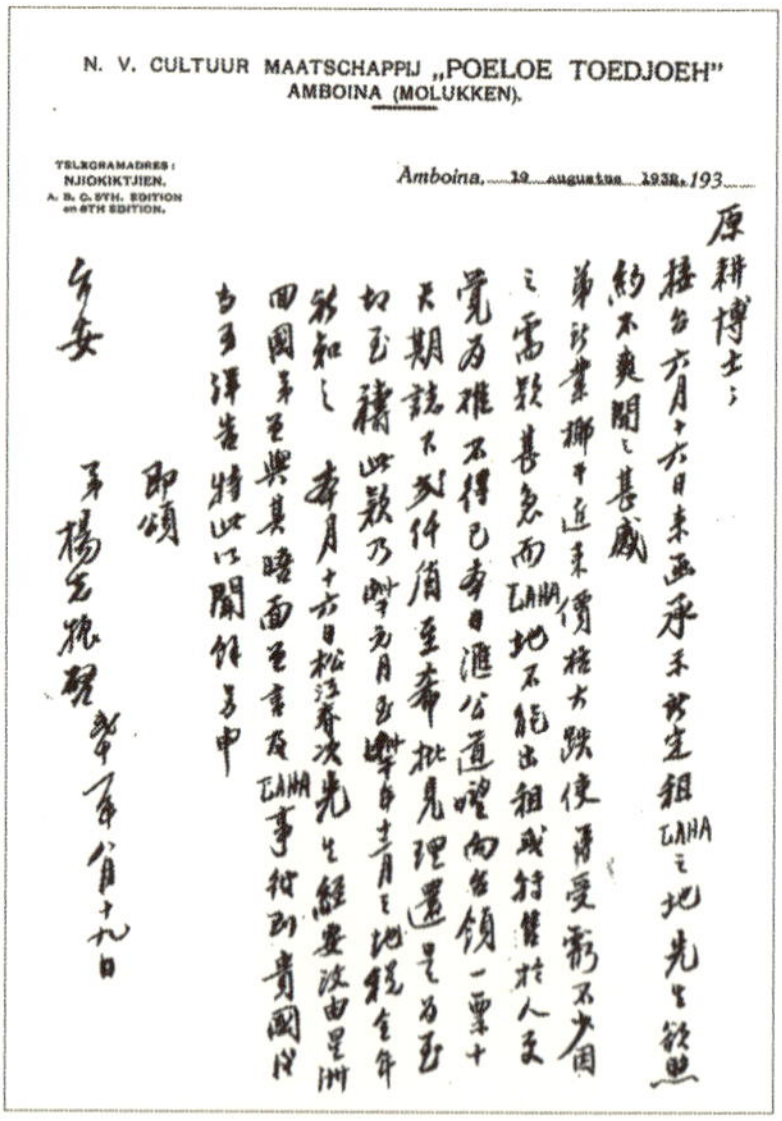

N. V. CULTUUR MAATSCHAPPIJ „POELOE TOEDJOEH"
AMBOINA (MOLUKKEN).

TELEGRAMADRES:
NJIOKIKTJIEN.
A. B. C. 5TH. EDITION
en 6TH EDITION.

Amboina, 19 augustus 1938, 193

原耕博士

ニューキチンが耕へ宛てた手紙。耕と松江が連絡を取り合っていたことを示している(原拓提供)(43)

薩摩と敵対した福島の会津藩士の次男だった松江。

1903年、2人はそれぞれアメリカに渡った（帰国は耕が1904年で、松江が1907年）。医者、政治家で、外南洋（主に蘭領東インド）の海（漁業）を探検した耕と、修士号取得者で会社社長、そして内南洋（日本統治下の南洋群島）の陸（精糖業）を開拓した松江。好対照で、そしてどこか似かよっている2人である。

アメリカ滞在中、耕と松江が出会っていたかどうか。残念ながら、現在、それを明らかにする資料は見つかっていない。しかし、それから約30年後、2人が南洋漁場開拓事業で連絡を取り合っていたことを示す資料は、奇跡的に現存している。1932（昭和7）年に松江は現在の東南アジアの調査旅行に出かけたことが『南洋開拓拾年誌』（1932年）に記録されている(42)。この時アンボンにも立ち寄り、耕が漁業基地建設のために購入を検討していた土地の所有者であるニューキチン（楊志振）という華人にも会っている。そしてニューキチンから耕への手紙の中で、アンボンでの土地の問題については、「松江に説明しておいた」と言及されている。松江がアンボンを訪問した翌年、耕はアンボンで客死し、松江は南洋興発水産部を設立した。松江は戦後も生き続け、1954（昭和29）年にその生涯を閉じた。

耕と松江がアメリカで知り合っていたかどうか。松江が水産業を始める際の耕の影響など、興味が尽きない。

第13回　医院開業

日露戦争が始まった1904（明治37）年、耕はアメリカから帰国し、現在の枕崎市（当時は東南方村）港町に原医院を開業した。28歳の時である。

耕について知識を持っている読者は、やっと海の物語が始まると期待されるだろう。南洋漁場開拓の雄、原耕が黒潮の香りをかいで黙っていたはずはないと。ましてや、帰国前にカナダのバンクーバーで、欧米さらにはアジアにまで販路を広げる漁業を見てきた耕である。すぐさま枕崎漁業の近代化に乗り出したはずだと。

しかし、耕の人生はそう単純ではない。医院開業後の耕は、1917（大正6）年に女医の千代子と再婚するまで、つまり28歳から40歳まで、もっぱら医業に専念していたようである。この間、耕が医業と父の手伝い以外に兼業をしていたのは、わずかに2つである[44]。

耕がそのあふれでるエネルギーを、漁業、政治、実業の方にも注ぎ込む、いや爆発させるのは千代子というパートナーを得てからのことである。

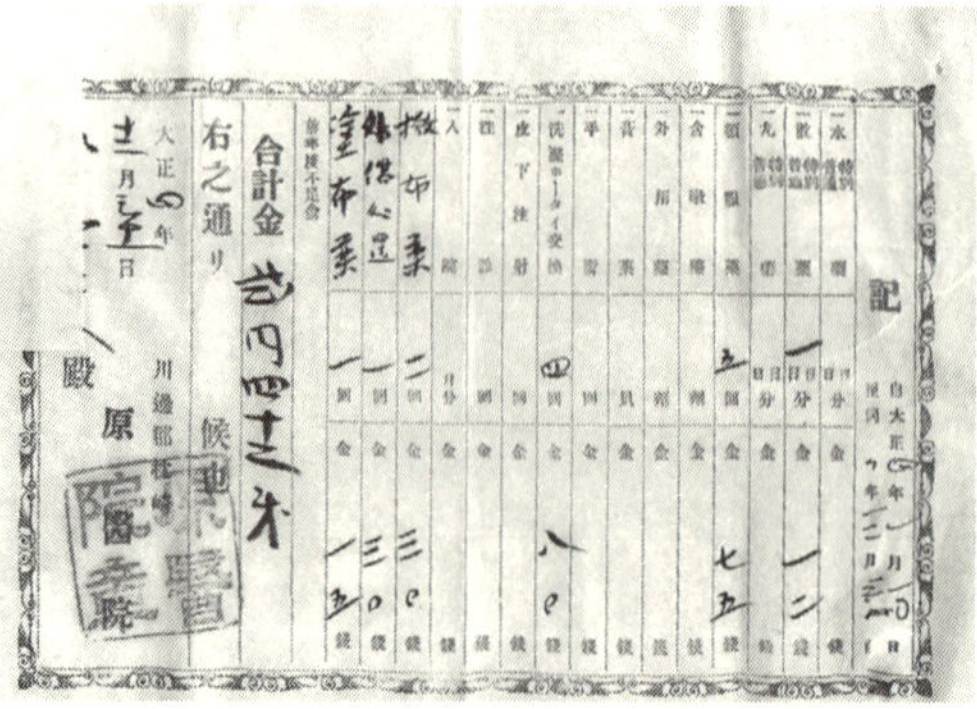
記

合計金

右之通リ

殿

原

1915年の原医院の請求書（原拓提供）

ちなみに、耕が自ら鰹漁船に乗り込み始めるのは41歳、当時としては常識はずれの大型船を建造したのは49歳、その船に乗って第1回南洋漁場開拓に出かけたのは、なんと51歳の時である。耕の海の物語はもう少し先のことになる。

千代子と再婚するまでの13年間、耕が漁業についてどのような思いを抱いていたのかはよく分からない。そもそも、なぜ耕が枕崎に医院を開業したのかがはっきりしない。選択肢としては、実家のある坊津や、母校のあった大阪、鹿児島市などもあったはずである。

後に鰹漁に貢献する耕の人生を考えれば、枕崎の将来の発展を見越していたと思えなくもないが、当時28歳の青年医師にそこまでの意図があったかどうか。

開業時、耕は医師としての使命感の方が強かったように思える。医者としての業績や、彼の鹿児島医学界の交友関係については後段で紹介するが、刀圭術《とうけいじゅつ》に専念していたら、その道でより大きな功績を残していただろう。実際、アメリカ仕込みの耕の手術がある時は、鹿児島市から友人の医者たちが車をチャーターして見学に訪れたという(45)。患者たちからも慕われていたようだ。

そんなアメリカ帰りの医師が、なぜ漁業や政治の世界に関わっていったのか。おそらく、黒潮とともに生きる人々の生活が、13年間かけて少しずつ耕に影響を与えていったと考えられる。吉凶《きっきょう》禍福《かふく》の星霜《せいそう》を、耕自身も送りながら。

第14回　汐替節

原耕が医院を開業したのは、現在の枕崎市港町である。残念ながら原医院の痕跡は残っていないが、場所は特定することができた。原医院から、数十メートルも歩くと枕崎港だ。これほど海に近い所なら、鰹漁の準備をする船人《ふなど》たちの様子が医院の中にいても感じとれたはずである。

耕が開院した1904（明治37）年当時、鹿児島にはまだ石油発動機付き鰹船は登場しておらず、伝統的な帆船《はんせん》が使用されていた。後に爆発的に広まる石油発動機付き鰹船の「ポンポンポンポン」というエンジン音が聞こえるのはもう少し先である(46)。

その代わりに、枕崎の浜では若者たちが「ああーあ、替えちょれ、替えちょれ」と歌う「汐替節《しおかえぶし》」が響き渡っていた。当時鰹漁の活き餌にはキビナゴが使用されたが、そのまま餌樽に入れておくとキビナゴが死んでしまう。そこで樽内に渦状の汐を発生させる必要があった。この時に歌われたのが「汐替節」だ。

機械などがない時代である。「人工の渦」を作る汐替え作業は、屈強な二才《にせ》たちの仕事だった。ひしゃく

あ、ああー
汐も替え前　夜も明ける前
家じゃ妻子が起きる前
ああーあ、替えちょれ　替えちょれ

あ、ああー
雑魚が　物言た　生けの中の雑魚が
汐さえ　替われば　死なんと言うた
ああーあ、替えちょれ　替えちょれ

『枕崎市誌　上巻』（1990年）に紹介されている汐替節の歌詞の一部

やつるべを使って、四人一組の交代制で、一方で絶えず海水をくみ入れ、もう一方で絶えず海水をくみ出すという重労働である。

「汐替節」は沖だけではなく、陸で歌われることが多かったようで、キビナゴの捕獲後、荒天のために出漁できず、港内に待機している際に歌われたことが『枕崎市誌 上巻』（1990年）に紹介されている(47)。天気の回復を待つ陸で、二才たちは交替で昼も夜もなくぶっ通しで汐替えを行わなければならず、その作業に合わせて歌われる「汐替節」は、遠くまで響いたという。

家族は二才を気遣い、団子などを差し入れた。浜の若い娘たちも汐替え作業を見に来て声援を送ったというから、重労働であっても弱音を吐かず、声を張り上げ頑張ったであろう。気になる娘に良いところを見せるために。

医院にいた耕も、二才たちが歌う「汐替節」を聞いて「あぁーあ、替えちょれ、替えちょれ」と口ずさんだかどうか。

鰹船の動力化とともに船には次第に活餌《いきえ》槽が取り付けられ、さらには餌としてもカタクチイワシなどが使用されるようになり、汐替え作業はなくなった(48)。しかし帆船時代の重労働のなごりは、「汐替節」によって現在にまで伝えられている(49)。

第15回　節目の年

１９０５（明治38）年、日本は日露戦争に勝利し、大きな画期をなしたが、耕にとっても自ら改名するという大きな節目の年となった。

耕は、父・平之進と母・サトの次男として生まれ、両親が授けた名前が武熊だったことはすでに紹介した通りである。

武熊が耕へと改名したのはこの年の12月20日で、役場への届け出は同28日だったことが戸籍謄本に記されている。１８７６（明治9）年2月生まれの武熊は、この年数え年で30（満29）歳になっていた。『論語』では「三十にして立つ」として、而立《じりつ》の節目の年である。

而立の年を迎えた武熊は、「耕」という名前にどんな意味を込めたのか。

医学校の卒業名簿には、「原武熊」の名前が記載されていたことは既に言及した通りである。卒業からすでに3年たち、アメリカ勤務を経て、枕崎で医院開業から1年が経過していたことを考えると、医業に関して何か新しい決意をしたとは考えにくい。

余談になるが、耕は再婚した千代子との間に1男3女をもうけている。１９２２（大正11）年に誕生した長男に、46歳になっていた耕は、「収《おさむ》」と名付けた。自らが「耕作」した何かを、息子に「収穫」して欲し

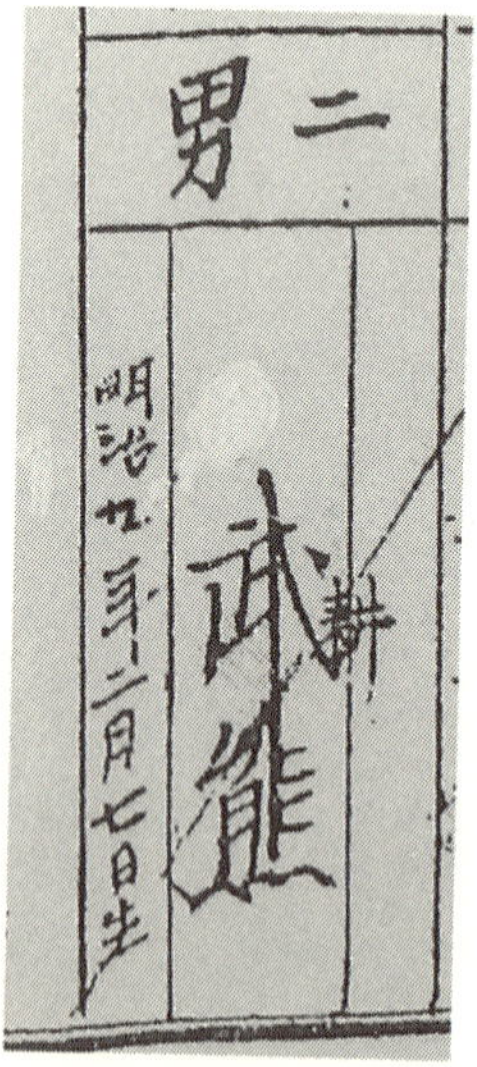

「武熊」から「耕」へ改名が記されている戸籍（原拓提供）

いと願ったに違いない。収に収穫して欲しい「何か」はなんだったのか。医業か、漁業か、その両方か、それとも全く違う夢だったのか。

ちなみに、耕は収が10歳の時に第3回南洋漁場開拓事業に出かけ、そのまま帰らぬ人となった。千代子は耕が作った借金返済のために苦労したが、収は成人して医師としての道を歩んだ。

さらに弟・捨思の名付け親は耕である。捨思誕生の半年前に夭折《ようせつ》した次女への思いを断ち切るように、捨思と名付けた経緯があることも思い起こす必要がある。

耕は直截《ちょくせつ》な名前を好む。私は、それまで医業に専念していた青年医師の意識のなかに、かすかに漁業の道が意識されはじめたことが、「耕」という名前に表現されていたのではないかと推測している。

しかし、耕に改名した後も医業を離れることができず、後段で紹介するように、後に耕が漁業に進むことになったのも、実は偶然の左右する部分が大きいのは事実である。ではそんな青年医師・武熊が、漁業の道を意識する契機になったものは何だったのか。

それは、この年の7月に起きた大規模な海難事故が一つのきっかけだったと考えている。

第16回　黒島流れ

耕が改名した1905（明治38）年7月の台風被害は、ちょうど10年前の1895（明治28）年7月24日に起きた、鹿児島海難史上最大の犠牲者を出した「黒島流れ」（旧暦の6月に起きたので「六月流れ」とも言う）の再来と言われた。

話は外れるが、少し「黒島流れ」の話をしておきたい。それはこの「黒島流れ」が現代でも記憶され続ける悲話であり、枕崎の鰹漁について語る際にどうしても避けて通ることのできない災害だったからである。

「黒島流れ」の台風は、鹿児島本土では最大風速12・6メートルを観測したにすぎず、陸上の被害はほとんどなかったが、海上は修羅場と化し、南薩地方から出漁していた多くの鰹船が遭難し、枕崎で411人、坊泊で165人、片浦野間池で137人、川辺郡合計で713人もの犠牲者を出した(50)。

この時、最も多くの遺体が流れ着いたのが黒島であった。この時の凄惨《せいさん》な様子は、『枕崎警察署沿革史』に克明に描写されている(51)。被害のあまりの大きさに、明治天皇も慰問のための侍従《じじゅう》を2人派遣したほど

枕崎市の枕崎漁港にある鰹節行商の像

だった。

『枕崎市誌　下巻』（1990年）に掲載されている被害者名簿を見ると、父と長男、次男の3人を同時に失った家族も複数記録されている(52)。最年少の犠牲者は15歳だった。夫や子、父、兄、弟を失った女性たちの愛別離苦《あいべつりく》は、想像を絶するものがあっただろう。

この時、一人の僧侶が働き手を亡くした女性たちに鰹節の行商を勧めた。当時大願寺住職の兼廣《かねひろ》教真《きょうしん》（1866～1936年）である(53)。広島生まれの兼廣は逸話も多く、イギリス製の幌《ほろ》付き自動車を購入し、代務住職を務めていた久志の淳厚寺から枕崎まで乗合自動車として住民に提供したり、玉川学園の創始者である小原国芳に英語を教えていたことでも知られる。

兼廣は、鰹節行商の仕組みを作り上げる際に、近江商人や越中富山の薬売りから発想を得たと言う。当時、鰹節製造は鰹船の親方たちが一手に行っていたが、兼廣は、仲買人に卸すのと同じ値段で女性たちにも卸すよう交渉をまとめた。兼廣は女たちにどの地方に行けば良いかアドバイスし、それぞれが担当する地域のお寺に紹介状を書いて、励ました。

行商は、鹿児島県内はもちろん、宮崎、熊本でも行われた。鰹節が入ったかごを頭にのせて、20キロも25キロも歩き、「鰹節はいいもはんかー」と行商を続けたという。あるものは子どもを背中におぶって。あるものは幼子の手を引いて。

第17回　耕が生まれた日

７１３人の犠牲者を出した１８９５（明治28）年7月の「黒島流れ」から、10年が経過しようとしていた。兼廣教真によって考えられた鰹節の行商も次第に順調にいき始め、大災害の傷跡を少しずつ癒しながら、人々は日々の生活を続けていた。女たちの行商は、一時にたくさんもうけないで、得意先に長くつきあってもらい、信用を第一に商売していたことが、当事者の後日談から明らかになっている。この行商によって、枕崎産鰹節の評判が県外にも広まるきっかけになった。

しかし行商はつらい仕事である。山間部では、一日に20キロから25キロも歩かなくてはいけなかった。行商で体の不調を訴える女たちの苦労話を、１９０４（明治37）年に枕崎に開業した武熊（後の耕）も、診察室の内外で耳を傾け、時に同情し、時に励ましていたかもしれない。

「黒島流れの再来」と言われる事件が起きたのは、武熊が１９０５（明治38）年2月に数え年で30歳を迎え、枕崎での医者としての生活も約1年が経過したころであった。

現在の南さつま市坊津町泊。1905年の「黒島流れの再来」では、ここでも肉親を失った人々の悲しみの声が聞こえたはずである

その台風は、同年7月17日、鹿児島の海域を襲った。川辺郡の遭難船は11隻、死者は合計264人に及んだ。坊泊の被害が一番大きく、115人の犠牲者を出した。枕崎では77人が命を失っている(54)。

この遭難船の中に、武熊の父・平之進の持ち船「原一号船」も含まれていた(55)。「原一号船」はどこで台風に遭遇したのかも分からず、結局、30人の乗組員全員は行方不明のまま帰ってこなかった(56)。

平之進は、家に閉じこもった。同じ坊泊から出漁した漁船の中には、乗組員が全員無事で帰って来た船もあった。自ら乗船していないとはいえ、船主として30人の犠牲者とその遺族に対して責任を強く感じたであろう。武熊は、激しく落ち込む父の姿を見た。

武熊は、何を感じてその年の年末を迎えたのだろうか。例年なら新年を迎える準備で忙しい枕崎や坊泊も、喪に服す家が多かったはずである。武熊の心の中に何かが芽生え始めていた。気性の激しい武熊である。12月20日、感じただけではなく自らの名前にその思いを込めるべく、改名を決意した。平之進にも改名の意志を告げたはずだが、父は何と答えただろうか。そして、年の瀬も迫った28日、武熊は新しい名前を役場に届け出た(57)。

「耕」という名前を。

第18回　最初の結婚

平之進の苦難は、乗組員30人の犠牲者を出した翌年も続いた。１９０６（明治39）年11月13日、長崎県男女群島沖で鰹漁を行っていた「原二号船」が、強風にあおられ遭難し、９人の犠牲者を出したのである[58]。この船には耕の弟・捨思も乗船していたが、九死に一生を得た[59]。平之進は、再び失意の日々を送った。

この年から１９１０（明治43）年までの4年間、耕に関して特別な資料は残されていない。医業に専念していた時期だったのであろう。

そして１９１１（明治44）年2月13日、35歳になっていた耕は、20歳のトミを妻として迎えた。年の差、実に15歳である。耕もついに所帯を構えたのである。しかし幸せは長く続かなかった。同年9月12日午前2時30分、トミは帰らぬ人となった[60]。結婚生活、わずか7カ月である。

死因について、トミの実家には出産時の事故で死亡したと伝わっているが、結婚後7カ月である、妊娠中

トミの実家が登録有形文化財に指定されたことを示す標識（南さつま市加世田）

の何らかの合併症が原因だった可能性も考えうるが、詳細は不明である。

7カ月というわずかな歳月しか共に歩むことのできなかった2人だが、耕にとってトミは極めて大きな意味を持った。実際、トミという妻の存在を理解しなければ、耕の業績を把握することはできない。耕に影響を与えた人物を5人選ぶならば、間違いなくトミはこの5人の中に入る。しかしこれまで、トミと言う存在は全く注目されてこなかった。

トミは、1891（明治24）年3月8日に、加世田の鮫島剛《ごう》（1863～1928年）の次女として生まれた。剛は、南薩銀行の創設者で初代頭取を務めた素封家《そほうか》である。ちなみに剛が明治後期に建築した住宅や蔵、井戸など7件は、2011（平成23）年7月25日に文化庁の「登録有形文化財」に指定されている。

加世田の鮫島家と言うと、国会議員も務め、南薩鉄道の生みの親の鮫島慶彦《けいひこ》（1865～1928年）も有名である。その慶彦と剛はいとこである。

なぜ加世田の名家鮫島剛の次女・トミと、坊津の原家の次男・耕とが結婚することになったのか。剛は鯨《くじら》漁を行っていて、漁業を通して平之進と面識があったという説や、トミが枕崎小学校に勤務していて耕と知り合ったという説もあるが、この2人の馴《な》れ初《そ》めについてはよく分かっていない。

しかし耕は、トミとの結婚によって、実業界への足掛かりをつかんだのである。

第19回　肝胆相照らす

15歳年下の妻、トミとの生活はわずか7カ月に過ぎなかった。耕とトミの実家・鮫島家、特に鮫島剛や慶彦との関係はどうなったのか。実は、トミの死後も鮫島家との関係は続いていったのである。しかもその関係は、単なる姻戚《いんせき》関係を越えている。「英雄は英雄を知る」が如く、年の差を超えて、耕、剛、慶彦の関係は、肝胆相照《かんたんあいて》らす仲だったことが伺える。

1911（明治44）年2月に耕はトミと結婚し、その年の9月にトミを亡くすが、耕の医業を中心とする生活に変化は見受けられない。この間、兼業していたのは、わずかに2つである。トミがそのまま生きていたら、耕は単なる開業医で終わった可能性が高い。その後1917（大正6）年8月に、大阪出身で女医の根川千代子と再婚する。奇妙なことだが、この後妻との結婚がきっかけとなって、耕は剛が頭取を務める銀行や、慶彦が経営する会社の役職に就き始めるのである。

いくつか具体例を紹介すると、同年7月には剛が頭取を務める南薩銀行の監査役に、翌年9月には慶彦が

鮫島家の住宅門。この2階でトミは勉強していたという

社長を務める南薩運輸株式会社の監査役に、1920（大正9）年7月には南薩銀行取締役に就任する。そして千代子が原医院の切り盛りをするのである(61)。

このことをどう理解したら良いのか。一般的に、後妻を迎えたときは前妻の実家とは疎遠になる。しかし、耕と鮫島家の場合にはこれはあてはまらない。剛と慶彦は、耕の能力を高く評価していたのだろう。

そして耕も、剛や慶彦の期待に良く応えた。その最大の貢献が、南薩鉄道の加世田—枕崎間の延長工事についてだろう。慶彦が南薩鉄道を立ち上げたのは、1912（大正元）年である。伊集院—加世田間が開通したのは、1914（大正3）年だったが、その後、加世田—枕崎間の延長工事は資金難のため遅れに遅れ、再び動き出したのは1928（昭和3）年であった。

1927（昭和2）年に第1回南洋漁場開拓事業に出かけた耕は、翌年2月に念願の衆議院議員に初当選を果たした。その1カ月後、義父・剛は他界した。初登院した4月の第55回帝国議会において、耕は早速、漁業と南薩鉄道に関する建議案をそれぞれ提出した。この件については後段で紹介するが、加世田—枕崎間の延長工事の認可が8月におり、10月から測量が開始された。慶彦が逝《い》ったのはその月の4日だった。トミの死から、17年が経過していた。

耕と剛、慶彦の関係は、文字通り死ぬまで続いたのであった。

第20回　女医　千代子

1905（明治38年）年、而立《じりつ》の年に「武熊」から改名した耕だったが、現存する資料から推察できる耕の30代は平凡でパッとしない。そして、強い悲しみも背負った。15歳年下の妻トミを失い、妊娠していたのなら、おなかの子と合わせて二つの命を救えなかったことになる。その無念さは医者だけに強かったに違いない。

しかし1917（大正6）年、数え年で42歳になっていた耕は、運命の女性と出会い、結婚した。その女性は、大阪出身の女医・根川千代子である。

千代子は、1893（明治26）年4月3日、大阪府泉南郡の医者・根川春一の長女として生まれた。よほど秀才だったのだろう。16歳で泉南高等女学校（後の岸和田高等女学校、現在の大阪府立和泉高等学校）を卒業し、医者になるために単身上京した。ちなみに同女学校には、NHKの連続テレビ小説『カーネーション』のモデルとなった世界的デザイナー、コシノ三姉妹の母・小篠綾子《こしのあやこ》（1913～2006年）とその娘コシノミチコも通った。

1909（明治42）年、上京した千代子が入学したのは、女子医学教育にその生涯をかけた吉岡彌生《よしおかやよい》（1

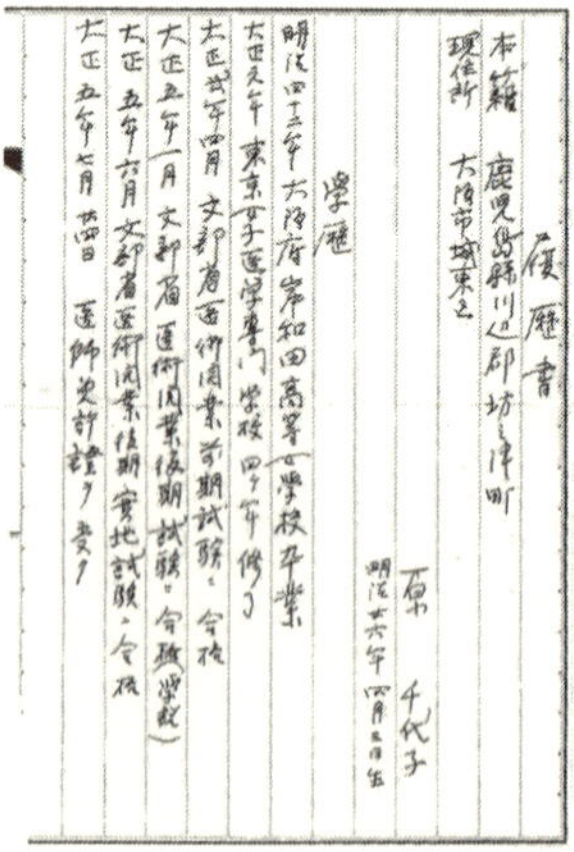
履歴書
本籍　鹿児島県川辺郡坊之津町
現住所　大阪市城東区
学歴
明治四十二年　大阪府岸和田高等女学校卒業
大正元年　東京女子医学専門学校　四ケ年修了
大正弐年四月　文部省医術開業前期試験ニ合格
大正五年一月　文部省医術開業後期試験ニ合格（学説）
大正五年六月　文部省医術開業後期実地試験ニ合格
大正五年七月廿四日　医師免許證ヲ受ク
原　千代子
明治廿六年四月三日生

1961年に千代子が書いた履歴書（原拓提供）

871〜1959年）が設立した東京女医学校（後の東京女子医学専門学校、現在の東京女子医科大学）である。ただ残念なことに、在学中の資料や、卒業後の母校や恩師との結びつきに関する資料は東京女子医大でも発見できなかったので、どのような女学生だったのかは全く分からない。

1967（昭和42）年、74歳まで生きた千代子は、晩年までNHKラジオ講座で英語を学習しつづけた勉強家であると同時に、勇壮で豪快、「けんか祭り」との異名をもつ「岸和田だんじり祭」を故郷で見て育ったからだろうか、肝っ玉が据わっていて、医院にヤクザが因縁をつけてきても怒鳴りつけて追い返し、悪さをする孫を桜の木にくくり付けて説教するような、一本気の女性だったそうだ(62)。千代子は耕の留守を守り、耕死後も耕の作った借金を返済しながら、女手一つで子ども4人を育てあげた。

話を戻そう。千代子は、1912（大正元）年に医学校を卒業後、研修を重ね、そして1916（大正5）年7月24日、念願の医師免許を取得した(63)。女医・千代子の誕生である。

千代子は、県立鹿児島病院（現在の鹿児島大学医学部の前身の一つ）へと赴任した。そして鹿児島の地で、2人は出会うのである。

第21回　2度目の結婚

根川千代子が医師免許状を取得したのは、1916（大正5）年7月である。その後、明確な時期は不明だが、千代子は県立鹿児島病院（現在の鹿児島大学医学部の前身の一つ）へと赴任した。

耕と千代子が華燭《かしょく》の典《てん》をあげたのは、翌1917（大正6）年8月22日、耕41歳、千代子24歳であった。千代子にとって怒濤《どとう》の1年だったに違いない。

当時、鹿児島の女医の数は極めて少ない。時期は少しずれるが、1927（昭和2）年の県内の医師数が『鹿児島医学雑誌』第35号（同年4月発行）に掲載されているが、それによると、医者の総数は1053人、うち女医は7人しかいない(64)。千代子は鹿児島県で2番目の女医だったという人もいる。

鹿児島に来たばかりの、しかも優秀な千代子を耕はどうやって射止めたのだろうか。

南日本新聞社が編集した『郷土人系　下巻』によると、川辺郡津貫村（現在の南さつま市加世田津貫）出身の西盛之進《もりのしん》（1877〜1936年）、春彦（1893〜1986年）兄弟が耕と千代子を結びつけたという(65)。この2人、兄は著名な医学博士で、弟は有名な外交官である。

耕と千代子の写真（原拓提供）

盛之進は東京帝国大学医科大学を卒業後、同大学内科に入るも、父の願いで帰郷、鹿児島で一時開業した。その後大学に戻り、ウィーン大学に2年間留学する。帰国後再び鹿児島で開業した。1912（明治45）年、鹿児島の開業医として最初の博士号を取得。当時、九州大学と熊本医学専門学校にしかなかった2百キロボルト・レントゲンを鹿児島ではじめて導入するなど逸話も多い[66]。耕とは、日本医師会代議員（当時は鹿児島から3人選出）を共に務めるなど関係も深い[67]。

弟の春彦は、東京帝大卒業後外務省に入省し、ニューヨーク領事館補を皮切りに要職を担い、1941（昭和16）年の東郷茂徳（日置市東市来町美山出身、1885〜1950年）外相時には外務次官を務めた。終戦後のいわゆる東京裁判では東郷の弁護人も務めた[68]。

春彦は戦後、駐豪、駐英大使を歴任したベテラン外交官である。『回想の日本外交』（1965年）他の著書もある[69]。ちなみに、耕が南洋漁場開拓に奔走していた時、耕は外務省通商局とも関連があったが、この時、春彦は同局第一課長（当初第二課長も兼務）の要職にあった。

盛之進は、1913（大正2）年から鹿児島県医師会長に就任していた。そのため、千代子の鹿児島赴任をいち早く知り、耕との仲を取り持ったと考えられる。こうして千代子は、耕の片腕、いや分身として、枕崎の原医院を切り盛りすることになったのである。

第22回　意外なつながり

耕と千代子の仲を取り持った西盛之進は、研究者としてもすばらしかった。世界的な医学者、細菌学者として、ニューヨークのロックフェラー医学研究所に在籍していた野口英世（１８７６～１９２８年）は、１９１９（大正８）年10月、鹿児島で開業していた盛之進へ自身が執筆した論文を送ると同時に、盛之進が書いた論文を送付するよう手紙を出している(70)。領事官補としてニューヨークに滞在していた盛之進の弟・春彦がつないだ縁だったが、盛之進の研究がいかに最先端のものだったかが分かる(71)。

前に「シュガーキング」と呼ばれた南洋興発の松江春次について紹介したが、松江と野口は実は会津中学校の同級生である。そして、野口は１９００（明治33）年に渡米し、ペンシルベニア大学で研究に従事し、松江は１９０３（同36）年からルイジアナ州立大学で学んだので、２人の滞米時期も重なっている。耕も同時期アメリカに１年間滞在しており、この３人は知り合っていた可能性もあるが、

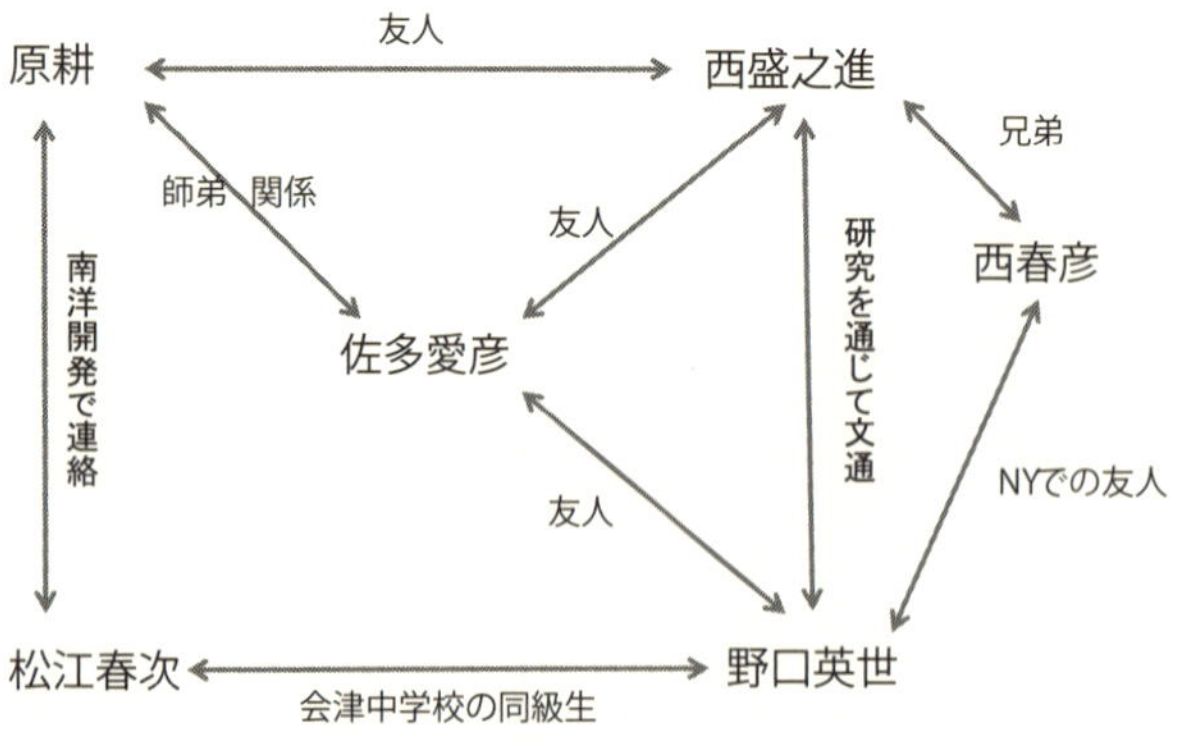

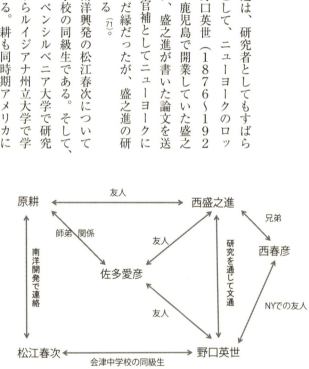

耕の赴任先についてまだ分かっていないため何とも言えない。

そして現在の大阪大学医学部の基礎を作ったと言われる鹿児島出身の佐多愛彦《さたあいひこ》と耕は、以前紹介したように師弟関係である。佐多は、1915（大正4）年、15年ぶりに日本に帰ってきた野口英世の大阪訪問を取り仕切った人物としても知られ、野口の伝記にも登場する。

多くの人名を出して恐縮だが、私は、耕と松江が南洋漁業以外でも知り合う可能性があったことに注目している。だが、この点に関しては資料が発見できていない。今のところあくまでも可能性にすぎず、意外なつながりとしてしか言及できないのは残念である。

余談になるが、当時の鹿児島にはもう一人、耕に似た医師がいた。知覧出身の眼科医、宮原武熊（1874~1957年）である。「宮」の字を取れば「原武熊」と耕の改名前の名前と同じで、年齢も2歳しか違わない。

こちらの武熊も日本を飛び出し、台湾の台南病院に眼科部長として勤務後、1927（昭和2）年台中市に「宮原眼科」を開院した。その後、「東亜共栄協会」を設立し、台湾人の人権を擁護する運動を行って、日本人官憲から目をつけられていたそうだ(72)。

戦後、「宮原眼科」は「台中市衛生院」として利用されていたが、最近では「宮原眼科」という名前の人気アイスクリーム店になっている(73)。一度行ってみたい場所である。

第23回　飛躍

耕が千代子と結婚する1917（大正6）年以前、自らが開業する原医院以外に二つの職務を兼務していたことが明らかになっている。その二つとは、1913（大正2）年4月に当選した東南方村（現在の枕崎市）の村会議員と、1915（大正4）年に就いた南薩銀行の枕崎支店長である。村会議員の方は話が複雑なので、後段にまわすことにして、ここでは南薩銀行について紹介したい。

1914（大正3）年、最初の妻・トミのおじだった鮫島慶彦が社長を務める南薩鉄道の伊集院―加世田間開通に伴い、南薩地域では遠隔地との取引が急速に増加していった。これに伴って、当時「南薩貯金会社」を経営していたトミの父、すなわち耕の義父・鮫島剛が南薩銀行を翌年3月に立ち上げ、頭取に就任している（1929年に鹿児島銀行に吸収合併）。そして同行は、南薩地域だけでなく薩摩地方、そして大隅地方にも他行の追随を許さない強固な地盤を築いたと『鹿児島銀行百年史』（1980年）では紹介されている(74)。耕が同行の枕崎支店長に就任したのは開業の年である（トミの死から4年が経過

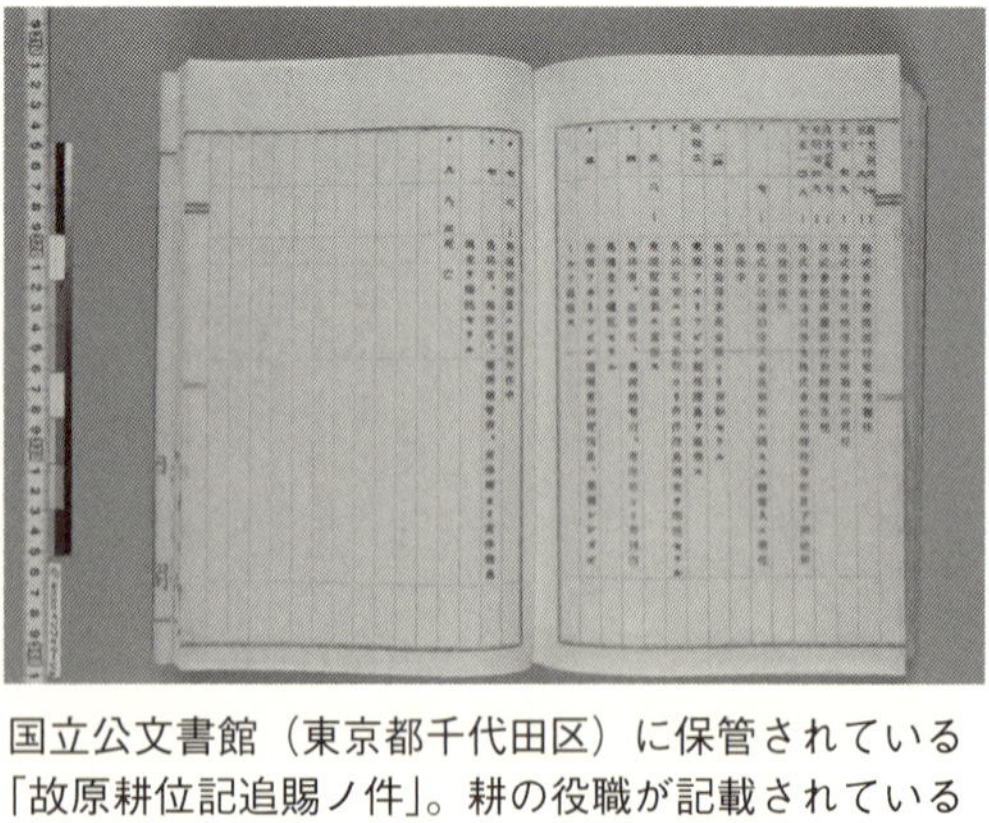

国立公文書館（東京都千代田区）に保管されている「故原耕位記追賜ノ件」。耕の役職が記載されている

している）。おそらく剛から頼み込まれたのであろう。しかし枕崎支店長を1年でやめたようだ。原医院の業務を優先させた結果だと推測しているが、詳細は不明である。

その耕にとって千代子は、大事にしていた原医院を任せられる女性だったのだろう。2人の結婚後、原医院は千代子が切り盛りして、耕は活躍の場を各方面へと広げて行くのである。

2人が結婚した1917（大正6）年8月前後に耕が就いた役職を年代ごとに少し紹介すると、7月には南薩銀行監査役（後に取締役）、そして日付は分からないが、川辺郡医師会長に就任。翌1918（大正7）年9月には、南薩運輸監査役、枕崎造船所取締役。1921（大正10）年8月から坊泊製氷株式会社取締役に就任している(75)。

一方、大阪出身の女医・千代子は、なぜ耕と結婚したのだろうか。耕が高名な医師だった大阪高等医学校長・佐多愛彦の薫陶《くんとう》を受けた点であろうか。それとも滞米経験か。単に親の決定に従っただけなのか。もしかしたら、結婚後も医者を続けられることが大きな要因となったのかもしれない。しかし当時の鹿児島の医師数に占める女医の割合を見た場合、千代子にとって選択肢は極めて多かっただろう。千代子が耕のどこに魅力を感じたのか、現在となっては分からない。

そして枕崎の原医院で生活を始めたある日、千代子は41歳の夫が奇妙なことを言いだすのを聞いた。「鰹船に乗ってくる」と。

第24回　あま船人

枕崎では、漁師のことを「船人」と呼ぶ。読み方は「ふなと」と、「ふなど」と2通りあるようだ。2011年S―1グルメグランプリを受賞した「枕崎鰹船人《ふなど》めし」とは、漁師が鰹船で食べた食事をアレンジしたもので、こちらは「ふなど」と読む。

「枕崎鰹船人めし」ののぼり

耕の時代、鰹船に乗り込む船人は圧倒的に若者が多く、40代から乗り込む者はおそらくまれであったろう。

当時の船人の年齢構成を示す資料が手に入らなかったため、少し時期的には古くなるが、『枕崎市誌 下巻』に掲載されている1895（明治28）年の「黒島流れ」の遭難者の年齢を参考にしてみた。年齢が判明している163人中、10代が47人（29％）、20代が51人（31％）、30代が26人（16％）、40代が25人（15％）、50代が11人（7％）、60代以上が3人（2％）である。30代以下が7割以上を占めている[76]。耕の時代もそれほど変化はなかったであろう。

当時の鰹漁は過酷な仕事である。鰹船には漁師が休むような部屋はない。海に出ると、昼間は太陽の日差しに焼かれ、雨が降ったらカッパは着込むが、雨ざらしの状態が続く。そして雨が降っている間は、炊事釜の火を焚《た》けないので、食事が取れない。非常食として持ち込んだ黒砂糖や味噌をつまんで、雨があがるのを待ったと言う。

夜は、船の甲板《かんぱん》上にウスベリ（イグサで織った筵《むしろ》に縁をつけたもの）を敷き、帆柱を倒してテントを掛けその下で寝る。夜、雨が降れば、体とウスベリをカッパで巻いて寝たという(77)。ちなみに、枕崎の鰹船に船人のための船室をつけたのは、耕が最初だったという記録が残っている。

こうした明治、大正時代以前の船人を、枕崎では「あま船人」と呼ぶ。「あま」は「天」をあてるのか、「雨」をあてるのかははっきりしない。私としては、屋根のない甲板の上で、太陽や雨にさらされながら、鰹群《なぐら》を追いかける船人がイメージできれば、どちらの漢字でも、あるいはひらがなでもいいのではないかと思う。そして私は、「あま船人」という言葉に敬意を込めて使っている。

そんな「あま船人」が乗る甲板《かんぱん》では、昼も夜もなく、雨が降っても降らなくても、二才《にせ》たちが「あぁーあ、替えちょれ、替えちょれ」と歌いながらの汐替え作業が大正のころまで行われていた。

当時の一航海は、短いときで2日、長いときは15日ぐらい鰹群を追いかけたという。大変な作業である。

そんな鰹船に異色の新米船人が乗り込んだ。耕41歳、新しい「あま船人」の誕生である。

第25回　新技術

耕が鰹船に乗り込み始めた時期、枕崎の鰹漁は大きな変化を迎えていた。

「目には青葉、山ホトトギス、初鰹」と知られるように、日本人は鰹を好んで食べてきた。しかし、鰹は腐りやすい。漁獲量が多くても、腐ってしまっては商品としての価値はない。

そして、その腐りやすい鰹を鰹節に加工するというのは画期的な技術であった。長期保存でき、遠方にまで販路を拡大できると同時に、鰹節にすれば、保存食にも調味料としても利用可能で、その用途も広がる。

枕崎にこの技術が伝わったのは、江戸時代の宝永年間（１７０４〜10年）で、紀州から来た森弥兵衛《もりやへえ》によってもたらされたとされている。その後漁法なども改良されて、江戸後期にかけて鰹漁は次第に発展していったことが『東南方村郷土史』（１９１７年）に記されている。

明治が終わりを告げようとするころまで、鰹船には伝統的な帆船《はんせん》が使用されていた。枕崎船人はこの帆船で遠く沖縄方面まで出漁し、１８９０（明治23）年頃には沖縄の座間味島《ざまみ》に鰹漁と鰹節の製法を伝え、同島

沖縄県・座間味島の役場前にある「鰹漁業創始功労記念碑」

繁栄のきっかけになったことが島の役場前に立つ「鰹漁業創始功労記念碑」に記されている。

しかし1908（明治41）年以降、鹿児島県内でも鰹船にエンジンをつける動力化が進んで行った。1912（明治45）年に鹿児島県節類水産組合が出版した『さつまぶし』には、屋久島を除く全県下の鰹船についての動力の種類、機関・船体価格、船体の大きさ、馬力、速力、船主名などが詳細にリストアップされている[78]。それによると、石炭を燃料とする蒸気機関をつけた「笠野丸」（鹿児島市山口町岩田藤之亟所有）が08（明治41）年1月に製造され、石油発動機をつけた坊泊鰹漁業株式会社の「舞鶴丸」が同年7月に製造されている（「笠野丸」の情報は少なく、一般的に県内動力船第一号は「舞鶴丸」とされる）[79]。枕崎での動力船第一号は、翌年4月に製造された「徳光丸」（家弓正五郎所有）であった。その後、動力船は爆発的に広まって行き、1911（明治44）年には県内の動力船の数は98隻、その一方で帆船は44隻（枕崎には1隻のみ）となっている。

そして1915（大正4）から16（大正5）年頃には、鰹船に活餌《いきえ》槽が取り付けられるようになり、餌もキビナゴから生命力も強く蓄養に適したカタクチイワシなどが使用されるようになり、汐替え作業もなくなっていった[80]。

耕が鰹船に乗り込んだのは、船が動力化され、汐替節の代わりにエンジンの「ポンポン」という音が聞こえた、そんな時代であった。

第26回　沖イデ、島イデ

鰹船にエンジンが取り付けられると、より早く目的の漁場まで着けると同時に、より遠方の漁場にまで鰹の群れを求めることができるようになり、鰹の漁獲量も増えていった。

しかし動力化は良い面ばかりではなく、新たな問題も引き起こしていった。

第一に、新たに燃料代がかかるようになった。

第二に、鰹漁がもうかると分かると多くの者が鰹漁業に参入。その結果、漁師の数が不足し、良い漁師を確保するために経費がかさむようになった。

第三に、他県の漁船も鹿児島近海にまで出漁するようになり、他県の漁師との間で激しい競争が展開されることになった。

競争が激化し経費がかさむ一方で、鰹節の値段に変化がなかったために、経営難に陥《おちい》るものが多かった。

1904（明治37）年に設立された枕崎鰹漁株式会社も経営不振で1915（大正4）年に、そして1907（明治40）年設立の坊泊鰹漁業株式会社も1922（大正11）年に解散に追い込まれている(81)。

枕崎製氷株式会社の写真（枕崎市立図書館提供）

鰹は腐りやすい魚である。枕崎で鮮度を保つために本格的に氷が使用されるのは、1921（大正10）年に枕崎製氷株式会社が設立されるまで待たなくてはいけない(82)。それ以前は、動力化によって遠くの漁場まで出漁できるようになった反面、釣った鰹を陸にあげるまでに時間がかかり、鰹節に加工する前に鰹が腐ってしまう問題も生じた。この問題は、耕が遠く南方で鰹漁を行った時にも直面した問題でもある。この点を枕崎の船人たちはどのように解決していったのか。

枕崎船人たちは氷が存在しない帆船時代から、遠方の漁場で釣り上げた鰹の鮮度を保つために、船の上に釜を据えて鰹を緊急的に煮る「沖イデ（海上で処理）」を行った。しかし結果的には、鰹節の品質が低下し薩摩節の名声を下げる結果になった。そこで、口永良部島や黒島などにイデ小屋（鰹節製造所）を建ててそこで鰹節を製造する、いわゆる「島イデ（島で処理）」が行われた。枕崎で製造する「地イデ」の鰹節ほど良質なものはできなかったが、「沖イデ」のものとはその質において格段の違いがあったようである(83)。氷の出現によってこれらの作業は過去のものとなっていった。

耕の第1回南洋漁場開拓（1927年）時、大量の鰹を獲ると、船の上や陸の上で鰹の加工を行ったが、これらは「沖イデ、島イデ」以来蓄積されてきた枕崎船人の経験であったと言えよう。

第27回　漁師の能力

1917（大正6）年、女医の千代子を妻にした耕は、漁業にその精力をつぎ込み始めた。圧巻なのは、自ら鰹船を建造し漁業経営に乗り出すと同時に、漁師にまじって船で漁に従事したことである。

医者をしている人間が、40歳を超えてから鰹漁に従事するというのは常識では考えられない。当時の漁師たちが過酷な状況に置かれ、そのために「あま船人《ふなど》」と呼ばれたことはすでに紹介した。

動力化によって競争が激化し、鰹漁自体が大きな変革を迎えていた時期、鰹漁に参入することは時宜《じぎ》を得たものだったのだろうか。

さらに、当時の鰹船の采配を取っていたのは、長い経験を積んだ船頭（枕崎では「せんず」と呼ぶ）であり、船主自ら漁船に乗り込むことは極めて稀《まれ》だった。船主が鰹船に乗り込むと言う経営者の判断は、現場の指揮命令系統を混乱させなかったのか。

しかも耕が鰹漁に乗り出した翌年の1918（大正7）年には、沿岸で鰤《ぶり》の定置網業免許の申請準備をし

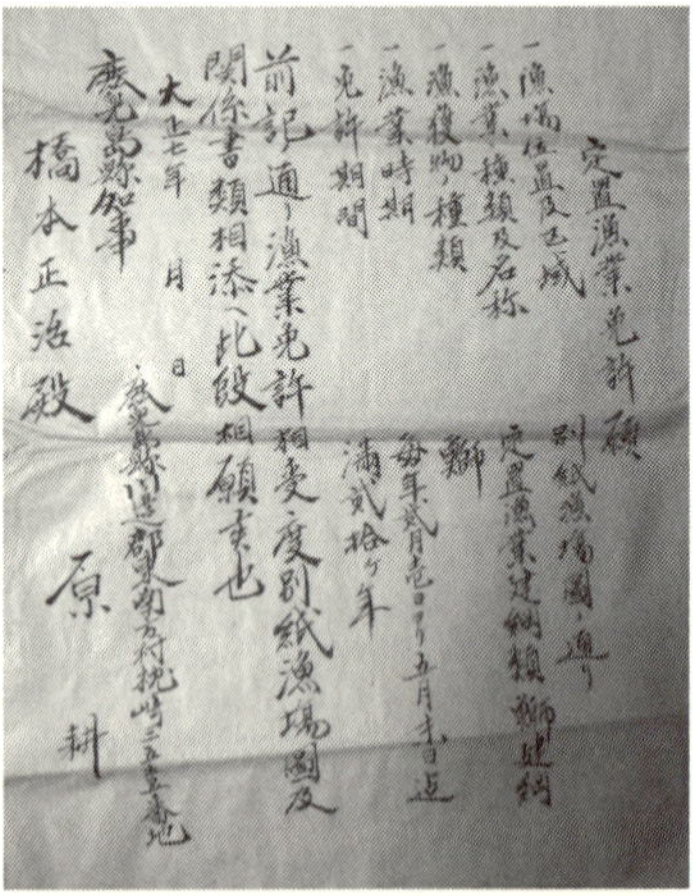

耕が1918年に作成した「定置漁業免許願」の控え（原拓提供）

ていた書類が残っている(84)。「二兎を追う者は一兎をも得ず」ということわざが思わず頭に浮かんでしまう。

耕の行動を検証すると不安要素が多い。経営者、漁師としての腕前はどうだったのか。

川辺郡では、1912(大正元)年から1922(大正11)年まで、漁獲金高に応じて漁船に順位をつけて表彰する事業が行われていた。その記録が『枕崎市誌 上巻』に掲載されている。

それによると、耕は1921(大正10)年にはベスト5に名を連ねている。この年耕は、約6万2千円(現在の金額に換算すると約3千3百万円)(85)の漁獲高をたたき出し5位に入賞している。この年の1位は、1916(大正5)年以来常にトップ5入りしている揚村静治所有の「第二清海丸」で、約9万9千円(現在では約5千2百万円)である(86)。

ちなみに枕崎製氷会社ができる6年も前に、鰹漁で最初に氷を使用したのはこの揚村である(87)。翌年の成績では、耕は4位と一つ順位を上げた。この年は全体に不漁の年で、耕の漁獲高は約4万8千円(同2千5百万円)。対する1位の「第二清海丸」の漁獲高は6万5千円(3千4百万円)であった。

いずれにしても不安要素もなんのその。耕は鰹船に乗って5年もたたないうちに、漁師としての頭角をあらわしはじめたのであった。

第28回　村議会空転

鰹漁業に従事して5年も経たないうちに、耕は枕崎でベスト5の漁獲高をあげ、著名な医師でありながら、その名前は漁業の世界でも知られることになっていった。しかしそれだけではない。実はこのころには、耕は政治家としてもその名を知られるようになっていた。

このことを紹介するには、話を少し前に戻す必要がある。

耕は、1913（大正2）年4月に行われた東南方村議会（当時は村会）選挙で初当選した。そして耕は一年生議員でありながら「大暴れ」して、村政を2カ月以上も空転させる事件の、一方の当事者になったのである。

私がこの事件に注目しているのは、後に衆議院議員として国政の場で活躍する耕の人間性や、政治家としてのタイプが浮き彫りにされていると考えているからである。

その事件とは、役場移転に関する問題であった。東南方村の政治の中心は、藩政以来、麓《ふもと》（現在の鹿篭《かご》麓町《ふもとまち》）にあり、当時の役場も麓の側にあった。しかし東南方村から鹿児島へ続く四つの県道（加世田、知

現在の枕崎市役所

覧、川辺、指宿《いぶすき》の各街道）が整備され、とくに漁業の発展がめざましくなると、麓にある町役場を、より海岸に近く、人口も多い枕崎地区に移転しようという世論が高まっていった。その主張の急先鋒が耕であったと、『広報まくらざき』（１３１号、１９６９年）は言及している(88)。

村議会では、移転派と残留派が激しく対立し、東南方村を分村する案まで検討された。対立が激化し、妥協点を見出せない村長（当時は議長も兼任）の今給黎誠吾と、助役の田代幸五郎は、１９１６（大正５）年4月にその職を辞した。それでも議論はおさまらず、町長、助役不在は68日にもおよび、その間村政は空転したのであった(89)。

耕は反対派の切り崩しに積極的に動いた。『南日本新聞』の連載記事「薩州頑質列伝第2集　俺はおれ原耕の巻」第10、11回では、反対派の議員に対して自腹を切って宴席を設けて説得工作を重ねたことや、その結果、激昂した麓の若者が耕の襲撃を計画したことなどが紹介されている(90)。

村政の空転を見かねた鹿児島や加世田の政治家が調停に乗り出したことで、１９１６年6月、結局村役場を枕崎に移転することで決着した。その後、村議会は村長に今給黎を、助役に田代を再選し、村政は通常に復帰した(91)。

決めたことは断固やり抜き、一歩も引かない。これが耕の政治家としての原形である。

第29回　得票1票

役場移転問題から見る耕の政治家のタイプが、調整型ではなく信念をもとに突き進む、いわば一点突破型であったことは記憶しておく必要がある。

耕は衆議院議員在任中に、アンボンで漁業基地建設に取りかかるが、その構想はとてつもなく巨大である。1933（昭和8）年3月20日に、耕が当時の南洋庁（第一次世界大戦後に日本が委任統治していたパラオをはじめとする南洋群島を管轄していた施政機関）に提出した書類の控えが遺族のもとに残されている。

これによると、耕は鰹漁船100隻、鮪延縄漁船100隻を購入し、漁師や缶詰工場、魚粉工場ではたらく人々を7千人と計算していた。準備資金として1千万円（現在では約72億円）、毎年の支出として1千331万円（約96億円）、収入は1千9百万円（約137億円）で、毎年569万円（約41億円）の収益を見込んでいた[92]。

この巨大事業を持ち前の行動力で実行にあたり、耕は外務省をはじめとする各省庁や財閥の力を借りよう

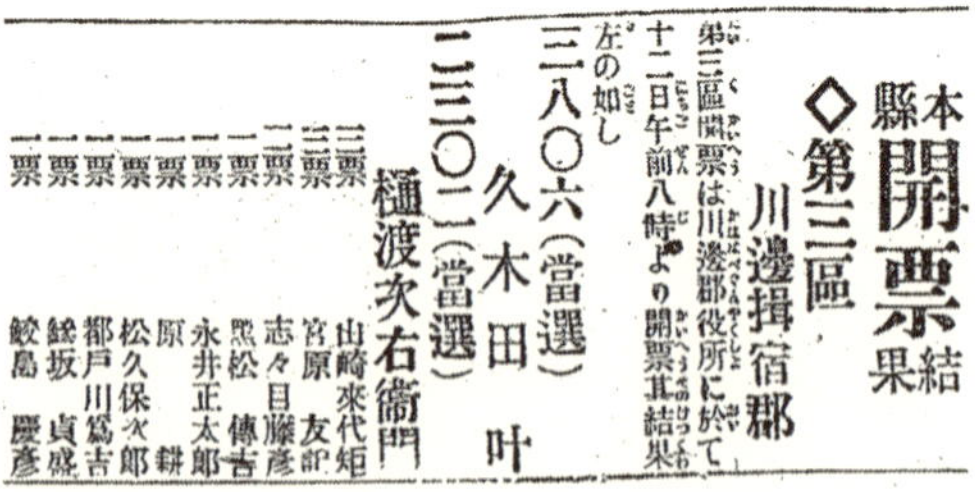
本縣開票結果
◇第三區　川邊揖宿郡
第三區開票は川邊郡役所に於て十二日午前八時より開票其結果左の如し
三、八〇六（當選）久木田叶
二、三〇二（當選）樋渡次右衛門
三票 山崎來代矩
三票 宮原友部
二票 志々目藤彦
一票 黒松傳吉
一票 永井正太郎
一票 原耕
一票 松久保次郎
一票 都戸川篤吉
一票 鯰坂貞盛
一票 鮫島慶彦

選挙結果を報じた『鹿児島新聞』1920年5月13日3面。耕、慶彦ともに得票数1票。同じ選挙区から立候補した理由は不明

と奔走した。そうした耕の業績の大部分は消え去ったが、痕跡は小さいながらも確認できる。これらの点については後段で順次紹介していく。

しかし医者であった耕が、なぜ政治の世界を目指したのか。しかも漁業経営を行うと同時に、漁師として鰹漁船にも乗り込んでいる。一見、相反する方向に進む判断をどうしてしたのだろうか。

現在のところ、この点について耕の心理的な曲折を示す資料は発見できていない。そのため、当時の耕がおかれた状況から推察するしかない。おそらく、耕の行動に影響を与えたのは、義理のおじにあたる鮫島慶彦であったと思える。

慶彦は、衆議院議員の経験もありながら、南薩鉄道の伊集院—加世田間の線路敷設にあたり、社長職の手当も辞退して自らつるはしを振るったという(93)。現場を熟知し、現場で汗を流しながら政治家や経営者として活動するというスタイルは、耕と類似している。

そして耕は、1920(大正9)年、はじめて衆議院議員選挙に立候補した。しかし実は、この件を紹介するのは心苦しい。耕自身はもちろん、その他の資料でもこの選挙について言及しているものは皆無だからである。おそらく結果が目を覆いたくなるような惨敗だったからであろう。

耕の得票数は、ずばり、1票(94)。

この票は、耕自身によるものだったろう。長年医師を務め、村会議員にも当選し、会社役員をやっていた耕でありながら、誰一人として票を投じてくれなかったのである。

第30回　1票の謎

1920（大正9）年5月に行われた衆議院選挙で、耕はなぜ1票しか獲得できなかったのか。この点は大きな謎である。

当時、選挙権が認められていたのは25歳以上の男性で直接国税3円以上を納めた人に限られており、人口の約5・5%にすぎなかった。当然、女性の千代子は投票できない。また当時の漁師のなかに、選挙権を持てる要件を満たす者が多かったとは考えにくい。しかし、医師となれば話は違う。同僚の医者が誰一人として耕に投票しなかったのを、どのように考えたらいいのだろう。

耕は、1917（大正6）年から1920（大正9）年まで川辺郡医師会長を務めていた。衆院選時の川辺郡医師会の人数は不明で、少し時期がずれるが『鹿児島医学雑誌』第17号（1925年）に掲載された鹿児島県医師会員名簿を参照してみた。

それによると、川辺郡の医者は耕と千代子を含めて84人（うち枕崎町は17人）(95)。これらの医師はなぜ会長であった耕に投票しなかったのか。鰹漁に従事する郡医師会長など、疎ましいだけの存在だったのか。

鹿児島市中央町にある現在の鹿児島県医師会館

さらに分からないことがある。『日本医師会創立記念誌』（1997年）によると、医師による初の全国統一組織・大日本医師会が誕生したのは1916（大正5）年である。同会は「医権の伸張」のために国政に代議士を送ることを目指し、翌年の衆議院選挙で医師出身議員を14人当選させている(96)。

鹿児島でも、西盛之進が自らの医院を選挙事務所に開放するなど、医師会は一致団結して積極的な選挙運動を展開し、医師の中村静興《せいきょう》を無所属ながら当選させた。その3年後の耕の選挙結果は、医師を国政へ送り出すという県医師会の流れに逆行している。なぜ県医師会の協力を得られなかったのか。

分からないことは、まだまだある。1923（大正12）年11月25日、医師法の改正に伴い大日本医師会は解散し、新たに法人格をもった日本医師会（現在の日本医師会の前身）が設立された。翌年3月の鹿児島県医師会総会では、新設された日本医師会への代議員3人が選出された。この3人とは、西盛之進、永田安愛《やすちか》（姶良郡牧園村の医師）、そして耕である(97)。

代議員に選出された盛之進と耕は、同年10月に東京で行われた日本医師会および医制50年記念祝典に参加した(98)。「あま船人」の耕が鹿児島県医師会928人（1925年当時）の代表の1人に選出されたのである。

この相反する事態をどう評価するのか。耕の人望はあるのかないのか。1票の謎は深まるばかりである。

第31回　2度目の衆院選

耕は同時並行的に、そして一見まるで関係ないように見えるさまざまな領域で優れた業績を残しており、その多彩な才能はうらやましい限りである。

医療の分野では一流の技術を持つ一医師であると同時に、川辺郡医師会長、日本医師会代議員（当時鹿児島からは3人）に選出されるなど、重要な役職も任されている。そのまま医業に専念していたら、医療政策の立案、保健医療の充実、地域医療への貢献など、より大きな役割を果たしていたかもしれない。

漁業も、自ら鰹漁に乗り出して5年もしないうちに枕崎で漁獲高トップ5入りを果たし、後に行う南洋漁場開拓事業は現在まで語り継がれている。

実業家としても、前妻トミの実家、鮫島家が経営する南薩地域を代表する企業や、株式会社枕崎造船所の役員も務め、地域経済に貢献していた。

プライベートも順調だった。耕は、千代子との間に1男3女をもうけた。耕にとって初めての子となる長女・和子が誕生したのは、1918（大正7年）12月、耕が42歳の時であった。30代とは打って変わって、

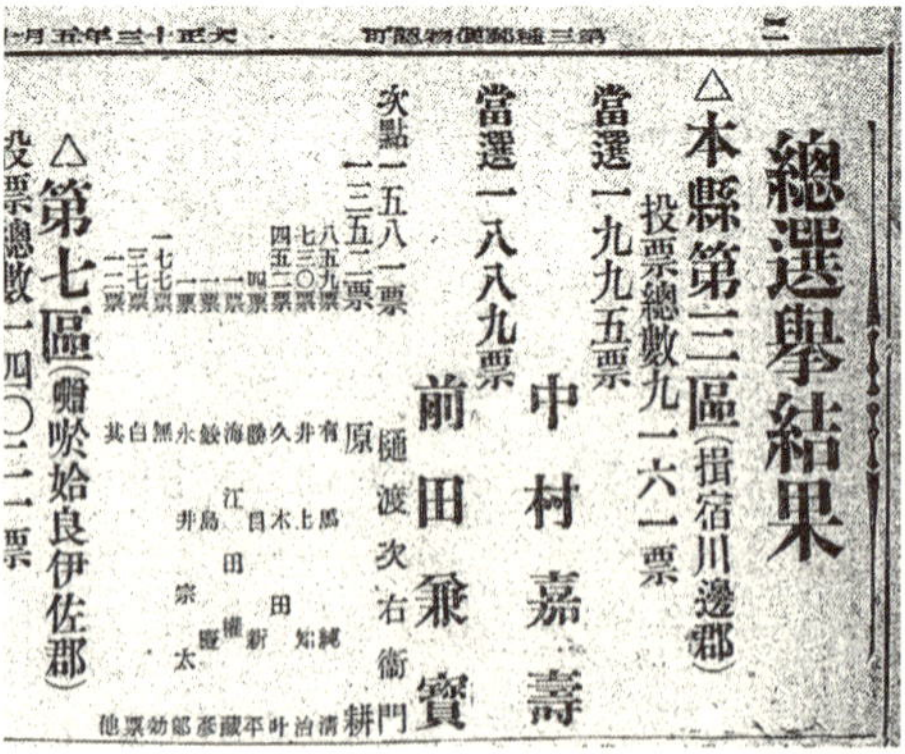

二　第三種郵便物認可　大正十三年五月十

總選擧結果

△本縣第三區（揖宿川邊郡）
投票總數九一六二票

當選一九九五票　中村嘉壽
當選一八八九票　前田兼寶
次點一五八一票　樋渡次右衛門
一三五二票　原耕
八五九票　有馬純清
七三〇票　井上知治
四五二票　久木田新叶
四票　勝目平
一票　海江田權藏
一票　鮫島歷彦
一票　永井宗太郎
一七七票　無効票
三七票　白票
一三票　其他

△第七區（囎唹姶良伊佐郡）
投票總數一四〇二一票

『鹿児島新聞』1924年5月13日2面に掲載された選挙結果。耕は4位だった

充実した40代を迎えていた。

しかし順風満帆にみえる耕にとっても、政治の世界で成功することは並大抵の努力ではなかったようだ。これにはやはり、役場移転問題でのやり過ぎが尾を引いていたと思われる。役場移転問題解決後の翌年、1917（大正6）年4月に行われた村会議員選挙の当選者名簿に、耕の名前は見当たらない。資料が限られているため、耕が選挙に出なかったのか落選したのかは定かではないが、次に村会議員に返り咲くのは4年後の1921（大正10）年である(99)。

そしてすでに紹介した1920（大正9）年の衆議院議員選挙では、得票数1票の惨敗。同僚医師も、役場移転で利益を得たはずの枕崎地区の人々も、誰一人として耕に票を投じてくれなかった。

しかし後に耕は、国政選挙でトップ当選するほど力をつける。しかも競った相手は、当時当選7回、首相候補にその名もあがる床次竹二郎《とこなみたけじろう》（1866〜1935年）である。床次は鹿児島市新照院生まれ、内務官僚から鉄道院総裁、内務大臣などを歴任した大物政治家で、経験も実績も一頭地を抜いていた。12年先の話になるが、耕は選挙で床次を上回る。この男の能力、やはり底知れない。

1924（大正13）年5月、耕は2度目の衆議院議員選挙に出馬した(100)。結果は4位で落選。だが耕は1352票を獲得した(101)。一緒に出馬していた慶彦の得票数がまたも1票だったことを考えると、耕は大善戦したと言えよう。

国政の場が、射程に入りつつあった。

第32回　漁獲高1位

1917（大正6）年から鰹漁に従事していた耕は、いつ頃から南洋漁場開拓事業を思いたったのだろうか。この点について明確な時期を示す資料は発見できていないため、仮説を立てながらそれを検証してみたい。

南洋漁場開拓について耕が書いた文章は、公刊、未公刊を含めていくつか存在する。そのなかで耕が強調していることの一つは、「漁獲高は漁場の良さに比例する」という極めてシンプルな論理である。そして最良の漁場が、南洋だと。

耕が漁場開拓を明確に意識した最初の契機は、おそらく1923（大正12）年のことであったと思われる。

川辺郡は、漁獲金高に応じた表彰事業を1912（大正元）年から行っていた。途中、主催者が川辺郡から鹿児島水産会（県内の水産団体で構成）に変ったこともあり、耕が活躍した大正、昭和初期の同事業をすべて網羅した資料は今のところ発見できてない。そのため漁獲高トップ5の船名や船頭名が分かる時期もあれば、それらがほとんど分からない時期もある。

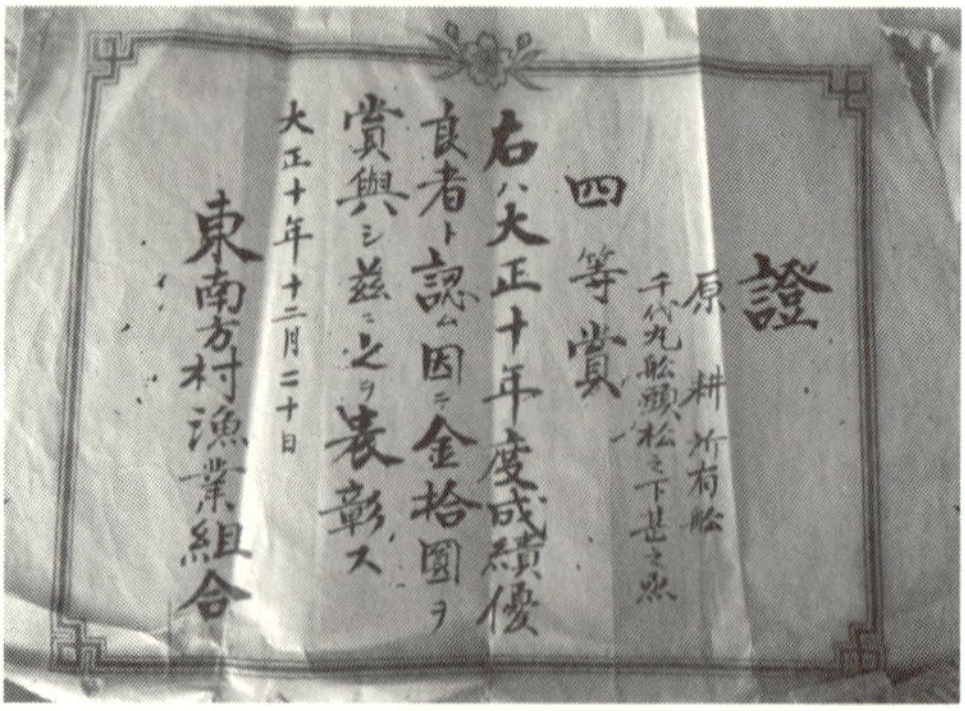

1921年の松之下甚之丞への表彰状（松之下幸朗提供、町頭芳朗撮影）

そうした資料的な制約があるものの、耕は成績をどんどんあげていったようである。1921（大正10）年には漁獲金高5位に、翌年には4位、そして翌々年にはついに1位の座を獲得したことが複数の資料で確認できる(102)。

なぜ耕は前年4位からいきなりトップに躍り出ることができたのであろうか。船頭の力か。確かに、この年船頭を務めていた松之下甚之丞は名人として知られる。しかし現在残されている資料から、松之下は1921（大正10）年にはすでに耕の船に乗っていたことが確認できている(103)。では問いを、「松之下はなぜこの年トップになれたのか」と変えてみても、その根拠を明確に示す資料は見当たらない。したがって、単に船頭の能力によるとする説はとれない。

実はこの年、耕の鰹漁に変化がみられた。耕の遺族のもとに耕自筆の履歴書が残されているが、それには「大正拾二《じゅうに》年　ラサ島ニ試漁ス」と記されている。ラサ島とは沖縄本島から南東約400キロに位置する沖大東島のことである。

耕がトップの漁獲高をたたき出した年、2位との差を示す資料がないのは残念だが、たとえその差が小さくても、そして大きければなおのこと、耕は初めて1位になった理由を自問したはずである。「昨年と今年の違い。自分の船がやって、他の船がやらなかったこと。それは何か」と。

良い漁場が見つかれば漁獲高が増える。新しい漁場を探すこと。それが、耕の行動指針になっていったのではないだろうか。

第33回　異変

1923（大正12）年、沖大東島（ラサ島）に試漁し、初めて最優秀の成績を収めた耕は、その結果を手放しで喜んだだろうか。おそらく答えは、「否」である。というのも、それまで好調だった枕崎の鰹漁に、明らかに異変が現れはじめていたからである。

鰹船にエンジンが取り付けられた1908（明治41）年以降、枕崎の鰹漁はどんどん発展し、その成長ぶりはそのまま漁獲金高に反映されていった。枕崎で最優秀の漁獲金高を記録する鰹船の成績を見ていくと、そのことがはっきりと見て取れる。

1913（大正2）年、最優秀の成績を記録した船の漁獲金高はわずかに1万4千円にすぎなかったが、1917（大正6）年には3万7千円に、1921（大正10）年には9万9千円にまで伸びていた(104)。9年間で最優秀船の漁獲金高が7倍にも増加し、史上初の10万円を越えるのは、もう目前であった。

しかし異変は突如として、しかも急激に訪れた。1922（大正11）年は大変な不漁の年で、この年の

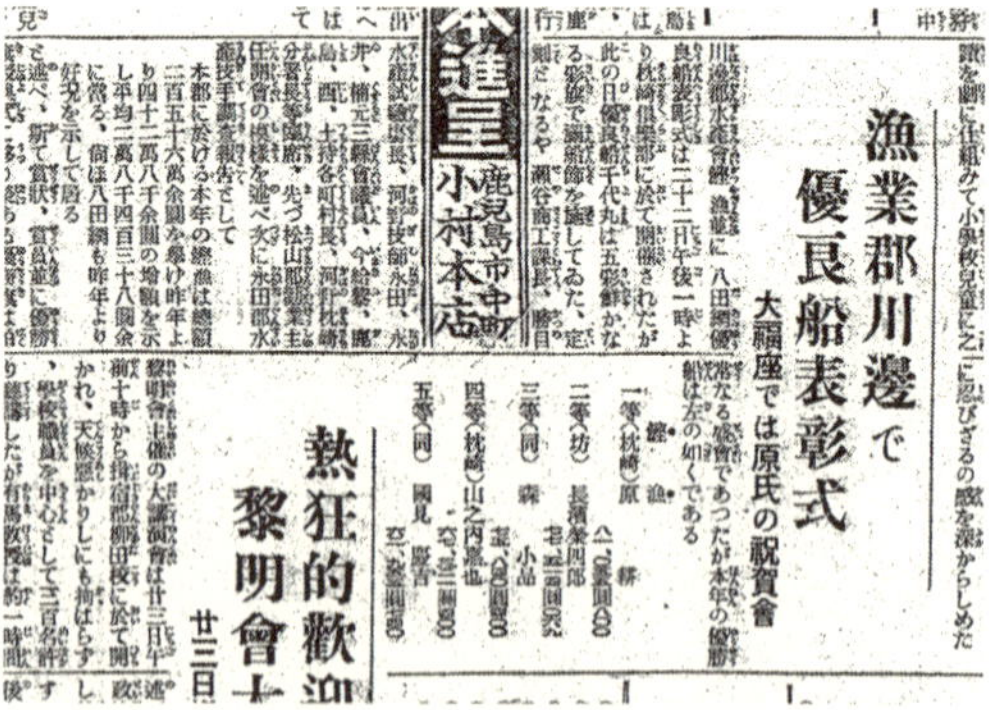
漁業郡川邊で
優良船表彰式
大福座では原氏の祝賀會
鹿児島市中町
小村本店
熱狂的歡迎
黎明會

漁獲金高の順位を報じる『鹿児島新聞』1923年12月24日7面の記事。坊津の鰹船はそれまでの最高漁獲金約5万円を大幅に越える結果となり、「大漁」と記録される

トップの漁獲金高は6万5千円にすぎず、前年の9万9千円から3万4千円（現在では約3千5百万円）もマイナスになった。耕も4位入賞を果たしたが、その漁獲金高は前年の3分の2に落ち込んだ(105)。右肩上がりを想定していた業者にとって、その影響は甚大だったに違いない。

不漁だった鹿児島に対して、沖縄や台湾近海では好漁だったことが報じられた。この明暗が分かれた原因について当時の新聞は、天候や海水温度、潮流、鰹の生態など、さまざまな可能性を指摘していた。しかし問題は、この不漁が1年だけの単発的なものなのか、それとも翌年以降も続く長期的な傾向なのか、そのどちらなのかという点である。耕の沖大東島への試漁は、そうしたことを占ううえで極めて重要なものだった。

1923（大正12）年の漁獲高のデータを、当時の新聞記事の中から見つけることができた。それによると、枕崎の鰹船2隻が4位と5位に入賞しているが、1位の耕の漁獲金高8万1千円に対して、4位は6万7千円、5位は6万2千円に過ぎない(106)。記録的不漁だった前年の最優秀船による6万5千円と変わらない。漁獲金高で10万円を目指すなど、もう夢のような話になってしまったのである。

耕の最優秀という成績は、従来通りの漁場での、それまで通りの操業では、期待通りの漁獲高は望めないという、不気味な可能性を暗示していたのであった。

第34回　サイレント映画

耕の業績のなかでも異彩を放つものとして、『無限の宝庫』(107)と名付けられたサイレント映画（当時は活動写真と呼んだ）の作成があげられる。大正時代の「あま船人」による鰹漁、当時の鰹節製造の様子が記録された貴重な映像である。

ところがこれまで、『無限の宝庫』の作成時期は特定されてこなかった。１９２２（大正11）年作成とする資料もあれば、１９２３、１９２４、１９２５年とする資料もあり、どれも決め手に欠けている。そもそも、耕自身が作成した資料にも異なる作成年が記載されているのである。

しかし諸説あるうち、『南日本新聞』の記事「薩州頑質列伝第2集　俺はおれ　原耕の巻」の第14、15回が紹介している以下のエピソードが一般的に受け入れられてきたと思われる(108)。

『無限の宝庫』で映し出される大正時代の鰹漁（枕崎市役所提供）

このエピソードでの作成年は、１９２５（大正14）年である。この年、枕崎から遠く離れた漁場を開拓するために、当時としては桁外《けたはず》れの大型船を建造した耕は、台湾での鰹漁に乗り出した。ところが、肝心の漁師たちがホームシックにかかってしまい、ある夜、漁師のうち数名が鰹漁の生命ともいうべき活き餌を海に流してしまうのである。この事件から耕は、漁師だけでなく、その家族や水産関係者などへの啓蒙《けいもう》活動の必要性を痛感し、『無限の宝庫』を作成したという逸話である。そしてこの映画は東京でも上映され、皇太子（後の昭和天皇）にも献納されたと。

しかしどうやらこのエピソードの一部は、事実に反しているようである。今回、『無限の宝庫』の作成時期を特定するために、『鹿児島新聞』の1922（大正11）年8月から1925（大正14）年12月までのすべての紙面をチェックしてみた。その結果、時期を特定することができた。

『無限の宝庫』が最初に上映されたのは、1923（大正12）年5月17日である[109]。映像のなかに、同年1月に行われた水産試験場創立20周年記念に合わせて建造された「照洋丸」が任務についているシーンがあることから考えて、撮影されたのはこの年春の鰹漁だったと結論づけることができる[110]。しかしこの年、耕が沖大東島に試漁したことはすでに紹介したとおりで、大型船建造も、そして台湾への出漁もまだ行われてはいない。

さらに、『無限の宝庫』のお披露目日に関して意外な事実が明らかになった。この映画を最初に鑑賞した人物、それは、当時皇太子との結婚が決まっていた久邇宮邦彦王《くにのみやくによし》の第一女子、良子《ながこ》女王（後の香淳皇后）だったのである。

第35回　女王殿下の台覧

　大正天皇の摂政を務めていた皇太子（後の昭和天皇）と良《なが》子《こ》女王（後の香淳皇后）がご結婚されたのは、1924（大正13）年1月26日である。しかし婚儀については、すでに1922（大正11）年には発表され、1923（大正12）年は祝賀ムードに包まれていた。

　1923年5月、久邇宮《くにのみや》夫妻、良子女王、妹の信子《のぶこ》女王は福岡の香椎宮《かしいぐう》に参拝し、その後、鹿児島にも立ち寄った。良子女王の母俔子《ちかこ》妃は、島津家第29代当主忠義の八女である。

　将来の国母、しかも島津家とも縁の深い良子女王の来鹿とあって、5月17日午後鹿児島に到着した一行を、2万5千人もの人々が沿道で出迎えた。

　この日の宿泊は、磯の島津家別邸（現在の仙巌園）。夜、鹿児島の名勝地などを紹介する映画（活動写真）数本が上映され、この中の一本が、耕が作成した『無限の宝庫』であった。

　活動写真は、当時の娯楽に欠かせないものだったが、特に目新しいものではない。同年中、鹿児島の警察が検閲した活動写真の数が明らかになっているが、それによると邦画が2238巻、洋画が1739巻、

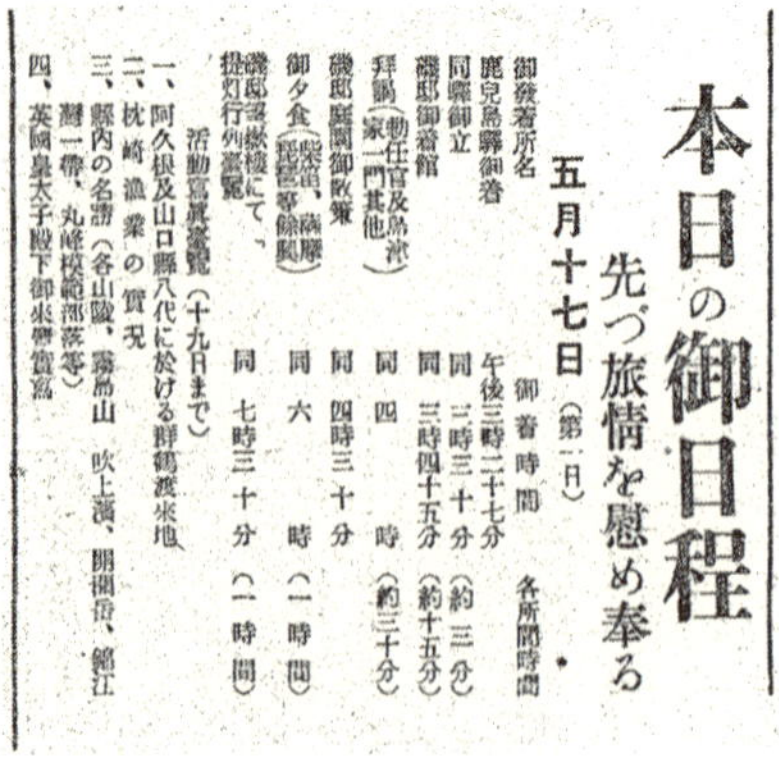
本日の御日程
先づ旅情を慰め奉る
五月十七日（第一日）
御發着所名　御着時間　各所間時間
鹿兒島驛御着　午後三時二十七分
同驛御立　同　三時三十分（約三分）
磯邸御着館　同　三時四十五分（約十五分）
拜謁（勅任官及島津家一門其他）　同　四　時（約三十分）
磯邸庭園御散策　同　四時三十分
御夕食（柴田、薩摩琵琶等餘興）　同　六　時（一時間）
磯邸望嶽樓にて、提灯行列叡覧　同　七時三十分（一時間）
活動寫眞叡覧（十九日まで）
一、阿久根及山口縣八代に於ける群鶴渡來地
二、枕崎漁業の實況
三、縣内の名勝（各山巖、霧島山　吹上濱、開聞岳、錦江灣一帶、丸峰模範部落等）
四、英國皇太子殿下御來麑實寫

『鹿児島新聞』1923年5月17日11面。この日初めて『無限の宝庫』が上映された

フィルムの長さは合計で約1000キロにも及んだという(111)。無数の映画があった中で、『無限の宝庫』が選ばれたことは特筆すべきことである。

なぜ『無限の宝庫』が選ばれたのか。4月22日付けの『鹿児島新聞』(7面)の記事は、その理由の一端を次のように説明している。

「尚亦《なおまた》最近川辺郡枕崎の原耕氏が数千円を投じて活動写真に撮影した4千尺に亘る長尺もの、県下に於ける鰹釣りの壮観な実景をも同時に映写して御旅情を慰め奉る予定だ。何と云っても良子女王殿下は将来の国母陛下とならせ給う御身分なのだから御台覧品は商品陳列所に本県の特産品を蒐めて其一般を御覧に供し」と。

どうやら、鰹節宣伝の意味合いが強かったようだ。ただ残念なことに、耕がどんな人脈を通して、どのように売り込んだのか、その経緯については全く分からない。

その後、『無限の宝庫』は一般にも公開された。同年7月1日から町制を導入した東南方村は、枕崎町へとその姿を変え、同15日の町制実施祝賀会で、『無限の宝庫』が上映された(112)。確認できる限り、これが一般に公開された最初の上映である(113)。

さらに、8月10、11日鹿児島市の劇場中座でも上映された。料金は31銭かかったが、観客の入りもまずまずだったに違いない。なにせ上映のふれこみが、「摂政宮御台覧品」だったのであるから(114)。

第36回「薩摩節」の評価

江戸時代の1822（文政5）年の「諸国鰹節番付表」を見ると、当時すでに、鹿児島の鰹節が全国でも高い評価を受けていたことが分かる。明治時代に入って、鹿児島の鰹節は薩摩節と呼ばれていたが、その品質は全国でもトップレベルにあった。

第1回水産博覧会が東京の上野公園で開催されたのは、1883（明治16）年3月である。全国からの出品総数は1万4千点を越えた。約100日間の会期中、明治天皇の行幸もあり、来場者数は23万人にものぼった。この記念すべき博覧会における鰹節部門で、多くの薩摩節は1位から3位に入賞し、その名を全国に轟かせた。

その当時、薩摩節に匹敵したのは高知の土佐節ぐらいで、静岡県の焼津などで作られる静岡節の品質はそれほど高くなかった。

ところがその後、薩摩節の名声は低下していった。1889（明治22）年のある品評会での1位は土佐節で、2位は静岡節と薩摩節。そして1895（明治28）年ごろには、薩摩節は静岡節に抜かれ、その後塵《こうじん》を

天日干しされる鰹節。鰹節は、昔も今も、太陽の恵みと人の手によって作られている（瀬崎千春提供）

拝することになったのである(115)。

こうした事態に、鹿児島県では官民が協力して鰹節の品質向上に動いた。県は鰹節の検査出張所を設置して品質を管理すると同時に、鹿児島県鰹節水産組合は、高知県や静岡県に視察団を派遣し、加工技術の改良に乗り出した。品質を悪化させていた「沖イデ」をやめて、離島に仮のイデ小屋(鰹節製造所)を設ける鰹漁船の取り組み等もあった(116)。

こうした官民一体となった取り組みによって薩摩節の品質が向上し、再び静岡節、土佐節と肩を並べるようになりはじめたのは、ようやく1909(明治42)年ごろのことであった。先進地の技術に追いつくまで、実に20年の歳月を要したのである。

しかし、新たな問題が生じていた。それは、薩摩節の品質が一定しないことであった。技術改良によって、薩摩節の上級品は静岡節や土佐節の上級品と肩を並べはじめた一方で、粗悪品も多く存在した。そうした薩摩節の品質のばらつきの幅は、静岡節や土佐節よりも大きかったのである(117)。

同じ漁獲高ならば、品質の高い鰹節を作った方が鰹節加工業者、そして地域の利益が大きいことは言うまでもない。なぜ、こうした品質のばらつきが出てくるのか。

そこには当時、鰹船の船主が握っていた既得権益の壁があり、技術改良ではどうすることもできない、枕崎水産業界の構造的な問題が横たわっていたのである。

第37回　漁製分離

1925（大正14）年8月1日は、枕崎の鰹節製造部門にとって極めて重要な日となった。この日から、鰹漁を行う漁撈《ぎょろう》部門と、鰹節を加工する製造部門の分離（漁製分離と呼ぶ）が行われたからである。この漁製分離は、鰹節製造にとっては革新的なできごとであった。

漁製分離以前、獲ってきた鰹は生で鰹節加工業者に卸されるのではなく、船主が所有する自営の鰹節製造所で「荒節」という段階にまで加工され、その「荒節」を仲買人、加工業者が入札していたのである。「荒節」になるまでに、すでに鰹の身をさばき（生切り）、煮て（煮熟《しゃじゅく》）、いぶして乾燥（焙乾《ばいかん》）させるなど、鰹節製造における重要な工程を経てしまっている。そして明治以来、薩摩節の欠点とされたのが、この煮熟と焙乾であった。

品質の高い鰹節を製造するためには、煮熟、焙乾のやり方を変える以外ない。そのためには、船主が所有する製造所での技術改良を進めるか、船主から直接生の鰹を卸してもらうしかない。技術改良に取り組んだ

枕崎市にある現在の枕崎水産加工業協同組合

船主の「荒節」を加工した鰹節は上級品として全国でも評価されたが、そうでない船主が卸す「荒節」を使った鰹節は粗悪品が多く、品質が一定しなかった。というのも、船主は漁獲高を増やす方向に向かいがちで、鰹節製造の技術改良にはあまり関心を示さなかったからである。

当時は、鰹が水揚げされると、鰹船の漁師たちが総出で煮熟まで行い、その後「納屋番」をするために数人を残して、すぐにまた漁に出掛けてしまう。1912（明治45）年に鹿児島県節類水産組合が発行した『さつまぶし』は、漁獲に重きをおいて製造を軽視していては、薩摩節の品質は上がらず全国での評価は下がると、するどく指摘している(118)。現在で言えば、粗悪品のために薩摩節という「ブランド力」が低下することを憂慮していたのである。そしてこの問題を克服するために、生鰹を加工業者に卸すか、それが不可能なら専門技術をもった職人を製造過程に加わらせるべきだと。

船主以外は「荒節」を製造できない。したがって、加工業者は船主から「荒節」を仕入れるしかない。「荒節」がなければ加工業者の仕事がなくなってしまう。「荒節」の品質が良くても悪くても、漁獲高さえあれば船主はもうかる。そうした仕組みができあがっていたのである。

第38回　鰹節の新時代

薩摩節のブランド力を高めて行くためには、品質管理が極めて重要である。粗悪品のために市場での支持を失い、上級品を含むブランド全体の信用が急落することは最悪な事態であった。

鰹節品質向上のために枕崎に「鰹節伝習所」が設置されたのは、1921（大正10）年のことである。静岡県の焼津から村松善八商店（現在のマルハチ村松）の2代目村松善八が招かれて、鰹船の船主組合とともに鰹節共同製造試験が行われた。しかしこの時の講師はわずか3人、伝習所で養成をうけた職工は枕崎で6人だった[119]。

こうした中、枕崎でも漁製分離の要求が強まっていった。鰹節の加工業者はもちろん、水産試験場も漁製分離の可能性を探っていた。しかし、船主組合の強硬な反対にあって、なかなか実現しなかったのである。

そして問題は、次第に枕崎町長が関与する事態にまで発展していった。枕崎町から町外へ移出する農林水産物の総額は当時約265万円で、そのうちの約半分の140万円が鰹節によるものであった[120]。薩摩節

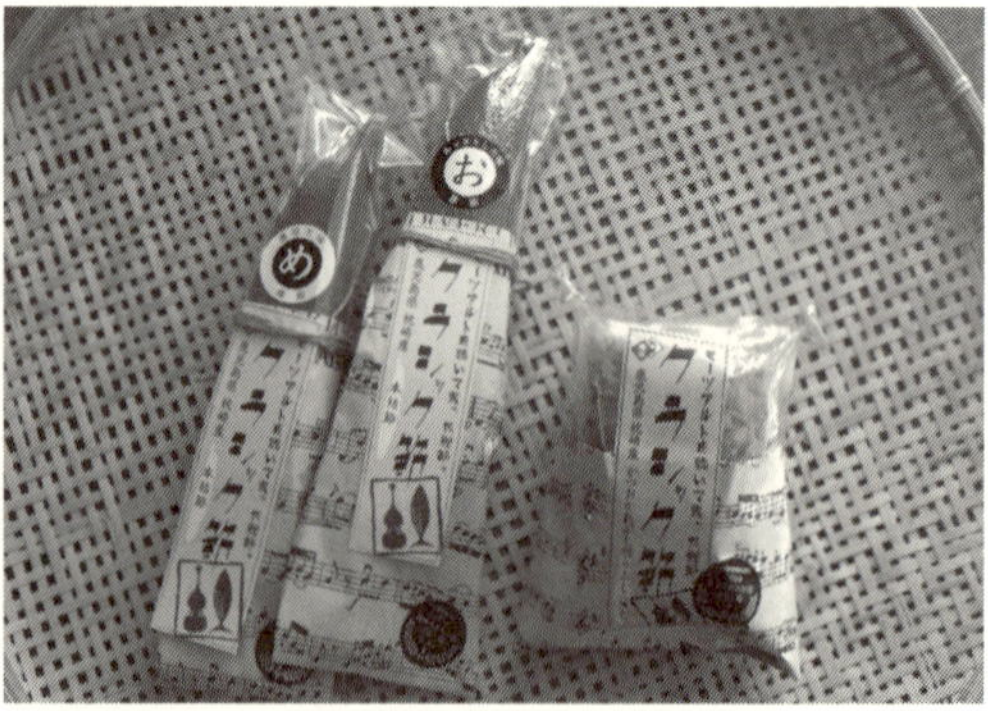

鰹節にモーツァルトを聴かせて熟成させる「クラシック節」（瀬崎祐介提供）

のブランド力の向上、そしてその販売価格は地域経済を大きく左右する。事態打開に向けた動きが数年続けられた。

1925（大正14）年1月9日、枕崎町長、水産試験場長、県および郡の産業課職員、鰹船組合、そして鰹節の仲買組合、削職工《さくしょくこう》組合が一堂に会し会合が開かれた。この席で、漁製分離の実施を同年8月1日から行うことが決定された。そして鰹船主組合を代表し、漁製分離への工程表を詳細に説明したのが、耕だったのである(121)。

漁製分離以前は船主が製造する「荒節」の入札が行われていたが、漁製分離によって生鰹の入札が行われることになった。生鰹の卸売市場の設立によって、枕崎以外の鰹船も参入できることになった。事実、漁製分離が行われていなかった坊津の鰹船は、一時期、枕崎に鰹を水揚げした。枕崎の方が生鰹の値段が高かったからで、坊津の鰹節製造業は一時開店休業の状態になった。枕崎の鰹節加工業者にとっては望ましい方向性だが、それまで船主が持っていた既得権益が大きく損なわれることになった。

こうした点について船主組合でどのような話し合いがもたれたのか、耕がどのような役割を果たしたのか、残念ながらその詳細は明らかになっていない。

この年、焼津から34人の講師が招聘《しょうへい》され、そのもとで職工の養成が行われ、本格的な技術改良が開始された(122)。

漁製分離によって、枕崎の鰹節加工は新しい段階を迎えたのだった。

第39回　伝書鳩

耕が作成したサイレント映画『無限の宝庫』（１９２３年）には、漁製分離（１９２５年）以前の鰹節製造の様子が収められている。これは極めて貴重な映像である。

『無限の宝庫』で映し出される工場は、耕所有の鰹節製造場だと考えられる。映像で出てくる一連の鰹節製造過程のうち、生切り、篭立《かごた》て（切った鰹の身をカゴに並べる）、煮熟《しゃじゅく》後の冷却、焙乾《ばいかん》と続いた後、入札シーンが登場する。これが「荒節《あらぶし》」の入札をしていた記録として特に重要である。入札後に、削職工による削り（整形作業）、天日干し、樽詰作業のシーンが続いている。

『無限の宝庫』の撮影があと2年遅れていたら、「荒節」の入札ではなく、生鰹の入札シーンが映し出されていたはずである。

伝書鳩は鰹漁の連絡手段としても活用されていた
（挿絵：下薗秋穂）

同様に、撮影があと数年遅れていたら登場しなかった映像の一つが、伝書鳩《ばと》のシーンである。映像に登場する伝書鳩は陸軍から払い下げられたもので、当時、鰹船と陸《おか》の間の連絡に利用されていた。その飼育訓練方法も陸軍から導入された最先端のものであり、その運用方法は高い評価を得ていた。

人類の伝書鳩利用の起源は紀元前にまで遡《さかのぼ》るが、有線無線の電信電話や回光《かいこう》通信機（光の明滅によって情報を伝達する方法）が開発されてくると、伝書鳩は次第に原始的な通信装置と見なされていった。

しかし第一次世界大戦（1914~1918年）によってその評価は逆転した。実際の戦闘では、有線の通信網は切断、無線は傍受され、砲煙弾雨《ほうえんだんう》のなかでは発光信号の光が見えなかったのである。実際に活躍したのは、〝原始的〟とされた伝書鳩だった(123)。

こうした事態を受けて、日本の陸海軍でも伝書鳩が再評価され、飼育訓練が再開されていた。

1926（大正15）年に出版された『伝書鳩』という書物がある。執筆者は、陸軍騎兵少佐の岩田巌《いわたいわお》である。岩田は、「軍用鳩」と呼ばれた伝書鳩による通信、そして鳩にカメラをつけて地上を撮影する偵察技術の研究に従事し、摂政宮（後の昭和天皇）にも伝書鳩の説明を行った人物である。

岩田はその著書で、全国における伝書鳩の民間利用を取り上げているが、そのなかで最も高く評価していたのが鹿児島の鰹漁におけるものだった。「特に鹿児島県の水産試験場に於ける漁業通信の如きは利用上頗《すこぶ》る其の処を得たもの」(124)と。

第40回　鳩ぽっぽのおじさん

枕崎に伝書鳩を導入したのは、「鳩ぽっぽのおじさん」と呼ばれた中釜清《なかがませい》（精）一郎《いちろう》である。

中釜はもともと鹿児島県水産試験場枕崎節製造場に勤務し、鰹節の製造試験に従事していた。勤勉で、しかも趣味で小鳥を飼育していた中釜に、伝書鳩導入を依頼したのは鰹船の船主たちだったという。

この船主のなかに耕がいたことを示す資料はないが、新技術導入に貪欲な耕である。おそらく熱心に口説いた一人だったにちがいない。

中釜は上京し、中野にある日本陸軍通信隊の「軍用鳩調査委員事務所」で訓練を受けた(125)。『伝書鳩』の著者、岩田巌の所属先である。

同事務所が設置されたのは、第一次世界大戦終結後の1919（大正8）年4月のことである。講師として、大戦中、伝書鳩通信を担当したフランス陸軍のクレルラン中尉（日本鳩界の恩人と呼ばれる）が招聘《しょうへい》さ

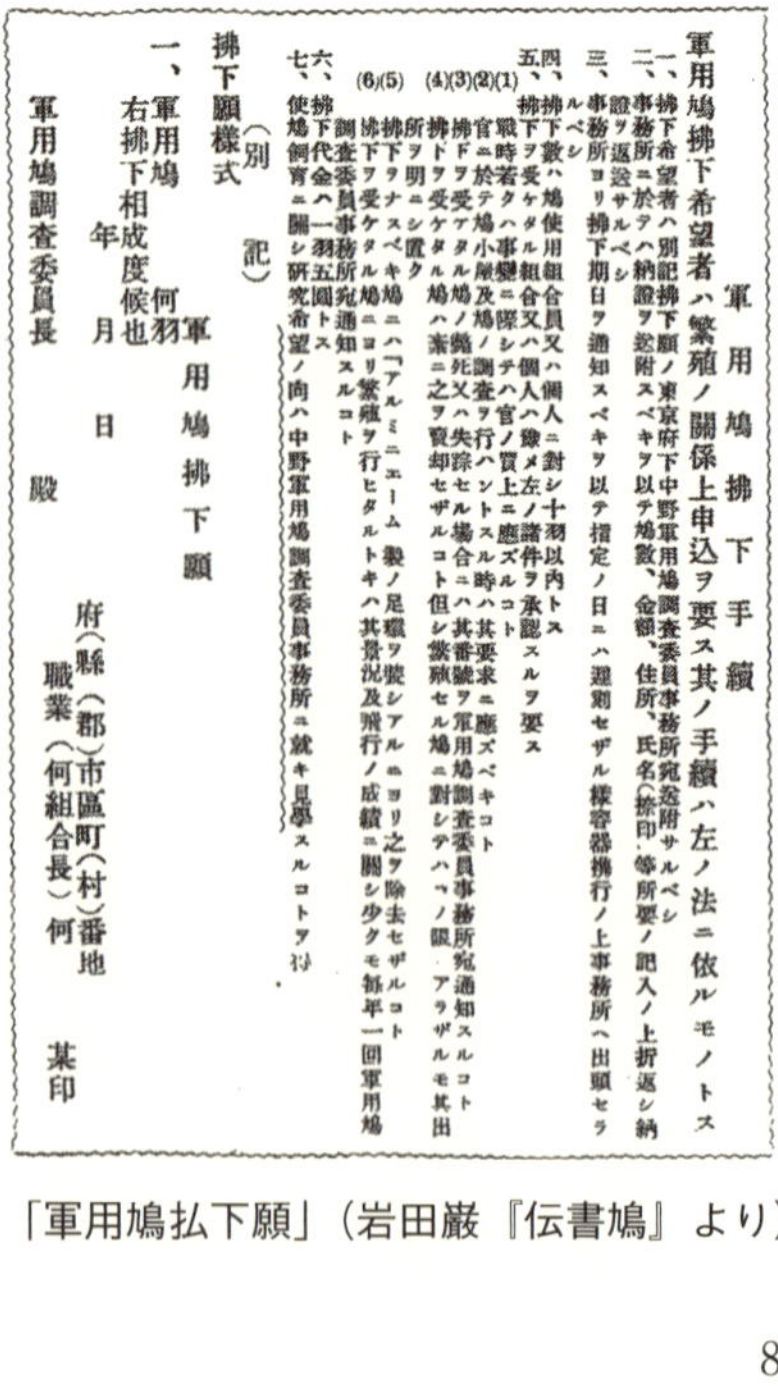

軍用鳩拂下手續

軍用鳩拂下希望者ハ繁殖ノ關係上申込ヲ要ス其ノ手續ハ左ノ法ニ依ルモノトス

一、拂下希望者ハ別記拂下願ノ東京府下中野軍用鳩調査委員事務所宛送附サルベシ

二、事務所ニ於テハ納證ヲ送附スベキヲ以テ鳩數、金額、住所、氏名(捺印)等所要ノ記入ノ上折返シ納證ヲ返送サルベシ

三、事務所ヨリ拂下期日ヲ通知スベキヲ以テ指定ノ日ニハ遲刻セザル樣容器携行ノ上事務所ヘ出頭セラルベシ

四、拂下數ハ鳩使用組合員又ハ個人ニ對シ十羽以内トス

五、拂下ヲ受ケタル組合又ハ個人ハ豫メ左ノ諸件ヲ承認スルヲ要ス

(1)戰時若クハ事變ニ際シテハ官ノ買上ニ應ズルコト

(2)官ニ於テ鳩小屋及鳩ノ調査ヲ行ハントスル時ハ其要求ニ應ズベキコト

(3)拂下ヲ受ケタル鳩ノ斃死又ハ失踪セル場合ニハ其番號ヲ軍用鳩調査委員事務所宛通知スルコト

(4)拂下ヲ受ケタル鳩ハ濫ニ之ヲ賣却セザルコト但シ繁殖セル鳩ニ對シテハ此ノ限ニアラザルモ其出所ヲ明ニシ置ク

(5)拂下ヲナスベキ鳩ニハ「アルミニューム」製ノ足環ヲ裝シアルニヨリ之ヲ除去セザルコト

(6)拂下ヲ受ケタル鳩ニヨリ繁殖ヲ行ヒタルトキハ其景況及飛行ノ成績ニ關シ少クモ毎年一回軍用鳩調査委員事務所宛通知スルコト

六、拂下代金ハ一羽五圓トス

七、使鳩飼育ニ關シ研究希望ノ向ハ中野軍用鳩調査委員事務所ニ就キ見學スルコトヲ得

（別　記）

拂下願樣式

軍用鳩拂下願

一、軍用鳩　何羽

右拂下相成度候也

年　月　日

府(縣)(郡)市區町(村)番地

職業(何組合長)何　某印

軍用鳩調査委員長　殿

「軍用鳩払下願」（岩田巌『伝書鳩』より）

れ、フランス式の「軍用鳩」の飼育訓練が開始された(126)。

残念ながら、同事務所での中釜の身分や訓練期間についてははっきりしていない。しかし中釜は1921(大正10)年5月、陸軍から払い下げた雛《ひな》鳩を枕崎に持ち帰り、飼育訓練を開始している。したがって、中釜が習得した技術は、日本に導入されて間もない、当時の最先端技術ということになる。

岩田は著書のなかで、伝書鳩による四つの通信方法とその訓練方法について言及している。いずれも鳩の帰巣本能を利用したものだが、私たちの予想をはるかに越えている。この本によって、中釜が当時習得した内容を知ることができる。

第一に、「片道通信」。これは、一番単純な方法で、ある地点から鳩を放し、自分の巣に帰らせるというものである。訓練によっては、1000キロを超える距離でも通信可能。

第二に、「往復通信」。ある特定の2点の間を往復させる方法で、距離にして40、50キロが最適とされる。訓練次第で、この2点を動かすことも可能だという
第三に、「夜間通信」。通常、鳩は夜間の飛行はしない。しかし、優良種の鳩であれば、訓練によって月が出ていない暗夜であっても夜間飛行することが可能になるという。

第四は、「移動通信」である。これは放された鳩が、「常に移動を続ける巣」に帰れるように訓練することである。巣箱がどこへ移動しても、40キロ以内であれば確実に帰ることができるという(127)。

鰹船は、常に鰹の群れを追って移動している。「移動通信」を使って鰹船と連絡を取ることができれば、これは画期的な出来事になる。

第41回　伝書鳩の時代

中釜清（精）一郎は、1921（大正10）年5月、陸軍が払い下げた雛鳩40羽を枕崎に持ち帰り飼育訓練を開始した。翌年3月には、初めて鰹船から陸への伝書鳩帰着に成功したと、当時の新聞記事は伝えている(128)。その後、本格的に伝書鳩の運用が開始されていった。

一度出漁すれば鰹船と連絡を取れないという常識は覆ったのである。

鰹船は伝書鳩をカゴにいれて出漁し、漁が終わると、伝書鳩で陸に帰港予定時間や漁獲量を「片道通信」した。新鮮なうちに鰹を加工しなければ、鰹節の品質は下がってしまう。船の帰港時間が分かれば、水揚げと鰹節加工に即座に取りかかれる。漁製分離（1925年）以前は、深夜でも人手を集めたという。そして漁製分離以後は、船の帰港時間が分かると、入札準備に取りかかるために係がカネをならして各製造所に知らせて回った。

それだけではない。伝書鳩による「移動通信」は、陸から鰹船へと連絡することも可能にした。実際に中

鹿児島市錦江町にある鹿児島県無線漁業協同組合

釜は、台風などの情報が入ると鳩を飛ばして沖にいる鰹船に知らせて遭難から救った。難を逃れた船主は、中釜の家を訪ねて礼を言ったという(129)。

こうした運用が、岩田巌の著書のなかでも高い評価を得たのである。

ちなみに、理論上は移動する2隻の鰹船間の「移動通信」も可能であるが、この記録は今のところ見あたらない。主に、鰹船と陸との連絡に用いられたようである。

一方、耕は鰹船と陸だけでなく、陸上間での伝書鳩利用についても実験を行っていた。1923(大正12)年末、耕の漁獲金高1位を祝って枕崎で祝賀会が開催された。この会に参加した鹿児島県庁の商工課長と、霧島牧園の医師・永田安愛(耕と日本医師会代議員を務めた)に伝書鳩を持ち帰らせ、鹿児島市内―枕崎間、霧島―枕崎間の放鳩試験を行った(130)。

伝書鳩が猛禽類《もうきんるい》の多い山間部を無事通過できるかどうかの試験だったと当時の新聞記事は伝えているが、果たして鳩が耕の家に無事着いたかどうかは不明である。

しかし、その高い評価にも関わらず、枕崎鰹漁における伝書鳩の時代は短かった。1926(大正15)年9月、枕崎に無線が導入されたからである。無線というさらなる革新的技術の出現により、伝書鳩の出番は次第になくなっていった。耕がいち早く無線に切り替えたことは言うまでもない。

伝書鳩廃止後、中釜は無線局入局の誘いも断り鰹節製造の世界に戻っていった。そして、その後も無線には関わらなかったという(131)。

第42回　鰹供養

耕がサイレント映画『無限の宝庫』（1923年）を作成した翌年3月、雑誌『童話』に、詩人・金子みすゞ（1903年山口県生まれ）の代表作、「大漁」が掲載された。

「朝焼《あさやけ》小焼《こやけ》だ／大漁だ／大羽鰮《おおばいわし》の／大漁だ。／濱は祭りの／ようだけど／海のなかでは／何萬の／鰮《いわし》のとむらい／するだらう。」

掲載時21歳だった金子みすゞのまなざしは、海の中の小さな生き物たちに向けられている。漁獲が多くなればなるほど、そして浜の人々の喜びが増せば増すほど、みすゞの心の痛みは大きくなっていったに違いない。

こうした生き物を悼む気持ちは、優れた感性をもつ一握りの、しかも漁に携わらない詩人のみが、人知れず持ち得る感情なのだろうか。

実は枕崎の「あま船人」たちは、自らが漁に携わる身でありながら、金子みすゞと同様の視点を持ち合わせていたのである。しかも枕崎で鰹漁に携わる人々に、ある種共通する感情として。

枕崎市の片平山公園にある「鰹供養塔」

枕崎の、旧蛭子《えびす》神社（現在は片平山公園）に、「鰹供養塔」が建立されたのは1916（大正5）年12月のことである(132)。時期的には鰹船が動力化されて約8年ほどがたち、次第に活餌槽《いきえそう》が取り付けられ、「汐替作業」がなくなりつつある頃である。耕が本格的に鰹漁に乗り出すのはこの翌年のことであった。

当時の「あま船人」は、「カツオを一万匹捕ると、人を一人殺したようなもの」(133)として、「鰹供養塔」を建て供養したのだった(134)。

そして枕崎では、鰹の大漁祈願と同時に鰹の霊を慰めるための「供養搗《くようつ》き」という行事が、1937（昭和12）年頃まで行われていた。鰹漁シーズンが終わると、その年の漁獲高上位3位ぐらいまでに入った鰹船の乗組員全員が、蛭子神社と「鰹供養塔」に参拝した（余談だが蛭子神社への供え物は魚だった）。成績の良い船は、それだけ余計に鰹を犠牲にしたというのがその理由である。その後、飾り立てた船を沖に出し、餅や一厘銭《いちりんせん》などを岸にいる人々に向かって投げつけて祝ったのだった。

耕は、「海の猛者《もさ》が心の奥に優しく流る〻涙の跡　鰹供養の塔」と『無限の宝庫』で紹介している。このフィルムを制作した年、漁獲高1位になった耕は「供養搗き」を行ったはずである。

獲る側として多くの漁獲を望みながらも、獲られる側への視点も忘れない。これが、「あま船人」のすぐれた精神文化だった。

第43回『無限の宝庫』の謎

耕を南洋漁場開拓へと駆り立てたものは何だったのか。それを知るためには、耕自らが執筆、作成した史料を可能な限り掘り起こすことが肝要である。と言うのも、第三者による評伝や記事は誤解や偏見を含んでいる場合があり、耕の意図や業績を正確に伝えていない恐れがあるからである。

こうした点を勘案した場合、耕が作成した『無限の宝庫』は極めて貴重なものである。

しかし実は、『無限の宝庫』には大きな謎が残されている。

現存している『無限の宝庫』のうち、私が全編見ることができたのは枕崎市役所保管のものである。

映像のタイトルには、「無限乃《の》宝庫　全五巻」と映し出される。映像では大正時代の様子が次々と登場し、各巻末には、「第一巻　終」、「第二巻　終」と表示される。しかし、「第四巻　終」と表示された後、続きの映像が存在しないのである。

第5巻に一体何が写されていたのか。手掛かりとなる資料は2つある。

一つは、耕が各巻の内容を説明した「説明書」（南さつま市坊津歴史資料セン

「無限の宝庫」第4巻以降の内容（一部）比較

	耕が作成した「説明書」	大正12年の新聞記事	「無限の宝庫」の映像	戦後の資料
4巻	伝書鳩	鰹節製造	鰹節製造、伝書鳩	内容への言及なし
5巻	鰹節製造	伝書鳩	なし	なし

ター輝津館所蔵）である。印刷日の「大正十二年六月一日」とあることを踏まえると、作成は同年5月の良子女王台覧前後で、完成した映像を見ながら耕が書いた可能性が高い。説明書によると、第5巻には漁製分離以前の鰹節製造の映像が納められていたはずである。しかしこのシーン、現存のものでは第4巻におかれている。

もう一つの手掛かりは、『鹿児島新聞』の同年7月21日の記事で、実際に映像を見たと思われる記者による紹介記事である[135]。この記事では第5巻は伝書鳩のシーンと言及されているが、現存のフィルムではこれも第4巻に含められている。

これらを整理すると、「全5巻」の内容が、現存している「全4巻」の映像のなかに一通り納められてしまっているのである。まるで誰かが編集しなおしたかのように。

戦後に書かれた『南日本新聞』の連載（1973年）[136]、『枕崎市誌　上巻』（90年）[137]は、『無限の宝庫』を全4巻としている。

『無限の宝庫』は当初の全5巻から編集されているのだろうか。それならいつ、誰が、何の目的で行ったものなのか。それとも、最初から全5巻版と全4巻版（いわばダイジェスト版）が存在したのか。『無限の宝庫』は耕の意図を忠実に表しているのか、それとも第三者の手が加えられてしまっているのか。

残念ながら、これらの疑問点を解き明かすだけの資料を、私はまだ持ち合わせていない。

第44回　人物評価

多様な才能を持ち、新技術を次から次へと導入し、時には人々の反対を押し切って旧来の慣習や既得権益を打破していった耕は、同時代の人々の目にどのように映っていたのだろうか。

1922（大正11）年11月、九州医学会が福岡の九州大学で開催され、鹿児島からは耕や西盛之進ら約20人が参加した。この時のことを、枕崎の医師・長野文夫が「枕崎医師団　九州縦断記」という『鹿児島新聞』の記事にまとめている[138]。この記事は旅行記としても、当時の耕の行動を知るうえでも興味深いが、何より長野による人物評がおもしろい。

枕崎の医師団は、枕崎―加世田間を車で移動し、加世田で南薩鉄道に乗り換える必要があった。耕は電車の待ち時間を利用して、立憲政友会（1900年に伊藤博文が初代総裁となって設立された。西園寺公望、原敬らが総裁を務めた）の会合に参加し、「相当の演説」をやったらしい。2回目の衆議院議員選挙を意識していたのであろう。

『鹿児島新聞』1924年1月1日3面の記事

長野はそんな耕を、「自分は知謀の人弁論の人である原耕君」と紹介している（耕自らが「知謀、弁論の人」と吹聴していた可能性が伺えて興味深い）。

この時、長野や耕を見送るために、揚村静治《あげむらせいじ》も加世田まで来ていた。揚村は枕崎の鰹船主で、町会議員、枕崎製氷や枕崎造船の役員も務め、枕崎の鰹船に本格的に氷を導入した人物として知られている。

船主としての手腕も見事で、1916（大正5）年から1922（大正11）年までの6年間、枕崎の漁獲高で毎年トップ5入りの成績を果たしている（1920年は1位と4位に持ち船2隻入選。1921年も1位と4位、耕は5位。1922年は1位と3位、耕は4位）。長野は、そんな揚村を「汗の人腕の人」と評している。

後に、「知謀の人弁論の人」は大型木造船を、「汗の人腕の人」は大型鉄鋼船を同時期に建造する。揚村と比較した場合、耕は時に無謀と思える行動をとり、とても深謀遠慮がある「知謀の人」とは思えない時もあるのだが、長野の評価は同時代の同僚の医師によるものとして、そのまま受け止めたい。

そしてもう一つ。当時の『鹿児島新聞』の元旦号では、各界で活躍するその年の年男の著名人が取り上げられている。子年《ね》の1924（大正13）年は、北里柴三郎（日本細菌学の父、72歳）らとともに、48歳になった耕も紹介されている。「医師と鰹漁と南薩銀行、枕崎造船の重役と云ふ三方面に活躍しているが政界にも近く出るとの噂」(139)と。この記事から、耕はすでに県内の著名人の仲間入りをしていたことが伺える。

ここで重要なのは、南洋漁場開拓に出かける以前から耕がすでに県内の著名人だったことである。南洋漁場開拓で耕が有名になったのではなく、すでに有名人だった耕が、なぜか南洋漁場開拓に邁進していったのである。

第45回　鰹節の評価

当時の鰹節は「薩摩節」や「焼津節」など、生産地の名前をつけて販売されていたため、市場での商品評価は、いわば地域の総合力（現在で言えば地域ブランド）の評価とも言えた。新技術の導入やインフラ整備、人材育成がうまく行っていた地域の鰹節は高く評価される一方、時代の波に乗り遅れた産地の製品は、市場の信頼を失っていった。

当時、評価の高かった静岡の「焼津節」と鹿児島の「薩摩節」を比較してみると、鰹漁、鰹節加工、流通の分野で、鹿児島が静岡に先行した事例はほとんど見当たらない。

日本で初めて漁船に石油発動機が取り付けられたのは、１９０６（明治39）年の静岡県水産試験場船の「富士丸」である[140]。これに対し、鹿児島は１９０８（明治41）年の坊泊鰹漁株式会社の「舞鶴丸」が嚆矢《こうし》である[141]。民間船への導入は全国でも最も早い時期に属する。

焼津市の焼津駅前にある「鉄道100年記念碑」。鉄道によって焼津の水産業界が発展したことが記されている

漁製分離などの問題を抱えていなかった焼津では、地元船以外の外来船による鰹の水揚げも多く、その比

率は50％を超えることもあった(142)。枕崎の鰹船の船主が持っていたような既得権益の壁がなかったため、鰹が集まったのである。こうした中で、1925（大正14）年2月には、関西の氷室組が、1千トン級の冷蔵運搬船でメキシコから鰹を輸入し、焼津や高知で鰹節生産が行われた(143)。

枕崎では同年1月に漁製分離が決まり、外来船による鰹の水揚げが可能になったのは、ようやくその年の8月のことであった。

鰹節製造に関しても「焼津節」の評価は高かった。絶え間ない品質改良が進められたためで、1894（明治27）年に岩手県からの鰹節製造教師派遣の要請があったのを皮切りに、他県からの講師派遣の依頼が相次いでいた(144)。ちなみに、枕崎でも1897（明治30）年に初代村松善八を講師に招いているが、漁製分離以前だったために技術改良には限界があった(145)。

流通に関して、焼津が絶対的な地理的優位性を持っていたことは言うまでもない。東京─京都間の鉄道が全通したのは1889（明治22）年で、焼津は、東京、名古屋、京都など大消費地へのアクセスがいち早く可能になったのである(146)。鮮魚を輸送するための冷蔵貨車も1908（明治41）年に導入された。一方、枕崎に鉄道が開通したのは遅く、1931（昭和6）年のことであった。

しかし、絶対的な焼津のリードに対し、わずかだが枕崎が先行する事例が一時期見られた。そのきっかけとなったのが、耕と揚村静治による100トン級大型漁船（特に揚村の大型鋼船）の建造だったのである。

第46回　広がらない漁場

１９２２（大正11）年以降、枕崎の鰹漁は不漁に見舞われはじめた。

耕の動きは早かった。耕は新しい漁場開拓に乗り出し、１９２３（大正12）年には、沖縄本島の南東約４００キロに位置する沖大東島にまで出漁している。当時、枕崎の鰹船の主な漁場がトカラ列島、現在の十島村の海域（当時は七島灘と呼ばれた）だったことを考えると、かなり遠方まで出かけたことになる。しかし、耕のこうした動きは枕崎のなかでも特異なものだった。

鹿児島県大島島庁の水産指導船「鵬洋丸《ほうようまる》」が、南北大東島に新漁場を発見したと『鹿児島新聞』で発表されたのは、１９２４（大正13）年5月24日のことである（従来、「鵬洋丸」による大東島付近の新漁場発見は１９２３年とされているが、当時の新聞では「鵬洋丸」の試運転が１９２３年12月22日、初任務が１９２

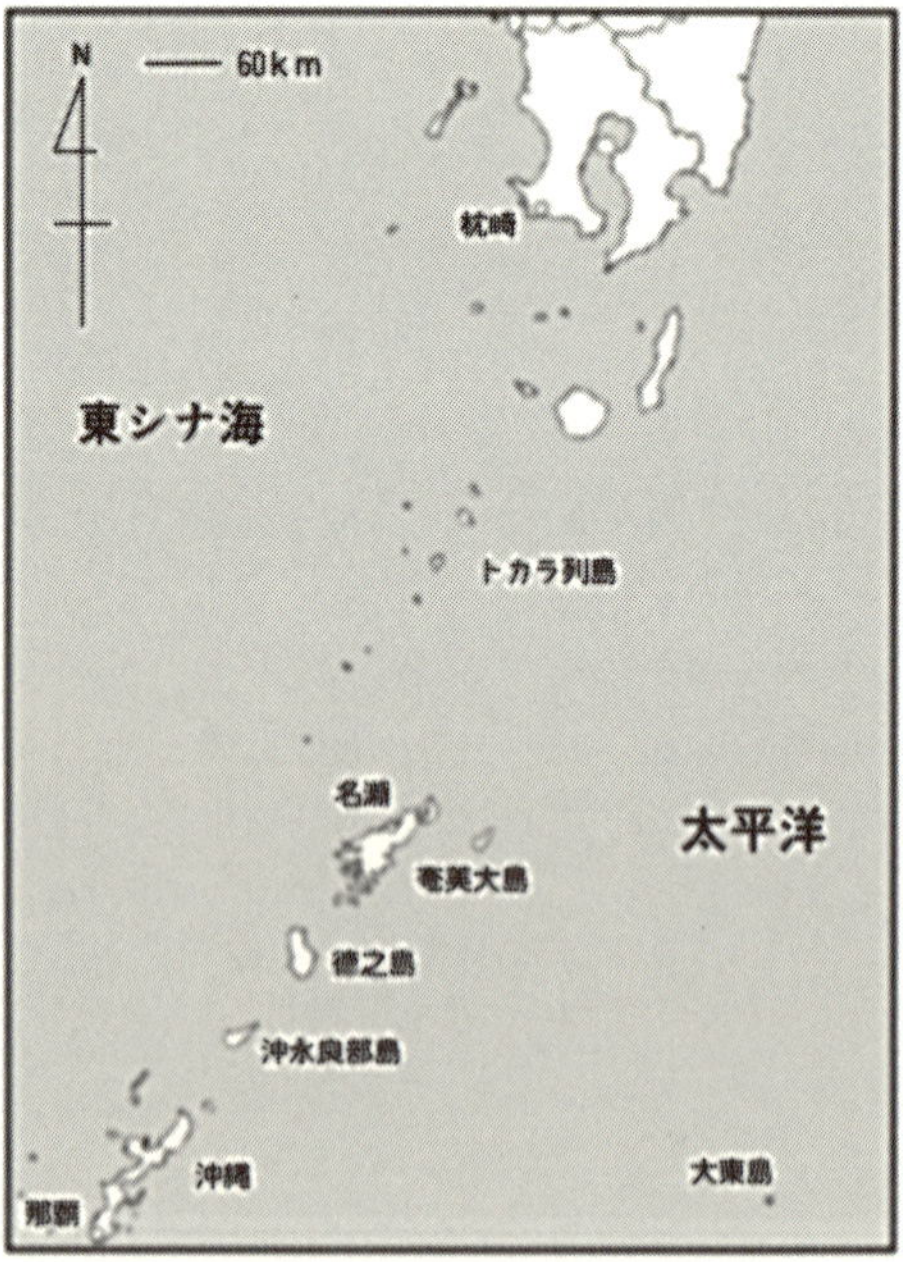

鹿児島から沖縄までの海域

4年3月4日、漁場発見が同年5月と確認できる)(147)。

しかし、「鵬洋丸」が発見した新漁場で漁を行ったのは、枕崎の鰹船ではなく他県の鰹船だったようで、1925(大正14)年5月の『鹿児島新聞』は、「鵬洋丸」が見つけた大東島の新漁場にて、高知からの鰹船が10日間も張り付いて1万匹を超える漁獲があったと報じている(148)。全国的に不漁傾向だった当時、静岡、高知、和歌山の漁船は鰹の群れを求めて南下し、そうした船の中には、鹿児島海域はおろか大東島付近まで出漁した船もあったのである。

新しい場所への進出は、鰹節製造業者たちの間にも見られた。焼津の2代目村松善八は、1912(大正元)年台湾に渡り、北部の基隆《キールン》に工場を構え鰹節製造を開始した。1913(大正2)年には、善八の弟で当時21歳の直治郎も奄美大島に渡り、鰹節生産を開始している(149)。

明治時代の枕崎船人たちは、帆船時代から鰹の群れを追いかけて遠く沖縄近海まで出漁したこともあった。1890(明治23)年には、沖縄の慶良間諸島座間味村に枕崎船人たちが鰹漁と鰹節製造技術を伝え、その功績を顕彰する「鰹漁業創始功労記念碑」が残されていることはすでに紹介した。しかし大正時代の枕崎船人たちは、慣れた漁場であるトカラ列島の海域からなかなか外へは出ようとはしなかったのである。

医師、そして南薩銀行役員の耕が多くの漁獲を求めて沖縄、台湾、そして南洋へと漁場開拓に出かけていく一方、本職の枕崎船人衆は耕の行動力についていけなかったようである。耕もこの点をはっきりと認識していたのであろう。後に耕が、南洋漁場開拓に出かけた時、乗組員112人中、枕崎船人はわずか8人にすぎなかった。

第47回　壮挙か暴挙か

耕は漁場を南へ南へと拡大していき、いつしか台湾、そしてバシー海峡（台湾とフィリピン間の海峡の一つ）に達するようになる。耕のこうした行動は枕崎の他の船主たちと比較した場合、どのような特徴をもっていたのだろうか。

1925（大正14）年10月14日の『鹿児島新聞』の1面に、「本県漁業南進策　第一着手に台湾を調査」という記事が掲載されている。不振にあえぐ鹿児島県水産界では、新しい漁場開拓の必要性がようやく官民ともに共有されてきたのだろう。

本縣漁業南進策
第一着手に台灣を調査

本縣にては行きつまれる縣下漁業の轉換開發を計る爲め東支那海並に臺灣南洋方面に新漁場を開拓せんと東支那海方面にありては安全なる漁業根據地を得るに困難する事情があるので農林省に對し之に關しては相當考慮方建策して居るさうであつて本縣漁業の振展開發は直に日本水産業は夫と相關連する極めて重要なる地位にある譯だが縣に於ては東支那海方面の開發は漁業根據地問題の解決に俟ち先づ鰹漁業現下の形勢より南進策を採るに決し臺灣南洋方面の調査に着手する事となる勝部水産試驗部長は縣下の先進地枕崎坊泊兩鰹船組合代表者たる枕崎揚村靜治、國見敬吉、立石常次郎、坊、森八代吉、泊、安達賑助の五氏と共に十四日夜行より門司に至り十五日門司出帆基隆に上陸二、三週間滯在して鰹漁業の北部根據地たる基隆・蘇澳附近から南部根據地たる高尾附近にかけ詳細に視察調査を遂げ倚高尾附近の秋太郎漁業は縣下西市來よりの出漁者に依つて開發され隆昌に赴きつゝあるのであるか一層の出漁者を送る爲め之が調査研究を遂げ更に暇も

『鹿児島新聞』1925年10月14日1面の台湾視察を知らせる記事

この記事では、鹿児島県水産試験場長の勝部彦三郎、そして民間からは枕崎の揚村静治、國見敬吉、立石常次郎、坊津の森八代吉らが、門司港から汽船に乗って台湾へ向かったことが紹介されている。一行は、2～3週間かけて台湾北部の基隆《キールン》、そして南部の高雄を訪問し、現地の鰹漁を視察する予定だった。

水産試験場長も、鰹船の船主や船頭も、それぞれ大きな責任を持っていることは言うまでもない。見知らぬ土地、慣れない海域に進出する場合には、参加人数を絞り、期間も、対象地域も限定して調査を行うのは当然である。

事前調査もなしに、いきなり多くの漁師を引きつれて見知らぬ土地に乗り込むような、そんな無謀な船主がいるとは考えにくい。出漁中の鰹船に何か起きたり、慣れない土地でトラブルに巻き込まれたりすれば、漁師だけでなくその家族の将来をも大きく左右するし、船主の経営にとって致命傷にもなりかねない。

しかし実は、耕はこの無謀なタイプの船主だったのである。台湾への出漁や、南洋漁場開拓に際して、耕が事前調査を行っていたことを示す資料は今のところ見当たらない。

しかも南洋漁場開拓では、途中で予定が大幅に変更されている。3カ月間の予定で出港したにもかかわらず、現地で3カ月間も期間を延長し、対象地域もパラオなどの南洋群島を中心とするはずが、結局赤道を越えて南半球にまで行ってしまった。大型船2隻で100人以上の漁師を引き連れて、一時、消息不明にもなったのである。とても「知謀の人」の行動とは思えない。

勝部たちが万全を期すために台湾視察に出かけたころ、耕はその行動範囲をすでにバシー海峡にまで広げていた。台湾視察の記事が掲載された2カ月後、12月23日付の『鹿児島新聞』は次のように伝えている。

「最近原耕氏の如き其の所有漁船にて遠く比律賓《フィリピン》バシー海峡までも漁場探険をなしたるは近来の壮挙なるが」(150)

と。

これを壮挙とするか暴挙とするか、その人の立場によって大きく異なるに違いない。

第48回　一大決心

1924（大正13）年5月、第15回衆議院議員選挙が行われた。耕も2度目の立候補をして1352票を獲得したが、結果は4位で落選だった。

1回目の選挙結果が惨憺《さんたん》たる結果だったために、耕も気合いを入れて選挙戦に臨んだはずである。しかし投票日の1カ月ほど前の『鹿児島新聞』に、気になる記事が掲載されている。「春鰹は不漁」という見出しの記事で、南薩地域における鰹の不漁が報じられる一方、台湾近海での好漁が伝えられている。「目下台湾地方の鰹漁は非常の豊漁で現に枕崎辺りの鰹船も台湾に遠征しているものもあり、既に相当の成績を挙け《ママ》ている」、「今の儘で七島辺りの不漁が続かば川辺郡地方の鰹船も漸次台湾に遠征する船の数を増すであろう」(151)と。しかし残念ながら、記事では誰が行った遠征なのかには言及していない。

もしこれが耕についての記事ならば、耕が台湾遠征を開始した時期の特定にもつながると同時に、選挙戦の合間に漁場開拓を行っていた事例の掘り起こしにもなる。ただ残念ながら、裏付け資料がないために断定

疾走する大型船「千代丸」（『鹿児島朝日新聞』1927年11月26日7面）

することができない。

選挙での落選という結果がどの程度影響したのかは定かではないが、この年耕は一大決心をしている。そして揚村静治も。

それは、100トン級大型漁船の建造であった。耕は枕崎造船所にて大型木造船の建造に取りかかり、揚村は三重県の鳥羽造船所に大型鋼船を発注した。その頃の鰹船は30トン規模が主流で、大きくても60トン程度。100トン級というとかなり大きい。

当然、巨額の資金が必要である。船体、機関、諸経費などを含めた総費用は、約9万円（現在では約4千7百万円）だった(152)。国から1万円、県から2千円の補助金が出たが、それでも7万8千円（約4千1百万円）かかる。1922（大正11）年の耕の漁獲金高が4万8千円、23年が約8万1千円ということを考慮にいれると、この建造費は巨額である。そして、大型化すれば維持費も多くかかるが、鰹が獲れる保証はどこにもない。ばくちに金をつぎ込んだと表現したら、言い過ぎだろうか。

1925（大正14）年、2隻の大型船が完成した。船名には船主の思いが込められている。耕と揚村は、それまで自船につけていた名前を新造の大型船に引き継いだ。すなわち、揚村の100トン（馬力数不明）の大型鉄鋼船は「第二静海丸」、耕の91トン150馬力の大型木造船は「千代丸」である。

「千代丸」とは、女医で、耕に代わって原医院をきりもりしていた、妻千代子に由来していることは言うまでもない。愛妻の名がつけられた船で、耕は数々の逸話を作っていくことになる。

第49回　木造船の謎

問題は、耕がなぜ鋼船を建造しなかったのかである。

雑誌『水産界』（513～515号）には、当時の全国の水産試験場所有の試験船70隻のデータがまとめられている。これによると鋼船は全国でわずか7隻で、唯一鹿児島県だけが鋼船を2隻も所有していた。三重県の鳥羽造船所で建造された「照洋丸」（1922年進水）と「鵬洋丸」（23年進水）である。

そして両船は高い評価を得ていた。それだけに耕が鋼船を造る可能性が高い。しかも当時、揚村静治が鳥羽造船所で造った鋼船の建造費は4万8千円と、耕の木造船5万5千円よりも安いのである[153]。

新技術導入に積極的な耕が、鋼船に飛びつかなかった理由は何なのか。疑問を解く鍵は、国立公文書館所蔵の公文書「故原耕位記追賜ノ件」のなかにあった。

耕が発起人の一人となった株式会社枕崎造船所の設立は1918（大正7）年9月で、社長は橋口屯。設立後、耕は取締役の地位につき経営に携わったが、同社では主に木造船が建造されていた。

枕崎にあった造船科の実習の様子。『鹿児島県立薩南工業高等学校　創立八十周年記念誌』

それだけではない。耕は、造船技術教習のための学校開設にも奔走した。この働きかけが功を奏し、当時の川辺郡立工業学校（現在の鹿児島県立薩南工業高校）の分校として、枕崎に造船科が設置されたのは1921（大正10）年4月のことである[154]。

公文書館の史料はこの点について、「同校〔造船科のこと―筆者注〕ノ卒業生ハ全国各地ノ造船工場飛行機製作所其他ニ於テ何レモ技術者トシテ活動シ相当歓迎セラレツツアルノ状態ナルカ之ヲ主唱シタルハ氏〔耕のこと―筆者注〕ニシテ関係各方面ニ建策シ其実現ニ付努力セル功績又大ナルモノアリ」[155]と、評価している。

史料によると、造船科の実習は枕崎造船所でも行われたが、両者を設立当初から結びつけたのも耕だった。この造船科は、現在の鹿児島水産高校の源流の一つだが、造船科自体は1931（昭和6）年に廃止された[156]。

耕が木造船を建造した理由、それは造船所の職人、そして造船科の学生たちに、大型船建造の経験を積ませるためだったと考えられる。耕は産業育成、人材育成のために、あえて木造船建造を選択したのだろう。

こうした点を考慮に入れると、「千代丸」は実に多くのものを背負っている。耕の夢、妻の名前、そして職人と学生の、汗と情熱とひたむきさを。

第50回　見えない遺産

現在の鹿児島県立鹿児島水産高等学校の前身の一つ、県立枕崎造船水産学校が発足したのは１９２９（昭和4）年4月のことである。造船と水産。一見、違和感ないように見えるが、実はもともと別々の学校にあった２つの学科が合併して作られたものである[157]。

当時造船科は、鹿児島県立薩南工業学校の枕崎分校として、そして水産科は、鹿児島県立商船水産学校の一つの科としておかれていた。合併前の両科は、それぞれの学校にあって傍流とでも表現すべき扱いを受けていたようである。

この2学科合併の経緯について、国立公文書館の公文書「故原耕位記追賜ノ件」では、以下のように言及されている。

「鹿児島県ニ於イテハ全国有数ノ水産業地ナルニモ拘ラス水産科ハ鹿児島県立商船水産学校ノ一分科トシテ従属ノ地位ニ在リテ多年継続サレ其施設経営ニ於テモ又見ルヘキモノナカリシニ今ヤ純然タル独立ノ水産学校トシテ其施設ミルヘキモノアルニ至リシモノ当初氏〔耕のこと―筆者注〕ノ主唱斡旋ニ係ル造船科ノ設

現在の鹿児島大学水産学部

置カ其素因ヲナシ爾後幾多ノ変遷ヲ経テ今日ニ至ルマテ氏カ陰ニ陽ニ斡旋尽力セルノ功大ナルモノアリ」[158]と。

「分校」と「従属ノ地位」の両科が、独立した学び舎になるまでの耕の功績は大きかったのである。その後、造船科の廃止や数々の学科再編、校名変更を経たが、耕が設立に奔走した学校は、現在の水産高校へと引き継がれている。

そしてこの件には後日談がある。水産科分離後の県立商船学校は、戦後の1946（昭和21）年3月に廃校となってしまった。その翌月、同じ敷地に鹿児島水産専門学校（現在の鹿児島大学水産学部）が設立された。初代校長（後に初代水産学部長）は山本清内（1891年山形生まれ）である[159]。山本は農林省勤務時代、自身が船長を務める農林省水産局調査船「白鳳丸」にて、1928（昭和3）年12月から翌年3月まで南洋漁場調査に出掛けている[160]。農林省から助成金を得ていた耕の第1回南洋漁場開拓が行われた翌年のことで、山本が耕の事業を知らなかったはずはない[161]。

そして同校の後援会長を務めていたのは、耕の南洋漁場開拓に同行した弟の捨思（山本と同じ1891年生まれ）であった[162]。海を拓いた校長と後援会長、顔を合わせて一献酌み交わす機会があったと思うが、2人が耕のことを語り合ったかどうか、残念ながら記録は残っていない。水産学部には、「海を怖れず　海を愛し　海を拓け」という山本の筆による石碑と、山本の胸像がおかれている。

耕、捨思、山本、そして2つの水産学校。海を拓いた男たちの遺産が、今なお鹿児島の地に引き継がれていると信じたい。

第51回　1万円航海

枕崎造船所で建造された大型船「千代丸」は、鰹船としては前代未聞の大きさである。建造中のその巨大な船体を見た関係者は、「あげんふとか船でソロバンがとるいもんか（あんな大きな船で収支が合うか）」と冷笑したが、進水時には逆にその大きさに度肝を抜かれた。「山んごっある（山のように大きい）」と。

「千代丸」は単に船体が大きかっただけではない。その船内には、漁師用の休憩室が設置されていた。遠くの漁場での、長期にわたる鰹漁のためには、漁師の船上生活改善が必須であるという、耕の信念によるものであった。「千代丸」以前の鰹船では、一度出漁すると、昼でも夜でも、晴れても雨でも、漁師たちは屋根のない甲板上での生活をしいられた(163)。枕崎ではそんな漁師たちのことを「あま船人」と呼んだが、「千代丸」の出現は、「あま船人」の終焉を告げるものであった。

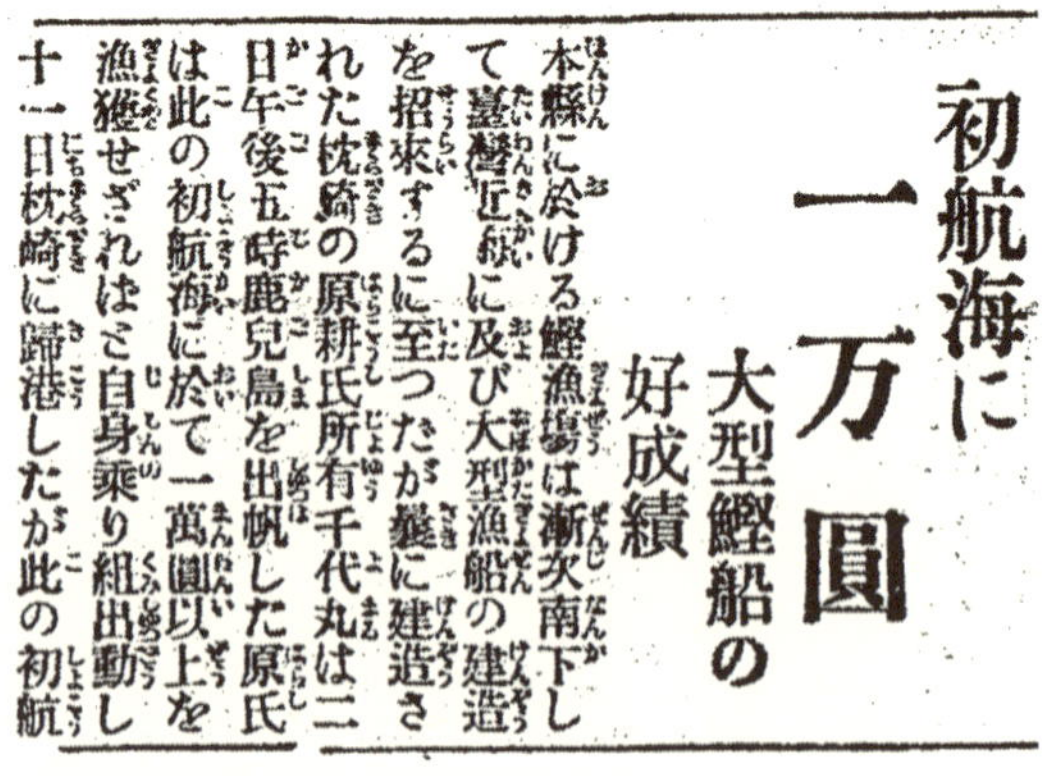
初航海に一万圓

大型鰹船の好成績

本縣《ほんけん》に於《お》ける鰹漁場《かつをぎよぢやう》は漸次《ぜんじ》南下《なんか》して臺灣近海《たいわんきんかい》に及《およ》び大型漁船《おほがたぎよせん》の建造《けんざう》を招來《せうらい》するに至《いた》つたが曩《さき》に建造《けんざう》された枕崎《まくらざき》の原耕氏《はらこうし》所有《しよゆう》千代丸《ちよまる》は二日午後《ごご》五時鹿兒島《かごしま》を出帆《しゆつぱん》した原氏《はらし》は此《こ》の初航海《しよかうかい》に於《おい》て一萬圓以上《まんゑんいじやう》を漁獲《ぎよくわく》せざればと自身《じしん》乗り組出動《くみしゆつどう》し十一日枕崎《にちまくらざき》に歸港《きこう》したが此《こ》の初航《しよかう》

耕の「一万円航海」を知らせる『鹿児島新聞』1925年5月15日5面

耕自身が乗り込み、「千代丸」が初航海にでたのは、１９２５（大正14）年5月2日午後5時である。出漁前から耕は、1回の航海で1万円の漁獲高を出すと豪語していたらしい。参考までに、1922（大正11）年の耕の年間漁獲金高は4万8千円、翌年は8万1千円である。1航海1万円というとかなりの額である。

しかし耕は、自ら宣言した通りの成果を出したのだった。9日後、枕崎に戻った「千代丸」には大小あわせて約7千500匹の鰹が満載されていた。漁獲金高にして約1万円である。枕崎に衝撃が走った。この成果は新聞にも取り上げられ、「千代丸」の初航海は後に「一万円航海」と呼ばれることになる(164)。

ちなみにこの時期は、鰹船主が鰹節製造工場も兼営するという、いわゆる「漁製分離以前」（8月1日実施）の状態である。耕が、自身の工場で大量の鰹をどう処理したのか不明だが、ここでは、耕のように大型化をめざした船主にとって、「漁製分離」は喫緊の課題だったことだけ指摘しておきたい。

そして、揚村静治の大型鋼船も負けてはいなかった。「第二清海丸」は、5日間の1航海で8千500匹の鰹を釣り上げ、1万700円の漁獲金高をたたき出したのである(165)。

「千代丸」と「第二清海丸」。2隻の大型船による相次ぐ好成績は、鹿児島の水産界に大きな衝撃を与え、鰹船大型化の契機となっていった。1927（昭和2）年1月の『鹿児島新聞』によると、当時の枕崎および坊津の鰹船約40隻のうち、建造中のものも含めると20隻の船が大型化している(166)。こうした相次ぐ大型化は、当時の焼津にも先行していたようである。

1925（大正14）年12月7日、耕は鹿児島県水産会会長（県知事）の縣忍《あがたしのぶ》から、水産功労者として表彰された(167)。記念品は銀杯。水産への啓蒙活動、漁場開拓、大型船建造などの業績が認められた結果の表彰だった(168)。

第52回　霧島丸遭難

1926（大正15）年、耕の大型船「千代丸」は鹿児島県内で2位となる漁獲高をあげた。優良鰹漁船の褒賞授与式が行われたのは、年の瀬も押し迫った12月22日のことである[169]。その3日後、大正天皇崩御により元号は昭和へと改元された。

現在まで語り継がれる海難事故が発生したのは、翌1927（昭和2）年3月9日である。鹿児島商船水産学校の練習船「霧島丸」が航海実習中に遭難し、船長をはじめ乗組員53人全員が犠牲になったのである。

海員養成を目的として鹿児島商船学校が開設されたのは、1908（明治41）年5月である[170]。その後、1910（明治43）年に水産科が開設され鹿児島商船水産学校と改称されたが、同校の主流は航海科であった[171]。

翌年8月、航海科に練習船が導入された。総トン数270トン、3本マストの木造帆船「錦丸」である[172]。

同船は、1914（大正3）年1月12日の桜島噴火時にも錦江湾に停泊中で、噴煙をあげる桜島を背景にした写真が残されている[173]。しかしこの「錦丸」、不運にも1916（大正5）年12月に島根県沖で暴風の

「霧島丸」の写真（『鹿児島新聞』1927年3月10日8面）

ために難破してしまったのである(174)。

「錦丸」難破後、練習船のない航海科でどのような実習が行われたのかは定かではない。1919(大正8)年5月に、「錦江丸」(もとは水産試験場の「松島丸」)というわずか7トンの船が導入されたり、翌年3月には陸上帆船「隼人丸」が建造されたりしているが、やはり学生たちは海に浮かぶ帆船での実習を切望したことだろう(175)。

同校悲願の新練習船が導入されたのは、1920(大正9)年7月のことであった。県が8万円の費用で購入した船は、総トン数997トン、4本マストの木造帆船で、「霧島丸」と名付けられた。もとは、南洋貿易株式会社が47万円を投じて1918(大正7)年に建造したもので、旧名を「柳星丸」と言った(176)。現役で活躍していた、しかも建造から2年足らずの帆船である、学生たちも喜んだにちがいない。

航海科では「霧島丸」を使った航海実習が積極的に行われ、同船導入後の6年間で、日本近海および遠洋への実習が40回以上行われた(177)。そして、日本が委任統治していたパラオなどの南洋群島行きの航海実習は6回を数えた(178)。

1927(昭和2)年、第7回目となる南洋群島行きの航海実習が行われた。同船には、当時18歳から22歳までの実習生30人も乗船していた。2月13日、「霧島丸」は福岡県西戸崎で海軍用石炭1050トンを積み込み、途中広島に寄港、静岡県下田港で飲料水補給後、3月7日、南洋群島のヤルート島に向けて出帆した。

「霧島丸」が千葉県犬吠埼南東の海域で消息を絶ったのは、出港から2日後の3月9日のことであった。

第53回　壮烈

鹿児島商船水産学校長、正戸為太郎が「霧島丸」異変の電報を受けたのは、１９２７（昭和２）年3月９日の朝である[179]。

「本船今朝8時、推測位置北緯35度、東経１４２度20分（犬吠埼の南東約85海里）に於て南風浪強き為引返し犬吠岬に向け航海中」[180]（一部表現を改めた）と。

正午ごろ、「霧島丸」はＳＯＳ信号を最後に消息が途絶えた。ＳＯＳを受けて付近の海域にいた船舶は救助に向かい、翌日から海軍の軍艦や飛行機も出動したが、「霧島丸」の船影は見つからなかった。

正戸は、大阪の船と傭船契約を結び、5月1日まで捜索活動を継続した。乗組員53人の手がかりを何としても探したかったのだろう。しかし、結果は残酷である。漂流物一つ、見つからなかった[181]。

遭難事故から7カ月後の10月９日、商船水産学校では「霧島丸」遭難者の慰霊祭が執り行われた。遺族の他に、８００人に及ぶ参列者が、夢半ばで命を落とした若者たちの死を悼んだ[182]。

鹿児島大学水産学部にある霧島丸慰霊碑。同学部には初代「日本丸」の模型も保管されている

事故から3年後の1930（昭和5）年5月25日、同校では霧島丸慰霊碑の除幕式が行われた(183)。この碑は現在でも鹿児島大学水産学部敷地内に残っているが、そこには犠牲者53人の名前の他に、東郷平八郎の筆による「壮烈」の文字、そして「人誰カ死ナカラン　海員海事ニ斃ル　其壮烈亦以テ千秋ニ伝フヘシ」から始まる撰文が刻まれている。

「霧島丸」の悲劇はその後、全国の海員養成に大きな影響を及ぼした。事件後、全国に11あった地方の商船学校が団結し、航海実習を行うための大型練習船建造の要求を行った。その結果、30年1月に初代「日本丸」（2278トン）が、翌月に初代「海王丸」（2238トン）が進水し、設備の整った両船で全国の商船学校の実習が行われることになった。4月には11校の商船学校卒業生が集まって、「全国商船学校十一会」が結成された。現在の「全日本船舶職員協会（全船協）」の前身である(184)。

「太平洋の白鳥」と呼ばれる2代目「日本丸」（2570トン）、「海の貴婦人」と呼ばれる2代目「海王丸」（2556トン）は、現在も「航海訓練所」の練習船として活躍している。その後、2010年に行われた「全船協」創立80周年記念事業を契機として、「霧島丸」遭難を見直す機運が高まり、2011年2月7日に「海王丸」船長が、2013年1月18日に「日本丸」船長が霧島丸慰霊碑を訪問している(185)。

南洋群島への航海中に遭難した997トン「霧島丸」の事故は、現代の海員養成のルーツとでも呼ぶべき出来事であった。

ただこの事故が、同時代のしかも正戸と親交のあった耕にどのような影響を与えたのかは定かではない。耕が100トン足らずの鰹漁船2隻で南洋群島を目指したのは、事故から3カ月後の6月のことであった。

第54回　図南の長策

開業医だった耕が自ら鰹船に乗り込みはじめたのは、１９１７（大正６）年、41歳の時である。それから57歳で蘭領東インド（現在のインドネシア）のアンボンで客死するまでの間、耕は17年間鰹漁に携わったことになる。

そしてこの17年間は、耕の活動内容によって大きく2つの時期に分けることが可能である。仮に、それぞれの時期を前半期、後半期と呼んだ場合、前半期にあたるのが41歳から50歳までの10年間で、後半期は51歳から57歳までの7年間である。

前半期、耕は鰹漁の世界に飛び込んで、わずか5年で枕崎における漁獲高5位入賞を果たしているが、その活躍は一鰹船主の枠を大きく超えている。造船所、造船科の設立、啓蒙《けいもう》のための無声映画作成、新技術導入、漁製分離など、地域をデザインする大きな視角を持っていた。

そして忘れてならないのは、この時期、他県から鹿児島海域に進出してきた鰹船との漁獲競争、そして鰹節の品質をめぐる産地間競争が激化していたということである。現在、枕崎の鰹節生産量は日本一を誇るが、

枕崎市の松之尾公園にある徳富蘇峰による撰文

耕が活躍した時代に漁製分離や漁場開拓、船の大型化が進められていなかったら、昭和初期には他県との競争に敗れていた可能性もなくはない。こうした点を考慮に入れた場合、耕の貢献は極めて重要なのだが、それはあくまでも枕崎、鹿児島レベルであった。

前半期と後半期の分水嶺となるのは、1927（昭和2）年6月から11月まで行われた第1回南洋漁場開拓事業である。さらに耕の業績を際立たせるのは、翌年2月に衆議院議員に当選し、中央の政界、官界、そして財界にパイプを持ったことである。

後に耕が企画したアンボンにおける漁業基地建設事業は、巨大な計画である。耕は政治家だった経歴を活かして、外交ルートをも通じてこの計画実現にあたっている。外務省外交史料館には、戦前期における在外公館との往復電信、公信などの戦前期外務省記録が保管されているが、この中には、外務大臣の幣原喜重郎とバタヴィア（現在のジャカルタ）の総領事が、耕の事業を巡って意見交換をしていた書類も含まれている。これらの点は後段で紹介していく。

耕の死後、徳富蘇峰が撰文を寄せている。これを見ると、後半期の耕の業績を評価するためには、国家的見地から行う必要性があることを再認識させられる。

「惟《おも》ふに、我国古来図南《となん》の長策を唱ふるもの尠《すくな》からず。然《しかれど》も此を実行し、遠く赤道以南に漁船隊を進むるものは、実に原耕君を以て嚆矢《こうし》となす。君の功やまことに偉大なりといふべし」（句読点を追加した）。

図南とは、中国古典『荘子』に登場する鵬が、南の海をめざして翼を広げようとする様を表す言葉である。

第55回　漁場開拓の意味

１９２７（昭和２）年に行われた耕の第１回南洋漁場開拓事業には、一体どんな意味があったのか。

単に、医者で実業家、鰹漁に従事して10年目の異色の人物が行った冒険譚《たん》としてのみ、興味がもたれているだけだろうか。

恐らくそうではない。

南洋で水産調査を行ったのは耕が最初ではない。例えば１９１２（大正元）年には、農商務省（後に農林省）水産局員の高山伊太郎が調査を行い、２年後には『南洋之水産』という書籍を刊行している[186]。その他にも、水産講習所（現在の東京海洋大学）、静岡県水産試験場の試験船、台湾総督府、南洋庁の船が調査を行っている[187]。

ただこれらの調査は専門技師によるもので、本職の漁師による操業とは異なる。魚群を確認できたからと言って、それで商業ベースの鰹漁ができるわけではない。

また、南洋ではすでに日本人による漁業も行われていたが、それらのグループは、現地に拠点をおき、

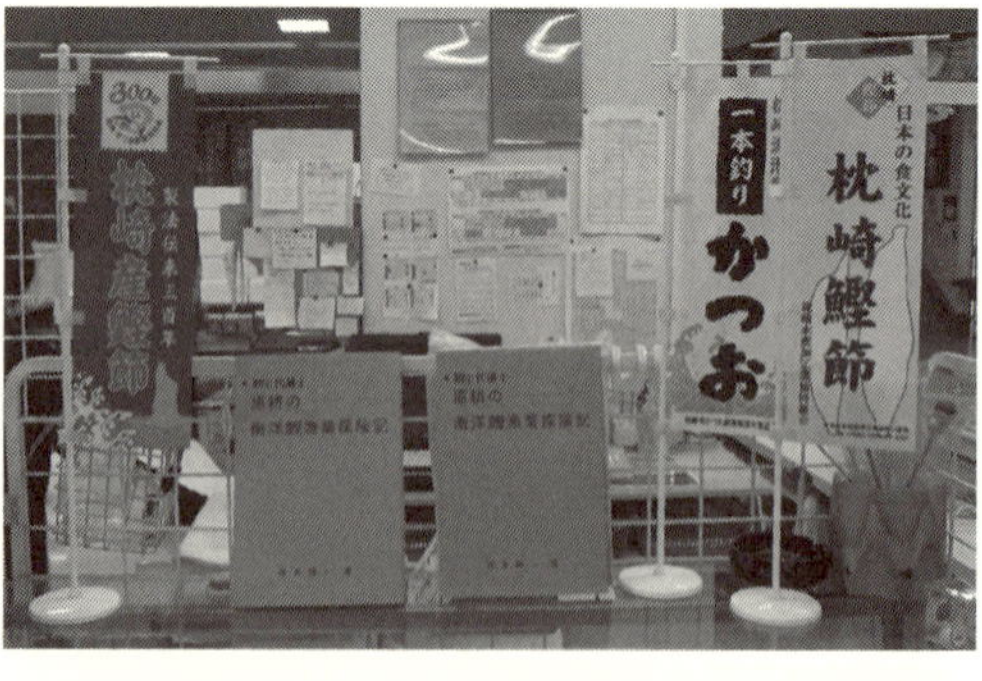

現在も販売されている『鰹と代議士』（(財）南薩地域地場産業振興センター）

獲った魚をその土地の市場などに供給する事業形態がほとんどだった。そして、大がかりな計画が立てられたこともあった。1925（大正14）年、水産冷蔵会社の氷室組が、現地の事情をよく知るハルマヘラ島在住の江川俊治と協力して、南洋で獲った鰹を千トンの大型冷蔵船にて日本への輸送を試みた(188)。しかし、これは失敗に終わっている(189)。

耕の漁場開拓は、それまでのものと比べてどこが特徴的なのか。まず民間の、現役の鰹船による遠征だったこと。そして何より実際に多数の鰹を釣り上げ、南洋における鰹漁が成り立つことを証明したことである。耕の南洋漁場開拓の成功は、将来的には獲った鰹を鰹節や缶詰に加工して、日本や欧米への輸出が可能であるということを示唆していた。

期間、参加人数、調査海域の広さにも特筆すべきものがあった。日程にして約6カ月間、本職の百十余人の漁師を100トン級の船2隻に乗せ、日本の委任統治下にあった南洋群島だけでなく、オランダが支配する海域で、しかも赤道を越えて南半球でも鰹一本釣りを行ったのである。

その一方で、この時多くの問題に直面した。後半期の耕はこうした問題の政治的、外交的解決のために奔走することになる。

そして、耕の南洋漁場開拓事業の価値を高めているのは、奇跡的にこの事業の詳細な報告書が残されていることである(190)。耕の南洋行きには鹿児島県水産試験場技師が同乗していた。名前を岸良精一という(191)。岸良は農林省と県への報告書を作成したが、その控えが戦災での焼失も免れて岸良宅に残っていたらしい。1982（昭和57）年岸良は、この控えに自身の回想を加えて、『鰹と代議士―原耕の南洋鰹漁業探険記』を出版した(192)。これによって、耕の南洋漁場開拓事業をリアルに再現することができるのである。

第56回　島津雨

南洋に出かける耕の一行は、連日、多くの人に見送られていた。

１９２７（昭和２）年５月31日、耕の生まれ故郷の西南方村（現在の南さつま市坊津町）にて、村主催の送別会が開かれた[193]。この送別会には５００人を超える人々が参加したが、これだけの人数が集まったのは単に物珍しさからだけではなかった。

耕の南洋行きには、途中から参加した者も含めて総勢１１２人が参加しているが、そのうちの実に92人が坊津の漁師と鰹節製造人であった。しかも20代以下の若者の割合が６割を超えている。年齢構成を見ると、10代が21人、20代が36人、30代が19人、40代が７人、50代が７人、60代が１人、不明１人である。最年少は１９１４（大正３）年生まれの13歳が２人、最年長は１８６６（慶応２）年生まれの61歳である[194]。

学生30人が命を落とした「霧島丸」遭難事故からまだ３カ月。この時期に、20代以下の若者57人が、１００トンに満たない鰹漁船２隻で、９９７トンの「霧島丸」と同じ目的地の南洋を目指すのである。

荒波蹴つて遠洋漁業へ

耕の南洋行きを知らせる『鹿児島新聞』1927年6月3日7面の記事

送別会に参加した５００人の中には、漁師たちの母や妻子、親類縁者が含まれていたはずで、会場では激励と惜別の相反する感情が激しく交錯したことだろう。普段なら「成功せねば死すとも帰らぬ」などと大言壮語する耕も、この送別会ではさすがにしんみりとあいさつしたらしい。

送別会終了後、一行は91トンの「千代丸」と99トンの「八阪丸（通称、第三千代丸）」に分かれて乗り込み、枕崎へと向けて出港した。

６月１日、枕崎港を出て鹿児島へと向かう耕の一行を、枕崎町民が盛大に見送った。そしてこの日が、第１回南洋漁場開拓の出発日とされることが多い。翌２日、小雨が降る鹿児島市内にて、県知事をはじめ、水産試験場長、西盛之進などの医師仲間が参加した壮行会が開催された。

「漁師が漁に出るのに知事閣下を始め先輩からこんな盛大な門出の祝を開いて下さつたことはまだ話に聴かぬことである」とは、耕の返礼のあいさつである。閉会後、記者に対しては、「漁場や餌の関係など充分の調査すみとなつているからまア《ママ》置いた宝を船に積んで帰る様なものである」[195]と豪語し、余裕すら見せていた。

しかしこの時の耕は、南洋において鰹漁をするどころか餌魚さえ手に入らず、七難八苦することをまだ知らない。

鹿児島では、出立の時に降る雨は島津雨と呼ばれ吉兆とされる。五月雨が降るなか、耕は出港を命じ、桜島小池へ向かった。そこで餌魚を積み込み南洋へ向かったのは、午後７時過ぎのことだった。

第57回　想定外

1927（昭和2）年6月2日に鹿児島港を出発した2隻の鰹船は、それぞれ別ルートを取って沖縄へと向かった。無線を持っていた「千代丸」と、無線を持っていなかった「八阪丸」、両船の合流地点は沖縄県石垣島と決められていた。

耕は、鹿児島から沖縄までの海域で鰹を大量に釣って売りさばき、その代金を南洋漁場開拓事業に充当する予定だった。沖縄海域での鰹漁は、2週間にも及んでいる。

南洋に向かう一行は、当然ながら獲った鰹を生のまま枕崎に持ち帰ることができない。そのため、獲った魚の引き取り先をあらかじめ決めておく必要があった。耕は、自身の隣の家に住む鰹節加工業者の中村常光を同乗させ、鰹を買い取らせる予定だった。

耕は、沖縄周辺で獲った鰹を船の上で煮る「沖イデ」か、適当な陸地で煮る「島イデ」を行い、その半加工品を枕崎に持ち帰らせる計画を立てていた。

しかしこれらの方法は、氷がない時代に緊急避難的に行われた鰹節製造法で、ある意味、粗悪品の代名詞

耕がめざしたパラオ

である。生の鰹を仕入れることができる時代に、「沖イデ」「島イデ」された鰹を買い取らされるなど、鰹節加工業者にとっては悪夢以外の何ものでもなかったはずである。おそらく中村は、耕の申し出を断れなかったのだろう。

2隻の鰹船に別々な海域で操業させ、買い取り業者まで連れていく。耕の資金調達計画に抜かりはないように思えた。

ところが想定外の事態が起きた。鰹が釣れないのである。

「千代丸」は、6月3日に200匹の鰹を釣ったのを最後に、ぱったりと釣れなくなった。そして別ルートを取った「八阪丸」も、不漁に見舞われていた(196)。

耕の目論《もくろ》みは、最初から崩れさってしまった。

耕の落胆は大きかっただろうが、半加工品の鰹を大量に買わされないですんだ中村は、内心ホッとしたことだろう。中村は枕崎に引き返した(197)。

6月16日に石垣島で合流した「千代丸」と「八阪丸」は、翌日から同一行動を取り南下した。その後一行は、台湾とフィリピン間の海峡や、フィリピンの近海を約1週間航行しているが、その目的ははっきりしない。この時、何度か大きな鰹の群れに遭遇しているが、販売ルートがないために漁は見送られている。

24日、フィリピンのある小島で会議が開かれ、パラオに向かう事が決定された(198)。そして29日、一行はパラオに到着した。

耕はこのパラオで、鰹の大漁を見込んでいた。しかし、予定はあくまでも予定。またしても、想定外の事態が起きるのであった。

第58回　弟捨思の救援

1927（昭和2）年6月29日、パラオに着いた耕の一行は休む間もなく行動を開始した。

まず餌の確保である。2隻の鰹船には、餌魚を獲るための小舟1隻と数種類の網が準備されていた。

パラオには真っ黒に群れるイワシの大群がいた。しかし漁をはじめると、網がサンゴ礁に引っかかったり、網が小さすぎて魚がすぐに逃げ去ってしまう。特にマングローブ林の中へと逃げてしまった魚はどうすることもできず、数日たつと、持参した網は全く役に立たないことが判明した。

新たな対策が講じられた。当時南洋には、追込網漁という特殊な漁法で魚を獲り、現地の市場に鮮魚を卸す沖縄県糸満の漁民が進出していた。彼らに餌魚を獲ってもらって、それを購入しようとした。だが糸満漁民の方も、「少々取れても物にならん」と気乗り薄である。交渉して何とか餌魚を獲ってもらったが、今度は肝心の鰹が釣れなかった。結局、糸満漁民からの餌魚購入も、数日で打ち切られたようである(199)。

想定外の事態に直面した耕は、毎晩篝《かがり》火を焚《た》いて夜釣りに出かけ、火の光に魚が集まるかどうかを調査

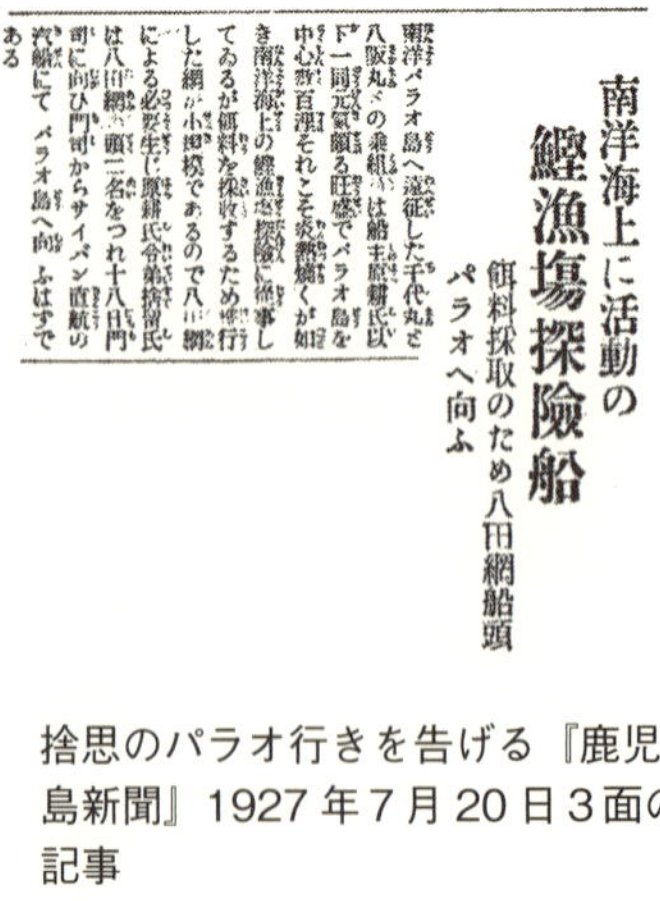

南洋海上に活動の
鰹漁塲探險船
餌料採取のため八田網船頭
パラオへ向ふ

南洋パラオ島へ遠征した千代丸と八阪丸との乗組員は船主原耕氏以下一同元氣頗る旺盛でパラオ島を中心數百浬それこそ炎熱燬くが如き南洋海上の鰹漁場探險に從事してゐるが餌料を採收するため携行した網が小規模であるので八田網による必要生じ原耕氏令弟捨留氏は八田網船頭二名をつれ十八日門司に向ひ門司からサイパン直航の汽船にて パラオ島へ向 ふはずである

捨思のパラオ行きを告げる『鹿児島新聞』1927年7月20日3面の記事

していた。そして、耕が局面打開のために出した結論が、鹿児島から新たに網を取り寄せるというものであった。

耕が必要としたのは八田網と呼ばれる網で、古くから鹿児島でイワシ漁に用いられていた。形は長方形で、大きさは地域によって異なるが、鹿児島湾や南薩地域のものは、長い方の一辺が75～84メートル、短い方の一辺が20～36メートルという大きな網であった。夜間に火を焚き、その光でイワシを網の上に誘導して獲るのである(200)。

耕は15歳年下の弟捨思に対して、八田網を手に入れてパラオに持ってくるよう電報を打った。捨思がこの知らせを受けたのは、熊本県天草だった。パラオからの電報を予期していたかは定かではないが、捨思の動きは早かった。急ぎ鹿児島に戻り八田網を探して購入し、さらに八田網の船頭まで連れて18日には門司に向かい、そこから南洋行きの汽船に乗り込んだ。この動きは、当時新聞でも報道されている(201)。八田網が着くまでの間、耕は汽船で現在のインドネシアを訪問している(202)。そして「千代丸」と「八阪丸」にも目立った動きはない。

捨思がパラオに到着したのは7月29日のことであった。耕の南洋漁場開拓事業は当初3カ月間と決められていたが、成果がないまま3分の2の期間が過ぎ去ろうとしていた。記録されている7月中の鰹の漁獲高は、わずか75匹に過ぎない。

8月1日から八田網による餌魚漁が開始された。結果は良好で、餌魚確保に関しては、明るい兆しが見え始めていた。

第59回　鰹漁の第一関門

なぜ耕は、最初から八田網を持参しなかったのか。

南洋漁場開拓事業に失敗すれば大赤字になる耕は、情報収集と準備を入念に行ったはずである。それを裏付けるように、鹿児島出発時、耕は新聞記者に対して「漁場や餌の関係など充分の調査すみ《ママ》」(203)と述べている。では、情報源はどこにあったのか。

耕の第1回南洋漁場開拓には、宮崎県延岡出身の中田佐太郎という人物が同行していた。内国航路船長の資格を持っていた中田は、船長として何度か日本本土と南洋群島を行き来した経験があり、耕の情報源の1人だった。

だが中田の情報は不完全だった。鹿児島から持参した網はパラオでは役に立たず、結果として、約1カ月間も無駄に過ごすこととなったのである。

しかし、パラオにおける耕のつまずきは珍しいものではない。南洋で鰹漁を開始しようとする事業者は、

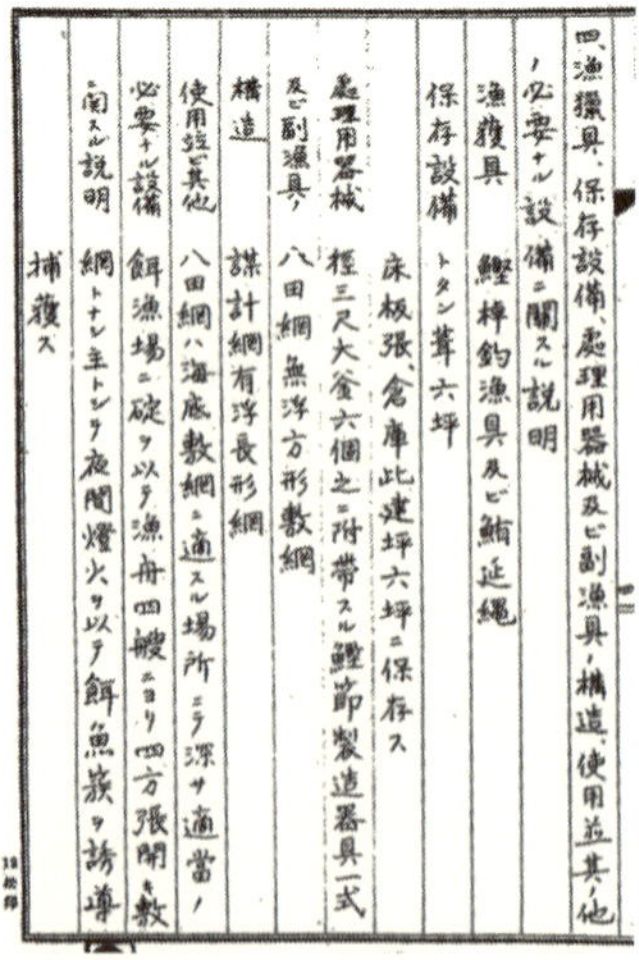
四、漁撈具、保存設備、處理用器械及ビ副漁具ノ構造、使用並ニ其ノ他
ノ必要ナル設備ニ關スル説明
漁獲具　鰹桿釣漁具及ビ鮪延縄
保存設備　トタン葺六坪
床板張、倉庫此建坪六坪ニ保存ス
處理用器械　柾三尺大釜六個之ニ附帯スル鰹節製造器具一式
及ビ副漁具ノ　八田網無浮方形敷網
構造　謀計網有浮長形網
使用並ビ其他　八田網ハ海底敷網ニ適スル場所ニテ深サ適當ノ
必要ナル設備　餌漁場ニ碇ヲ以テ漁舟四艘ニヨリ四方張開キ敷
ニ關スル説明　網トナシ主トシテ夜間燈火ヲ以テ餌魚族ヲ誘導
捕獲ス

日蘭漁業株式会社の業務目論見書には八田網と明記されている。（外務省外交史料館蔵、アジア歴史資料センターより閲覧）

第一関門である餌魚の確保に必ずと言ってよいほど失敗する。鰹の群れが多いと聞いて大型船で南洋に向かうものもいたが、コスト面を考えた場合、船が大きければ大きいほど多くの漁獲高が必要である。当然餌も大量に必要になる。餌が少なければ、その量に合わせて鰹漁を細々と行うほかない。餌魚確保に失敗すれば撤退を余儀なくされるが、船が大きいほどダメージも大きい。

現時点から振り返って見た場合、当時この第一関門を乗り越えた事業者を確認することはほとんどできない。少し専門的な話になるが、耕の第1回南洋漁場開拓の翌年（1928年）、『比律賓《フィリピン》、ボルネオ並《ならび》にセレベス近海に於ける漁業試験報告』[204]と、『蘭領印度モロッカス群島近海の鰹漁業並に同地方沖縄懸漁民の状況』[205]という報告書が発行されている。これらを見ると、現地に拠点をおいていた江川俊治（ハルマヘラ島）や折田一二（北ボルネオ）といった人物でさえ、餌魚確保には相当苦労している。江川は集魚灯を用いるも失敗し、折田は現地漁民からの餌魚供給に頼っていた[206]。日本から一時的に遠征している耕ならば、なおさら失敗する可能性があった。

しかし耕は、八田網で第一関門を突破した。同時期の事例と比較した場合、耕が第一関門突破に要した時間は極めて短かったといえる。とりわけ、耕の適切な判断と捨思の迅速な行動は特筆に値する。

話を戻す。第1回南洋漁場開拓に参加した中田は、後に、現在のインドネシアのスラウェシ島で日蘭漁業株式会社を立ち上げた。同社が餌魚確保に用いたのが八田網であった[207]。この八田網は、戦後もスラウェシ島で使用されていたことが確認されている[208]。耕によって行われた技術移転である。

原兄弟の成功によって、第一関門のハードルはかなり下げられた。情報源だったはずの中田だが、逆に、原兄弟から第一関門突破のノウハウを学んだのであった。

第60回　退くか進むか

捨思が運んできた八田網を使って餌魚漁が開始されたのは、8月1日のことである。結果は良好であった。しかし、八田網の到着が遅すぎた。パラオ近海から鰹の群れが去ってしまったのである。8月10日、耕はパラオでの操業を打ち切った。

結局、パラオでの滞在は約40日にも及んだが、記録に残る鰹の漁獲高はわずかに75匹にすぎない。耕の南洋漁場開拓事業に同行していた水産試験場勤務の岸良精一は、「沖縄海域迄の操業は予定の計画に大きな失敗と支障を来した。パラオ島の操業は予期に反した粗誤《ママ》を来して、完全に失敗と言って過言でなかろう」(209)とそれまでの行程を回顧している。

パラオでの漁をやめてどこへ向かうのか。現時点から見た場合、恐らく3つの選択肢があったはずである。

第一の選択肢は、日本への帰国である。耕は当初、漁場開拓の予定を3カ月間としていた。あと20日もすれば食料も底をつく。鹿児島を出て以来の失敗続きで、資金も乏しかったはずである。復路にかかる時間を考えれば、これが順当であった。

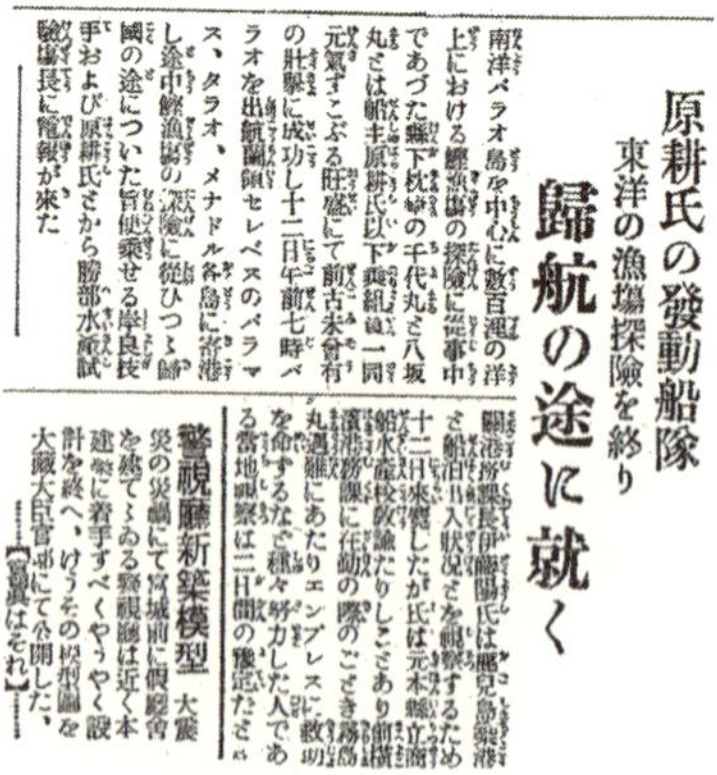
原耕氏の發動船隊
東洋の漁場探險を終り
歸航の途に就く

南洋パラオ島を中心に數百浬の洋上における鰹漁場の探險に從事中であつた縣下枕崎の千代丸と八坂丸とは船主原耕氏以下乗組員一同元氣すこぶる旺盛にて前古未曾有の壯擧に成功し十二日午前七時パラオを出航蘭領セレベスのパラマス、タラオ、メナドル各島に寄港し途中鰹漁場の探險に從ひつゝ歸國の途についた旨便乗せる岸良技手および原耕氏さから勝部水産試驗場長に電報が來た

關港務課長伊藤陽氏は鹿児島築港さ船舶出入状況さを視察するため十二日來鹿したが氏は元本縣立商船水産校教諭たりしこさあり前橫濱港務課に在勤の際のごとき勝島丸遭難にあたりエンプレスに救助を命ずるなど種々努力した人である當地視察は二日間の豫定たさ

警視廳新築模型　大震災の災禍にて宮城前に假廳舍を建てゝゐる警視廳は近く本建築に着手すべくやうやく設計を終へ、けふその模型圖を大藏大臣官邸にて公開した、【寫眞はそれ】

耕の一行が帰国の途についたことを報じる『鹿児島新聞』1927年8月13日2面

第二の選択肢は、針路を東にとり、パラオ以外の南洋群島、すなわちヤップ、トラック、ポナペ、ヤルート島などに向かうことである。これらの地域を管轄しているのが日本の南洋庁だっただけに、各島で便宜を受けられる利点があった。

第三の選択肢としては、蘭領東インド（蘭印、現在のインドネシア）に進むことである。この地域には、鰹の群れが多いと言われていた。ただ、耕一人で調査するわけではない。100人を超える漁師を連れて操業するとなると、外国が支配する地域だけに不確定要素が多かった。

8月11日、一行はパラオを後にした。耕が乗組員に伝えた行き先は、日本だった。しかし、パラオから直帰するのではない。蘭印の海域を調査しながら帰国の途に就くという、言うなれば、第一と第三の折衷案だった。

3カ月ぶりに日本に帰れるのである、乗組員一同、喜んだはずである。岸良は早速、水産試験場長の勝部彦三郎宛に帰国する旨の電報を打った。この一報は、8月13日の『鹿児島新聞』でも、「原耕氏の発動船隊東洋の漁場探険を終り　帰航の途に就く」という見出しで報じられている(210)。

この記事は、恐らく耕に同行している乗組員の留守宅にも伝えられたはずである。家族の期待も高まったに違いない、「あと2週間もすれば、帰ってくる」と。

しかし、彼らは帰ってこなかった。それどころか、一行の消息は約2カ月間も途絶えてしまったのである(211)。ではこの間、耕の一行は何をしていたのか。実は、彼らは蘭印で漁場開拓を続けていたのである。しかも広大な海域を、あちこち移動しながら。

第61回　彷徨

いつの時点で、耕は方針変更して蘭領東インドに残ることを決意したのか。耕も岸良も、この点に関しては何も言及していないため、周辺資料を使いながら推測するほかない。

1927（昭和2）年8月11日に耕の一行はパラオでの漁を打ち切り蘭印へと向かったが、この時、よく紹介されるある有名な事件が起きている。16日午後5時頃、「千代丸」に乗船していた一人の漁師が、「エーモー」という意味不明の言葉を発して海に身を投げたのである。いそいで停船し、3人の同僚が救助に飛び込んだが、投身者は気が触れていて、なぜか必死で逃げまわり船に戻ろうとしない。その後無事に助けあげられたが、「原因はホームシックだった」と、耕と岸良は述べている[212]。

しかし、これから帰国し家族と再会できる人間が、海に飛び込むだろうか。しかもホームシックで。恐らく、投身事件のあったこの日か、その数日前に、ホームシックを激しく引き起こす事態、つまり蘭印に留ま

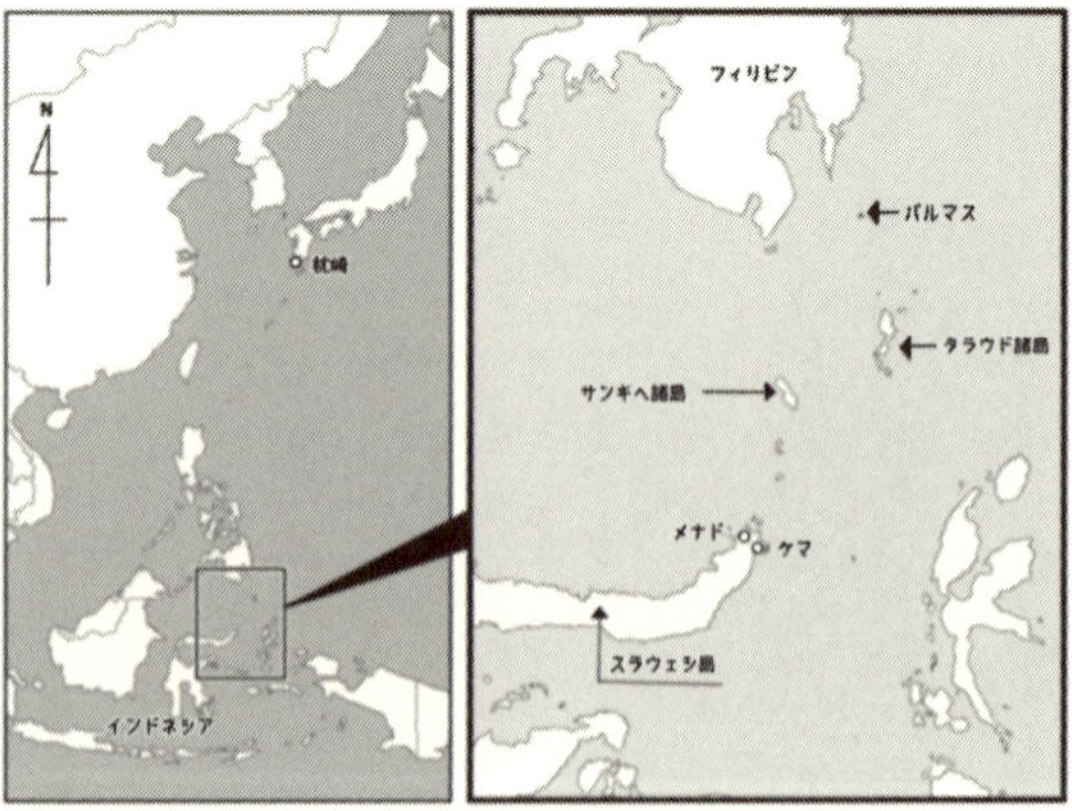

耕の一行が最初に拠点をおいたケマ

ることが告げられたのではなかろうか。

3カ月の予定だった第1回南洋漁場開拓事業は、結局、6カ月間の長期に及んでいる。パラオ出発後、耕の一行はパルマス島（当時はアメリカとオランダの間で領有権をめぐって係争中）、タラウド諸島、サンギヘ諸島、スラウェシ島のマナドを移動しながら漁場開拓を行っていた。

当時、移動しながら鰹漁を行うのは容易ではない。餌魚漁、鰹漁、鰹節加工の道具一切合切を船に積んで移動し、有望な漁場があるところではそれを降ろして操業を開始するのである。

それだけではない。行く先々で、必ず借り入れなければならないものもあった。八田網操業には火船も含めて少なくとも5隻の船が必要だが、そのうちの数隻を現地で調達しなければならなかった。

この調達を担当したのが、後に、耕の右腕と呼ばれる谷川佐平次である。パラオへの八田網到着後、佐平次は南洋庁への船の借り入れ交渉を任されるもうまくいかず、「ソゲなヤッセンワロドマ日本に帰れ（そんな意気地無しは日本に帰れ）」と、耕に雷を落とされたこともあった。佐平次は男泣きに泣き、歯を食いしばって交渉を成功させたという(213)。しかし今度は外国であり、佐平次も、船の調達にかなりの苦労を強いられた。

さらに、行く先々で出会う役人の対応も異なっていた。外国人による漁を一切認めない地域もあれば、漁は認めても水産物加工（鰹節製造）を認めない場所もあり、一人100円の入国税を厳密に要求する地点もあった(214)。

鰹の群れを追いかける前に、自分たちの拠点を探す必要があった。約1カ月彷徨《ほうこう》し続けた後、一行がたどり着いたのがケマという場所だった。

第62回　孤独な戦い

1927（昭和2）年8月中旬から9月上旬にかけて、乗組員の不平不満が高まって、耕にとってもつらい時期だった。約束の3カ月が過ぎようとするなか、鰹がほとんど獲れない。それでも、徹夜での八田網操業を行わなくてはいけない。若い乗組員たちも、これには相当こたえたようであった。

9月6日、マナドからケマに向かう途中、「千代丸」は誤って暗礁に乗り上げたことがあった。付近はサメが泳ぐ海域である。耕はすぐさま何人かに潜るよう指示したが、誰も海に入らない。仕方なく、51歳の耕自ら海に入って、異常がないことを確認した(215)。

乗組員の誰一人として耕の指示を聞かなかったのは、単にサメが怖かっただけではあるまい。恐らく、耕のやり方に不満を感じて、乗組員一同、無言の抵抗を示したものと思われる。この頃、「八阪丸」でもストライキが起きているが、どのような展開をたどったのかは不明である(216)。

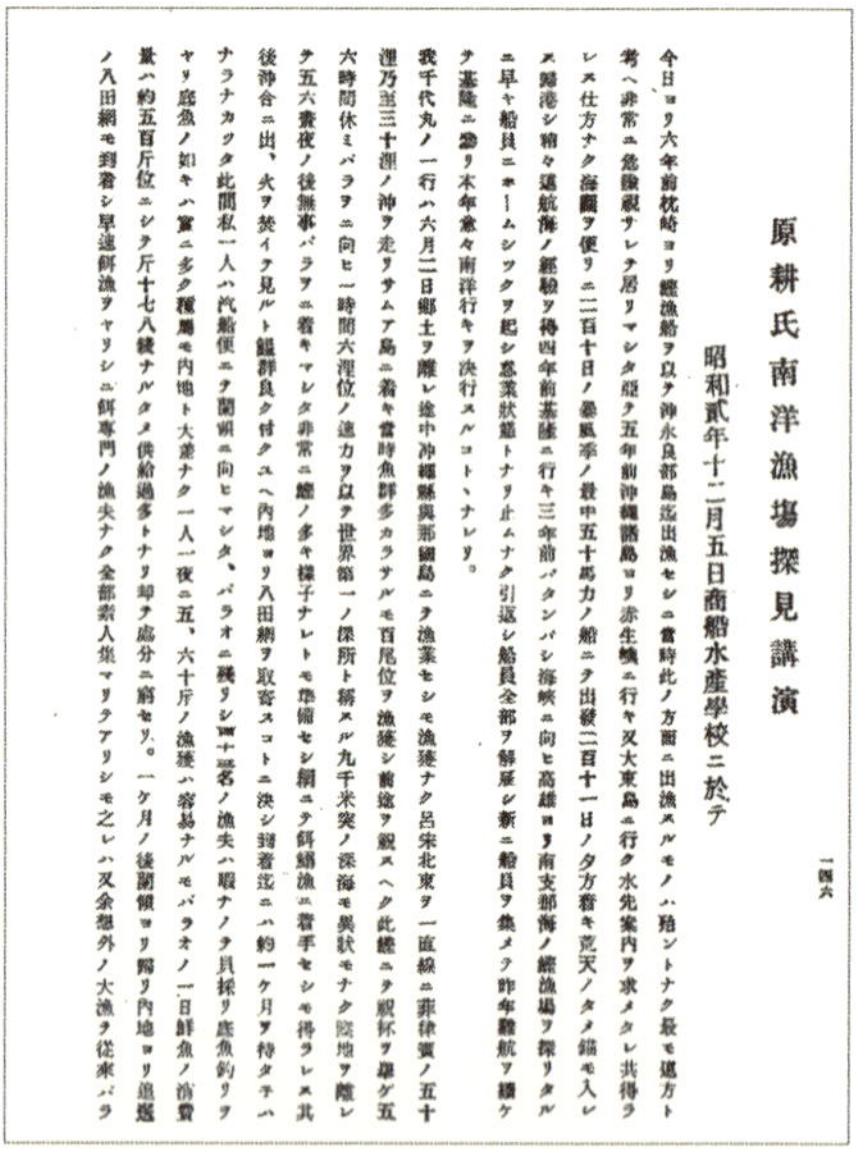

原耕氏南洋漁場探見講演

昭和貳年十二月五日商船水産學校ニ於テ

一四六

今日ヨリ六年前枕崎ヨリ鰹漁船ヲ以テ沖永良部島迄出漁セシニ當時此ノ方面ニ出漁スルモノハ殆ントナク最モ遠方ト考ヘ非常ニ危險視サレテ居リマシタ[illegible]五年前沖縄諸島ヨリ赤尾嶼ニ行キ又大東島ニ行ク水先案内ヲ求メタレ共得ラレズ仕方ナク海圖ヲ便リニ二百十日ノ暴風季ノ最中五十噸カノ船ニテ出發二百十一日ノ夕方着キ荒天ノタメ錨モ入レズ歸港シ稍々遠航海ノ經驗ヲ得四年前基隆ニ行キ三年前バタンバシ海峽ニ向ヒ高雄ヨリ南支那海ノ鰹漁場ヲ探リタルニ早ヤ船員ニホームシツクヲ起シ怠業狀態トナリ止ムナク引返シ船員全部ヲ解雇シ新ニ船員ヲ集メテ昨年難航ヲ續ケテ基隆ニ至リ本年愈々南洋行キヲ決行スルコト、ナレリ。

我千代丸ノ一行ハ六月二日鄕土ヲ離レ途中沖縄縣與那國島ニテ漁業セシモ漁獲ナク呂宋北東ヲ一直線ニ菲律賓ノ五十浬乃至三十浬ノ沖ヲ走リサムア島ニ着キ當時魚群多カラサルモ百尾位ヲ漁獲シ前途ヲ祝スヘク此鰹ニテ祝杯ヲ擧ゲ五六時間休ミパラヲニ向ヒ一時間六浬位ノ速力ヲ以テ世界第一ノ深所ト稱スル九千米突ノ深海モ異狀モナク陸地ヲ離レテ五六晝夜ノ後無事パラヲニ着キマレタ非常ニ鰹ノ多キ樣子ナレトモ準備セシ網ニテ餌鰯漁ニ着手セシモ得ラレズ其後沖合ニ出、火ヲ焚イテ見ルト鰮群良ク付クユヘ内地ヨリ八田網ヲ取寄スコトニ決シ到着迄ニハ約一ケ月ヲ待タテハナラナカツタ此間私一人ハ汽船便ニテ蘭領ニ向ヒマシタ、パラオニ殘リシ四十名ノ漁夫ハ暇ナノテ貝採リ鹿魚釣リヲヤリ鹿魚ノ如キハ實ニ多ク種類モ内地ト大差ナク一人一夜ニ五、六十斤ノ漁獲ハ容易ナルモパラオノ一日鮮魚ノ消費量ハ約五百斤位ニシテ斤十七八錢ナルタメ供給過多トナリ却テ處分ニ窮セリ。一ケ月ノ後蘭領ヨリ歸リ内地ヨリ追遞ノ八田網モ到着シ早速餌漁ヲヤリシニ餌專門ノ漁夫ナク全部素人集マリテアリシモ之レハ又余想外ノ大漁ヲ從來パラ

帰国後耕は、商船水産学校の学生に「筑前丸」との逸話を講演している。（『大正十五年度・昭和元年度　事業報告書』鹿児島県水産技術開発センターのホームページより）

食料も底をつきつつあった。魚は釣ればいくらでもある。だが、醤油、味噌といった調味料がないのには閉口したらしい。仕方なく砂糖と食塩水を混ぜて沸騰させたものを醤油代わりにしたり、現地の華人から中国味噌を仕入れたりしたが、やはり親しんだ日本の調味料とはかけ離れた味だった(217)。とかく、食べ物の不満は高じやすい。

ある日、「筑前丸」という日本の汽船が、耕の一行が停泊していた港に入港してきた。耕は早速出かけて行って、味噌2樽および醤油1樽を譲ってもらい、代わりに鰹20匹を渡すことになった。樽を「千代丸」に持ち帰ってみると、その日に限って鰹が獲れていない。耕は使いをやって、明朝、「千代丸」が漁に出掛けて行く漁場まで来てもらい、海上で鰹を渡すことを伝えた。

翌朝、「千代丸」は必死に鰹を釣ろうとしたが、こういう時に限って全く釣れない。そうこうしているうちに、「筑前丸」の船体が近づいてきた。耕は手旗信号で「1匹の漁獲もない」と伝えると、一目散に反対方向に逃げ出した。「筑前丸」はそんな「千代丸」に、「感謝に堪えず」と手旗信号で応え、そのまま去っていったという(218)。

耕にとっては、まさに地獄に仏、干天の慈雨だった。

9月7日から、耕の一行はケマでの操業を開始した。そしてここに来て事態は好転した。9日、「千代丸」は鰹の大群に遭遇し、一本釣りがはじまった。この時、餌が途中でなくなったが、鰹700匹を釣り上げた。餌が十分にあれば、5千や6千匹は釣れたはずだと岸良は語っている(219)。

耕の一行は、拠点をケマに置いた。この地では、出漁すれば数百匹単位の漁獲高をあげることができた。岸良の日誌部分に記録されている9月分の漁獲数は、合計で鰹5411匹という好成績であった。

第63回　赤道越え

ケマでの操業は10月に入っても好成績が続いていた。10月2日の漁では、「千代丸」が1819匹、「八阪丸」が800匹を獲っている。そして10日には、「千代丸」が1024匹、「八阪丸」が1080匹と、両船そろって漁獲高千匹を超えた(220)。

そろそろ帰国が近いと考える漁師もいたようだが、耕はまだ満足していなかった。

耕の元には、さらに南下したアンボンという場所に、良い漁業根拠地があるとの情報が集まっていた。歴史的に、アンボンは水産資源よりも香辛料のナツメグ（肉荳蔻《にくずく》）などの香辛料貿易で有名である。

10月17日、「千代丸」1隻がアンボンに向けて出発し、「八阪丸」はケマに残ることになった。翌18日午前10時、「千代丸」は赤道を越えて南半球に入った。この時ばかりは耕もご機嫌で、沖縄から持参した泡盛を漁師に振る舞い、汐替節やら、浪花節を歌って一同大いに盛り上がったようである。岸良はこの時のことを、「鰹船として破天荒の事であり日本水産発展史に永久に記録せらるべき出来事であった」(221)と回顧してい

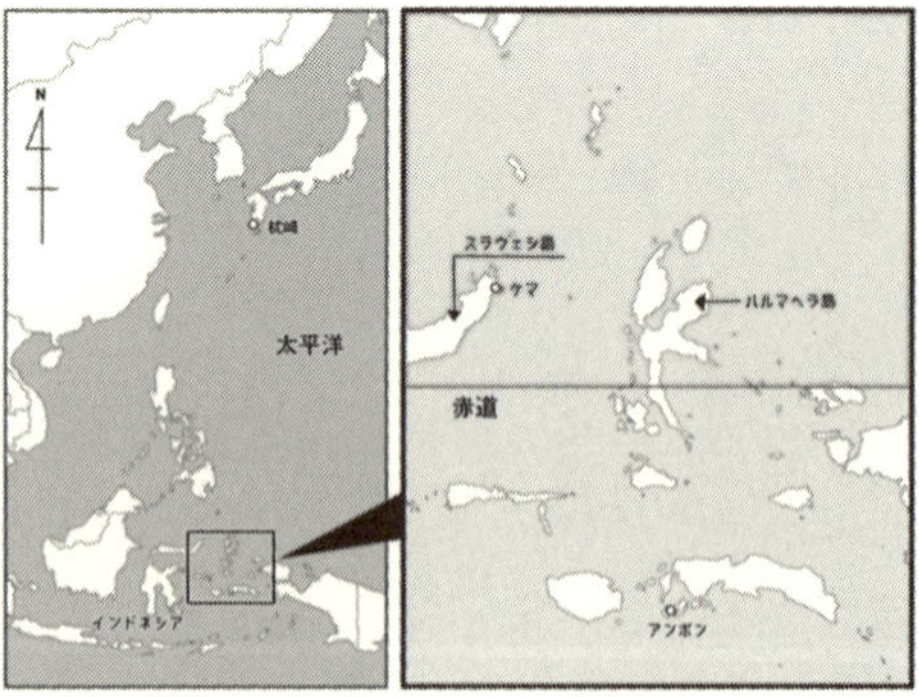

耕は赤道を越えてアンボンでも調査を行った

る。

20日にアンボン到着後、翌日から早速情報収集を開始した。この地では、鰹漁につかえるイワシなどの餌魚が多く、さらに現地の住民がそれらを地引網で囲い、浅いところに活養していた。24日には鰹438匹を釣り、鰹の群れが多いことも確認できた。この時、大鮪102匹も獲っている。

後に耕は、アンボンにおける漁業基地建設計画を南洋庁に提出するが、そこには鰹船100隻、鮪延縄漁船100隻の予算が計上されている(222)。恐らくこの最初のアンボン訪問時に、すでに欧米への鮪缶詰輸出を考えていたと思われる。

アンボンでの滞在はわずか6日間だったが、根拠地としては、ケマよりもアンボンの方が適していると耕は判断した。その根拠となったのは、漁場としての有望さもさることながら、現地に滞在する日本人の紹介で、華人のニューキチンという人物が所有する広大な土地と別荘の利用、それから山林伐採許可の内諾を得られたことであった(223)。

この時からアンボンは、耕が漁業基地建設を賭ける場所になった。そして6年後、耕はこの地で終焉《しゅうえん》を迎える。

25日、「千代丸」はアンボンを出港し、ハルマヘラ島近辺での調査を行いつつ、30日ケマへ帰港した。岸良の日誌部分に記載されている10月分の漁獲数は、「千代丸」と「八阪丸」合わせて1万2938匹にも及んでいる。南洋で大規模に鰹漁を行えることを、十分に証明したのである。そして次回からの根拠地も見つかった。

耕は帰国を決意した。

第64回　帰路の沖縄にて

耕の一行が、拠点にしていたケマを出発したのは１９２７（昭和２）年11月１日のことである。帰国を決めた耕の頭のなかには、すでに第２回南洋漁場開拓事業の構想が浮かんでいた。翌２日には、サンギへ諸島のタルナ港に立ち寄り、八田網や鰹節製造道具一式を同地滞在の日本人所有の倉庫に預けている(224)。

フィリピンのマニラを経由して沖縄の那覇に到着したのは、「八阪丸」が11月17日で、「千代丸」は19日であった。

鹿児島にいち早く帰りたいはずの耕の一行は、意外にも、３日間も那覇に滞在した。なぜだろうか。この３日間についてはこれまで誰も注目してこなかったが、耕が意味のない行動をとるはずもなく、何か重大な事実が隠されている可能性がある。

というのも、耕の南洋漁場開拓事業後、パラオなどの南洋群島へ進出していったのは、枕崎漁民ではなく沖縄漁民であった。その数、６千人を超える。だが、こうした大量の沖縄漁民の南洋進出が、どのようなきっかけで行われたかはまだ明らかにされていない。私は、この点に耕が関係していると考えている。

田代清英元枕崎市長が制作した「原耕の像」

耕に同行した岸良精一は、那覇滞在についてわずか11行の記録しか残していない。それによると那覇では、枕崎出身の沖縄県立水産試験場長の田代清友なる人物が耕の一行を出迎え、那覇水産関係者と共に慰労の大宴会を開催したと記されている[225]。

しかし宴会のためだけに、3日も滞在するはずがない。枕崎出身の田代清友とは何者なのか。調べていくといろいろな事実が明らかになってきた。この人物、実は1978（昭和53）年から3期12年にわたって枕崎市長を務めた、田代清英のおじにあたる。

元枕崎市長の清英は、枕崎の水産業、そしてその文化事業に極めて大きな足跡を残した人物で、27歳の若さで、現在の枕崎水産加工業協同組合の2代目組合長（初代組合長は2カ月程度で職を辞しているため、実質初代と言って良い）に就任し、10年間務めた経歴も持つ。

なんと言っても評価したいのは、その文化的功績である。芸術家でもあった清英は、枕崎漁港にある「原耕の像」「漁夫群像」「鰹節行商婦たちの像」（この像は現在枕崎駅にある像のもとになっている）、黒島に建立されている黒島流れ（日本海難史上最悪と言われる悲劇）犠牲者供養のための「白衣観音像」を、自らの手によって制作した。また「枕崎市少年の船」事業や、その際に行われる黒島流れ洋上慰霊祭も、清英によって始められた[226]。その業績は多く、全部は紹介できない。

話を、那覇で耕を出迎えた田代清友に戻す。調査を進めていくと、この人物も、2代目沖縄県立水産試験場長として、沖縄水産界に大きな足跡を残していたことが明らかになってきた。

第65回　沖縄の枕崎人

枕崎出身の田代清友が沖縄県立水産試験場の2代目場長として就任したのは、1926（大正15）年8月のことである[227]。しかし就任当時、試験場は自前の施設すら持てずにいた。

全国的に水産試験場が整備されていくのは、1899（明治32）年8月の農商務省令第22号「府県水産試験場規程」が公布されてからである。しかし沖縄での試験場整備は全国でも一番遅く、省令公布から22年が経過した1921（大正10）年4月のことであった（鹿児島は1903年設置）。しかも発足後の初代場長時代の5年間は、県庁や県立水産学校、沖縄漁業組合連合会の一角を間借りしていたのである[228]。

初代場長時代については、事業報告書が大正10年度分しか発行されていないため、その内容は不明な点が多い[229]。木造船「琉球丸」（30トン）が建造され、漁場調査などが行われていたようである。

沖縄県立水産試験場２代目場長、田代清友（田代英雄提供）

田代が2代目場長に就任した年から、水産試験場独自の施設整備が進められていった。細かい点を指摘して恐縮だが、現在のところこの施設整備にあたり、この年の8月に交代した初代と2代目のうち、どちらがより決定的な役割を果たしたのかを示す資料は見つけられていない。周辺資料を見る限り、初代が企画・各方面との折衝・予算獲得を行い、2代目がその計画に修正を加えて（例えば一部建物をコンクリート造りにし、新規指導船をより大型化するなど）、実現していったものと思われる[230]。

いずれにしても田代場長時代、試験場設備は急速に整備されていった。

第一に、水産試験場の新設。1927（昭和2）年5月に起工され、同年12月に施設の一部が完成し、試験場は移転された。初めての自前の施設である（この時、沖縄県水産試験場に名称変更）。最終的に完成し、落成式が行われたのは1929（昭和4）年3月30日。この時、田代は茨城の水産試験場へ転任してすでに1年が経過していたが、落成式では沖縄県水産試験場の場長として来賓のあいさつに対して答辞を行っている[231]。

第二に、100トン200馬力の大型指導船の導入[232]。この新造船が那覇に回航されたのは、1927年11月3日のことだが、それまでの指導船「琉球丸」（30トン50馬力）をはるかに凌ぐ大きさである。この大型指導船は「図南丸」と名づけられたが、この名前は現在の4代目試験船に至るまで、代々引き継がれている。

第三に、試験場事業報告書の再開。

第四に、沖縄と鹿児島の結び付きの強化。鰹漁試漁につかう餌魚の入手先が、鹿児島に変わった[233]。

ここで話しを耕に戻す。第1回南洋漁場開拓事業を終えた耕が那覇に滞在したのは、1927年11月19日からの3日間である。時期的には、新施設の建設が進められ、「図南丸」が導入された直後である。新しい設備が整備されていくなか、場長の同郷人が、6カ月にわたる南洋漁場開拓事業という偉業を達成して、意気揚々と那覇に入港したのである。

そして、田代主催の大宴会が開催された。南洋漁場の有望性が、沖縄水産界に伝えられたはずである。

第66回　耕と沖縄

耕と沖縄との関係、特に、第1回南洋漁場開拓事業後に耕が那覇に立ち寄った3日間（1927年11月19日〜21日）にこだわるのは、この滞在が大量の沖縄漁民の南洋群島進出への契機になったと考えられるからである。

どのくらいの沖縄漁民が進出したのか。『沖縄県史　第7巻各論編6（移民）』によると、アジア・太平洋戦争が行われていた1942（昭和17）年4月の段階で、南洋群島で水産業に従事する日本人6719人のうち、実に92%を占める6164人が沖縄出身者であった[234]。そして戦争で多くの命が失われた。

南洋群島最初の日本人漁業者と言われているのは、1919（大正8）年にトラック島に渡った沖縄県の玉城松栄である[235]。しかしその後、耕の南洋漁場開拓ごろまで、沖縄漁民が南洋群島に大挙して進出していった様子はない。

沖縄漁民の南洋群島進出を、耕と関連付けて説明している人物がいる。戦前、南洋群島最大の水産会社、

沖縄の識名霊園にある「南洋群島沖縄県人戦歿者並開拓殉難者慰霊碑」

南興水産株式会社に勤務し、1994(平成6)年に『南興水産の足跡』という書籍を上梓《じょうし》した川上善九郎である。川上は同書で次のように述べている。

「原耕の南洋のカツオ漁業調査の報告は、沖縄県下の業者にも大きな関心を抱かしむるに至った。昭和5年10月に至り沖縄県は県内のカツオ漁業者に呼び掛け、南洋漁場の実状調査に乗り出すことにした」(236)。

川上の話を裏付けるように、1935(昭和10)年発行の『南洋群島の水産』のなかの統計資料(鰹漁獲高累年表)では、耕が第1回南洋漁場開拓事業を行った翌年の1928(昭和3)年から、いくつかの島で鰹の漁獲量が急激に伸びているのが分かる。

耕が最初に訪れたパラオでは、1928年の鰹漁獲高が前年比9倍に増え、翌1929(昭和4)年は玉城が拠点をおくトラックでも前年比48倍、1931(昭和6)年ポナペでは前年比82倍にも伸びている。驚異的である。耕の南洋漁場開拓事業以降、南洋群島全体で鰹漁獲高は急増している。この頃から沖縄漁民が進出していったことが伺える。そしてここで作られる「南洋節」は、日本の鰹節業界の脅威となった(237)。

これまでの話しを整理する必要がある。田代清友の業績、南洋群島における統計資料、元南興水産社員の記述など、これらを総合すると、次のような仮説を導き出すことができる。

耕の南洋漁場開拓事業の成果は、次第に沖縄漁民の南洋進出をもたらした。その後、沖縄県、国が政策的に後押しした結果、南洋群島の沖縄漁民は6千人を超えた。そしてこれらの契機になったのが耕の那覇滞在で、耕と田代のラインを通じて、沖縄水産界に南洋鰹漁の将来性が伝えられた、という仮説である。

この仮説が正しいならば、耕の那覇滞在の3日間は、歴史的な意味をもったことになる。

第67回　帰港直前の悲劇

耕が率いる「千代丸」が那覇を出発したのは、1927（昭和2）年11月21日のことである。約6カ月にわたる南洋漁場開拓事業を無事に終えて、あとは故郷の鹿児島に帰るばかりであった。

「千代丸」は、順調に鹿児島の海域を航行していた。しかしここにきて、思わぬ悲劇が訪れた。一人の若者（当時20歳）が、脚気衝心《かっけしょうしん》（脚気による心臓機能の不全）を起こして、命を落としてしまったのである(238)。

この若者が体の不調を訴えはじめたのは、「千代丸」が那覇に到着し、田代清友が主催した大宴会に参加した後のことであった。耕はすぐに脚気との診断を下し、治療にあたっていた。第1回南洋漁場開拓事業中、耕の一行は数々のトラブルに遭遇したが、死者は一人もだしていなかった。名医の耕がついているのである。この若者も、そして一緒に参加していた父親（当時47歳、親子3人で参加）も、それほど心配していなかったかもしれない。

しかし若者は、「千代丸」の船上で息を引き取った。

耕は嘆き悲しんだ。

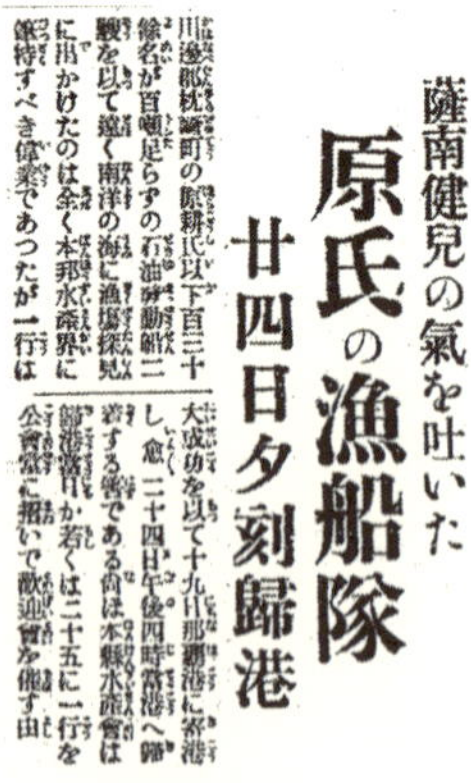

薩南健兒の氣を吐いた
原氏の漁船隊
廿四日夕刻歸港

川邊郡枕崎町の原耕氏以下百三十餘名が百噸足らずの石油發動船二艘を以て遠く南洋の海に漁場探見に出かけたのは全く本邦水産界に特筆すべき偉業であつたが一行は大成功を以て十九日那覇港に寄港し愈二十四日午後四時當港へ歸着する筈である尚は本縣水産會は歸港當日か若くは二十五に一行を公會堂に招いて歡迎會を催す由

耕の消息を知らせる『鹿児島新聞』1927年11月22日2面の記事

「千代丸」の乗組員のほとんどは、耕の生まれ故郷泊の出身者である。皆、他界した若者の家族の顔が浮かんだに違いない。

留守宅の家族は、耕の事業に振り回され続けた。耕の一行は、当初3カ月の約束で南洋に出掛け、パラオから帰国の途についたと8月13日に『鹿児島新聞』で報道された後、2カ月近くも消息不明になった。

その後、耕の一行が全員無事で漁場開拓事業を続行していることが明らかになるのは、乗組員53人全員が犠牲になった「霧島丸」慰霊祭を5日後に控えた、10月4日のことである。沈没した「霧島丸」と同じ行き先を目指した耕の一行、「霧島丸」同様の運命をたどったと考えた者がいても決しておかしくなかった。

10月14日の『鹿児島新聞』に、耕の一行が11月末に帰国するという記事が掲載されているが、留守を守る家族は実際に帰ってくるまで気が気でなかったろう。その後、確実な情報が伝えられたのは11月22日の『鹿児島新聞』で、耕の一行が無事に沖縄まで戻り、24日に鹿児島港に帰港すると報じている(239)。

「千代丸」は24日未明午前3時に泊に到着した(240)。これは、死んだ若者の亡骸《なきがら》を遺族に引き渡すための予定外の行動であったろう。乗組員一同が家族との再会を果たしているなか、息子を失った父親と母親がどのような対面を果たしたかは分からない。

「どうも無事で一同帰るに息子の死でこの成功の歴史を汚して済まない」(241)とは、帰国後の父親が新聞記者に語った言葉である。いかにも男親らしい。

一方、気になるのは女親の方である。冷たい骸《むくろ》となって戻ってきた息子を、母親がどのように迎えたのか、どのような感情を抱いたのか。残念ながら、その心情を示す資料は、現在まで見つけられていない。

第68回　鵬程一万里

「千代丸」が鹿児島港に入港したのは、1927（昭和2）年11月25日の正午頃のことであった。6カ月の長期間にわたり、赤道を越えて行われた耕の南洋漁場開拓事業を、当時の人々は「鵬程《ほうてい》一万里」と称賛した。

帰還した耕の一行は大歓迎を受けた。25日には、鹿児島県水産会主催の式典が中央公民館で行われ、松本学鹿児島県知事を筆頭に各方面から多くの来賓が参加し、演壇にずらりと着席した「千代丸」「八阪丸」の乗組員一同に対して、次々と祝辞を述べた。

式典に続く大宴会では、知事自らが乗組員一人一人と握手を交わし、杯を回して半年間の労苦をねぎらった。乗組員一同、皆、うれしかったのであろう。宴たけなわになると、乗組員たちが突如知事を取り囲み、知事を高々と胴上げするという珍事も起きている(242)。

翌26日には、鹿児島朝日新聞社主催の講演会が開催されたが、多くの聴衆が集まった。そして当時の『鹿児島新聞』と『鹿児島朝日新聞』も、耕の事業を大きく取り上げた(243)。

南洋から戻り鹿児島港に入港した時の「千代丸」（左）と「八阪丸（第三千代丸）」（枕崎市立図書館提供）

耕の南洋漁場開拓事業が注目されたのは、鹿児島県内だけのことではない。大阪や東京でも大きな反響をよんでいる。

12月13日、耕は大阪の社交クラブ清交社（大正12年設立で現在まで続く伝統あるクラブ）で講演を行っているが、当時の『鹿児島新聞』（12月28日付）によると、この会場にはなんと１２００人もの聴衆が集まったという(244)。

その後上京した耕は、12月19日午後5時から行われた大日本水産会（明治15年設立で現在まで続く伝統ある水産団体）の忘年会にも招かれて、1時間程度の講演を行っている。同会の機関誌『水産界』第５４２号に掲載されている忘年会参加者の名前を見ると、当時の水産界のそうそうたる顔ぶれが参加していたのが分かる(245)。

来賓として現役の農林省水産局長の長瀬貞一、水産講習所（現在の東京海洋大学）所長の岡村金太郎（日本藻類学の鼻祖と呼ばれ、水産講習所唯一の名誉教授）らがいた。そして大日本水産会会長の牧朴真（農商務省時代の元水産局長）、この時の司会を務めた副会長の伊谷以知二郎（元水産講習所所長、後の大日本水産会会長）、監事の下啓助（農商務省時代の元水産課長、元水産講習所所長、『明治大正水産回顧録』を出版）らも、耕の講演を聞いている。そして『鹿児島新聞』の記事によると、水産関係者だけでなく、陸軍関係者、早稲田大学教授など１５０人が講演会に出席していた。

こうした扱いを受けるのも、耕の南洋漁場開拓事業が当時誰も達成したことのない先駆的な事業だったからである。耕の知名度は、全国規模となっていった(246)。

第69回　父として

1928（昭和3）年の年が明けた。1月1日付の『鹿児島新聞』に、耕は年賀欠礼の特別広告が出している[247]。ここ数年、耕の家では慶弔事が続いていた。

1926（大正15）年1月には、耕の実父平之進がこの世を去り、翌年2月には実母サトが鬼籍に入った[248]。その一方、この年の5月には三女が誕生し、1週間後に南洋漁場開拓事業を控えていた耕は、事業成功を祈念して「洋子《ようこ》」と名付けたという資料が残っている。「洋」には「広い海。おおうみ」（『広辞苑』）という意味がある。洋子出産後の千代子は、耕不在の間、休む間もなく原医院での診察をしたのだろう。

耕の子どもたち。右から、和子、百代子、洋子、収（原拓提供）

耕はどんな父親だったのだろうか。2004（平成16）年に枕崎の市民劇団ぶえんが『見はてぬ夢―原耕・千代子物語』という演劇を行ったが、この時、大阪から招待された長男の収《おさむ》（当時83歳）が、耕について語った映像が残されている[249]。

「私の目から見ますと、父は典型的な薩摩男子で真に厳しい男でございました。私もまあ、父に抱かれた記憶はございません。年のうちひと月も家にいたことはありませんでした。また家庭的には暴君でございました。母千代子は忍耐強くよく堪え、経済を助けていった明治の女性であったと思います」(250)。

耕は、妻や子どもを顧みない人間だったのだろうか。

私は、耕が4人の子どもにつけた名前に注目している。なぜなら、耕の父親としての願い、そして妻への愛情が表れているように思えるからである。ただ残念なことに、三女洋子の名付け以外については確証となる資料が発見できていないため、今回紹介する説は、多分に私の想像が入り込んでいることをお断りしておかなければならない。

耕と千代子が結婚したのは1917(大正6)年のことだが、その翌年誕生した長女に、耕は「和子《かずこ》」と名づけた。前妻トミを結婚後7カ月で亡くした耕である。家庭生活、そして子どもの健やかなる成長を願って、「おだやかなこと。なごやかなこと」(『広辞苑』)という意味をもつ「和」の字を選んだと思われる。

1920(大正9)年8月には、次女を授かった。耕は千代子を深く愛し、自分の船に「千代丸」とつけたのはよく知られている。次女につけた名前の「百代子《ももよこ》」も象徴的である。千代子の「千」を「百」に変えて名付けたに違いない。母のようになれとの思いを込めて。

1922(大正11)年には、長男の「収」が生まれた。父が耕したものを、収穫できる子になれとの願いが感じられる。

耕死後、千代子は耕が残した大借金を返済しながら、女手一つで4人の子どもを育てあげ、一人息子は医者になった。こうした千代子の原動力になったのが、耕の家族愛だったと思うのだが、今となってはこれも推測の域をでない。

第70回　国政へ

1928（昭和3）年は、新年明けて早々に衆議院が解散され、2月20日に選挙が実施された年であった。この時の選挙はそれまでの制限選挙と異なり、25歳以上の成年男子に選挙権が与えられた、我が国初の男子普通選挙であった。

この選挙に3度目の立候補をした耕は、鹿児島1区で7708票を獲得して4位で当選している。選挙結果を分析してみると、耕が得た票のうち、地元川辺郡の票が84％を占める。ちなみに、大票田の鹿児島市での得票数はわずか174票（鹿児島市の有効投票総数の1％）である(251)。こうした選挙結果を見る限り、南洋漁場開拓事業を成功させた耕の知名度は、あくまでも地域限定的だったと言える。そして今回、普選で有権者が増加したことが、有利に働いたと考えられる。

しかし、最初に立候補した1920（大正9）年の選挙での得票数がたったの1票だったことを考えると、大躍進であった。当選した耕のコメントが新聞に出ている。

衆議院議員初当選後の耕（原拓提供）

「今日まで長い間、落選組として暮して来たのであるが、今回は普選第一回の総選挙と云ふので、馬を陣頭に進めて中〔原—筆者追加〕の鹿を逐《お》ったのである。只、民衆諸君の同情と共鳴を唯一の武器として立つたのであるが、今度こそは当選の栄をカチ得ることとなつた。唯心中感無量、嬉しく思つている次第である」(252)(句読点を追加した)。

3月に入ると、第25回鹿児島県医学会が開催され、久しぶりに帰鹿した大阪府立医学校時代の恩師佐多愛彦と再会している（本書第8回参照）(253)。学生時代を思い出し、愉快な時間を過ごしたはずである。

しかしそうした喜びもつかの間、耕の前妻トミの父、鮫島剛の訃報が飛び込んできた。南薩銀行初代頭取の剛は、当時のいわゆる「昭和金融恐慌」で悪化した銀行経営の立て直しに取り組んでいたが、3月17日、道半ばでこの世を去った。2代目頭取には、加世田出身の前衆議院議員前田兼寶が就任したが、経営を立て直すことができず、翌1929（昭和4）年10月1日、鹿児島銀行（現在の鹿児島銀行の前身の一つ）に吸収合併され、南薩銀行15年の幕は下ろされた(254)。

剛が亡くなっても、その従兄弟である南薩鉄道初代社長の鮫島慶彦との関係は途絶えなかった。政治家になった耕が最初に取り組んだ仕事の一つが、当時伊集院から加世田までしか部分開通していなかった、南薩鉄道の枕崎への延長問題である。

耕は、自身にとって初登院となる第55回帝国議会衆議院（会期は4月23日から5月6日）において、二つの建議案を提出している。そのうちの一つが、「南薩鉄道並《ならびに》薩南中央鉄道買収ニ関スル建議案」である。

耕は、衆議院議員としての活動をスタートさせたのであった。

第71回　国有化の建議案

1928（昭和3）年4月、耕が第55回帝国議会衆議院に提出した「南薩鉄道並《ならびに》薩南中央鉄道買収ニ関スル建議案」とは何なのか。

当時、南薩地域の鉄道に関する動きは四つあった。

第一に、鉄道省が管理する国営鉄道、いわゆる「省線」（後の国鉄、JR）の指宿線である。1922（大正11）年4月に公布された「鉄道敷設法別表」第127号には、「鹿児島附近ヨリ指宿、枕崎ヲ経テ加世田ニ至ル鉄道」が掲げられているが、当時は、そのうち西鹿児島から指宿までの鉄道建設が動き始め、第一工区（西鹿児島―五位野）の建設が1928年から着手されていた[255]。

第二に、耕の義理のおじにあたる鮫島慶彦が初代社長を務める南薩鉄道（後の鹿児島交通南薩線）である。南薩鉄道は当初、伊集院―枕崎間の鉄道敷設を予定していたが、1914（大正3）年5月に伊集院―加世田間が開通し、1916（大正5）年10月に加世田―薩摩大崎町（後の薩摩万世）間が開通した後、加世田―枕崎間の延長工事は資金不足で頓挫していた[256]。

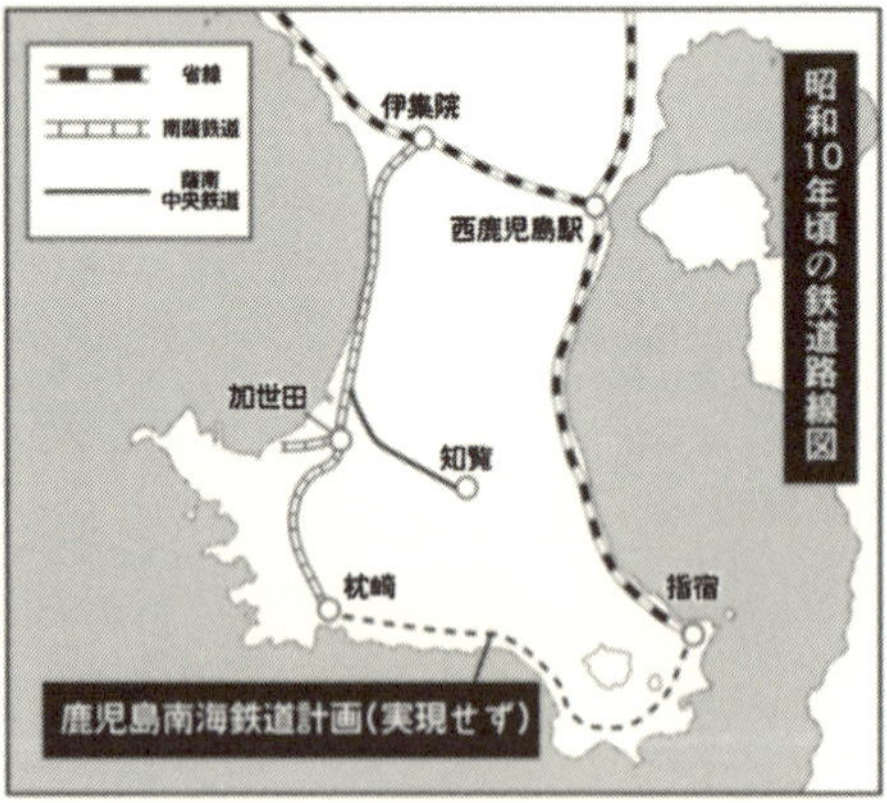

1935年頃の薩摩半島の鉄道路線図

第三に、宮原直二（元知覧村村長）が初代社長を務めた薩南中央鉄道（後の鹿児島交通知覧線）である。阿多―知覧間の鉄道建設を予定していたが、1927（昭和2）年6月に阿多―川辺間が開通したあと、川辺―知覧間の工事が進んでいなかった[257]。

第四に、鹿児島南海鉄道である。この会社については、『鹿児島新聞』（1928年2月16日）に記事がでているが、鉄道王の異名をとる根津嘉一郎（東武鉄道社長、当時の南海鉄道取締役など多くの鉄道経営に携わった）らが関与した計画であった[258]。記事によると、当時の「省線」の計画では、指宿―頴娃―枕崎を直接結び、山川には連絡しない予定だったらしい。山川にとっては死活問題である。そこで南海鉄道は将来国による買い取りも見込み、指宿―山川―頴娃―枕崎間の計画を立てた。しかし資金不足で、建設は取りやめになっている（1933年12月免許失効）。

このうち耕が関わったのは南薩鉄道と薩南中央鉄道で、南海鉄道に関与していた形跡は今のところ見当たらない。当時は「昭和金融恐慌」の影響もあって、鉄道延長はもとより、経営も困難だったようである。耕が出した建議（一部抜粋）は次の通りである。

「〔南薩鉄道と薩南中央鉄道は―筆者注〕現下ノ経済的趨勢ヨリ其ノ経営漸次困難ヲ来シツツアリテ、完全ナル交通機関ノ能力ヲ発揮スルコトヲ得サルノ状況ニアリ。面《ママ》シテ、此ノ線ハ将来国有鉄道網ノ一部ニ該当スルモノニシテ、結局、国有ト為ルヘキハ勿論ニシテ、今ヤ唯其ノ時機ノ問題タルニ帰着スルヲ以テ、経済界ノ現況ニ鑑ミ、地方発展ヲ期シ、且省線培養ノ能力ヲ増進セシメ、経営難救済ノ為、一日モ早ク本鉄道ヲ買収セラレムコトヲ望ム」（句読点を追加した）[259]。

耕は、両鉄道が抱える問題を、国有化によって解決しようと試みたのであった。

第72回　南薩鉄道延長へ

耕は、南薩鉄道と薩南中央鉄道を国有化する建議案を、1928（昭和3）年4月の第55回帝国議会に提出している。しかし、国有化は実現しなかった。

南薩鉄道の加世田―枕崎間の延長は、長い間の懸案になっていた。1912（明治45）年4月、伊集院―枕崎間の鉄道敷設の免許状が下付されると、鮫島慶彦は同年7月に南薩鉄道を設立し、自ら社長に就任して鉄道建設にあたった。1914（大正3）年5月には伊集院―加世田間が開通したが、枕崎延長工事は資金不足などで一向に進まなかった。

鉄道敷設の免許には期限があり、期間内に工事を開始しなければ免許は失効する。南薩鉄道では枕崎延長工事の期限延期申請を繰り返したが、1925（大正14）年2月、ついに免許は失効してしまった[260]。耕が建議案を出した時は、免許もなく、「昭和金融恐慌」下で資金集めも困難な時期であった。

加世田―枕崎延長計画は14年間も頓挫している。1年生議員が提出した一片の建議案で、この問題が解決

南さつま市加世田の竹田神社にある鮫島慶彦の胸像

するとは考えにくい。

しかし、耕はあきらめなかった。国を動かせなかった耕は、今度は地元を動かしはじめたのである。1928年6月13日、枕崎では「加世田枕崎間南薩鉄道延長協議会」が開催され、町会議員らが協議を行っている(261)。そして6月29日、耕は、枕崎町長の今給黎誠吾、加世田町長の土持甚左衛門、西南方村長の鹿島国治、南薩鉄道関係者などを、鹿児島市薬師町にあった鮫島慶彦の別邸に集めた。当時、枕崎延長の総経費は120万円と見込まれていて、この会合で、枕崎・加世田・西南方の3町村が6万円をだし、県から6万円の補助金を得て、残りは借入金や新規株式発行等で対応する方針が決まった。つまり、総経費の1割12万円を公的資金によって確保したことになる(262)。

7月、南薩鉄道は鉄道省に加世田―枕崎間の鉄道敷設免許の申請を行い、8月30日に認可された(263)。9月20日には南薩鉄道の臨時株主総会が開催され、議長を務めた社長の慶彦自ら延長に関する目論見書などの説明を行い、満場一致で延長が決定された(264)。耕が議員当選してからわずか7カ月のことである。14年間止まっていた時計の針が、再び動き始めた。慶彦も感無量だったはずである。

しかし、人生は無情である。10月8日、慶彦はこの世を去った(265)。加世田―枕崎間が開通したのは、1931(昭和6)年3月10日のことである。

後に、南薩鉄道は鹿児島交通南薩線と名前を変えたが、1984(昭和59)年3月に廃線となった。2014年は、南薩線廃止から30年、南薩鉄道伊集院―加世田間開通から100年目の節目の年にあたる。

だがこの間、耕と慶彦、耕と南薩鉄道の関係に焦点があてられることは、不思議となかったのである。

第73回　床次竹二郎

耕は、衆議院議員としてはどうだったのだろうか。

衆議院議員1期目（1928～30年）の耕は、第55回から第57回までの3回の帝国議会に参加しているが、なぜか毎回所属政党が変わっている。第55回は立憲民政党、第56回は新党倶楽部《クラブ》、第57回は立憲政友会の所属である。民政党と政友会と言えば、戦前における二大政党制を担った政党として有名で、耕が初当選した第16回衆議院議員総選挙は、両党が初めて対決した選挙であった。耕の1期目は、二大政党がしのぎを削った、日本政治史上極めて重要な時期と重なっている。

だが、耕がころころと党籍変更をくり返したのはなぜなのか。特に、相対する二つの政党に所属したのはなぜか。これは耕が、現在で言う政界再編の大波に巻き込まれた結果である。

耕と同一選挙区には、当時の大物政治家床次《とこなみ》竹二郎がいた。山口（長州）は、鹿児島（薩摩）とともに明治維新の立役者として知られるが、同時にこれまで最多の8人の総理大臣を輩出した地としても知られる。一方の鹿児島は、黒田清隆、松方正義、山本権兵衛の3人しかいない。そして床次は、この3人以外で最も

JR鹿児島中央駅前にある床次竹二郎の胸像

総理大臣の座に近づいた政治家の1人に含めても差し支えない人物であろう。

2期目の耕は、選挙でこの床次を次点におさえてトップ当選するが、それはまだ先である。もう少し床次の話を続ける。

床次は、平民宰相原敬に重用された人物で、原内閣では副首相格の内務大臣を務めた。1921（大正10）年11月、原首相が東京駅で暗殺された後、政友会の後継総裁候補には当然床次の名前があがっていた。しかし、総裁、そして総理の座についたのは、宮中席次の高い蔵相の高橋是清であった。

原内閣は、衆議院で第一党を占める政友会を与党に成立した、我が国初の本格的な政党内閣であった。しかし、希代の政治家原を失った政友会では内紛が続き、ついに高橋内閣は崩壊、その後には、加藤友三郎、山本権兵衛（第二次）、清浦奎吾を首班とする非政党内閣が続いた。

そして、清浦内閣への対応を巡って政友会はもめた。憲政擁護、政党内閣確立の立場から清浦内閣倒閣を目指す高橋是清と、非政党内閣であっても是々非々の立場で清浦内閣支持を主張する床次との対立は、ついに政友会の分裂をもたらした。1924（大正13）年1月、床次らは政友会を脱党し、新党の政友本党を立ち上げた。注目は、新党へ移籍する議員の数である。

当時の政友会に所属していた278人の議員のうち、政友本党に移った者は149人で、政友会に残留した129人を大きく上回った(266)。

床次の党内力学の読みは的確で、政友本党は第一党に躍り出た。だが、世論の動向を読み誤ったことに気付くまで、そう時間はかからなかったのである。

第74回　床次と耕

清浦奎吾内閣への対応は、当時の政界を大きく動かした。超然内閣とも言われた非政党内閣の清浦内閣を是々非々で支持し、与党的性格を持った床次竹二郎の政友本党。それに対して、憲政擁護、政党内閣成立の立場から、立憲政友会（高橋是清）、憲政会（加藤高明）、革新倶楽部《クラブ》（犬養毅）は、いわゆる護憲三派を結成し、第二次護憲運動を展開した。

衆議院で劣勢に立たされた清浦は、衆議院を解散した。総選挙の結果勝利したのは護憲三派で、憲政党の加藤高明を首班とする護憲三派内閣が誕生した。床次の政友本党は議席を１４９から１１１に減らしただけでなく、その翌年には30人を超す脱党者を出し、党勢に陰りが見え始めた[267]。床次は、憲政擁護を求める世論を読み誤ったのである。

耕（前列着席左から２番目）と床次（２列目右端）（原拓提供）

護憲三派内閣が行き詰まり、それまで協力していた憲政会と政友会の提携が終焉を迎えると、政友本党は古巣の政友会との協力の道を探った。だがうまくいかず、次いで憲政会との連携を模索した。その結果、１９２７（昭和２）年６月、政友本党と憲政会が合併し立憲民政党が誕生した。ここに、民政党と政友会による戦前の本格的な二大政党制が出現したのである。

ようやく、話を耕に戻せる。耕が初当選した1928（昭和3）年2月の選挙は、民政党結党後初となる国政選挙で、しかも憲政史上初の男子普通選挙である。さまざまな点が注目を浴びた。

第一に、政友会と民政党のどちらがより多くの議席を獲得するのか。結果は、政友会が217議席、民政党が216議席と、わずか1議席差であった。この時、初当選の耕も床次も民政党に属していた。

第二に、いわゆる無産政党がどの程度の議席を獲得するのかも注目された。結果は、無産政党8議席を含む小会派や無所属が合計30議席以上を獲得した。

政友会と民政党の議席数が拮抗《きっこう》している限り、無産政党を含む小会派や無所属議員がキャスティングボートを握ることになる。この事態に危機感を募らせた一部の層は、民政党顧問の床次への切り崩し工作を行ったようである(268)。

1928（昭和3）年8月、床次は民政党を脱党し、新党倶楽部を結成した。注目は床次新党へ移籍する議員数である。しかし結果は散々で、新党加入者が20人程度に過ぎないことが明らかになると、床次は鹿児島選出の民政党議員8人への勧誘を激化させた。結局この時に、8人全員が新党へ移籍している(269)。耕も民政党総裁浜口雄幸への脱党あいさつをすませると、床次新党へと移っていった(270)。

床次の民政党脱党によって政局は安定したが、床次自身は小規模政党の影響力に限界を感じたのであろう。1929（昭和4）年7月、床次は一年足らずで新党倶楽部を解消し、政友会に復帰した。この時耕も政友会へと移り、2度目の党籍変更を余儀なくされたのである(271)。

第75回　暗黒の海に光を

耕は、灯台などの航路標識設置にも大きな役割を果たした。

1969（昭和44）年に海上保安庁燈台部が編集し、燈光会（大正4年1月設立で航路標識に関する知識の普及活動などを行っている）が発行した『日本燈台史―100年の歩み』によると、耕の時代、日本は世界第3位の海運国だったにもかかわらず、日本の周辺海域は「暗黒の海」と呼ばれていたという[272]。航路標識が貧弱で、海難事故が多発していたからである。さらに当時、海外では電波を利用して船舶の位置を測定する無線方位信号所（当時は電波霧信号所と呼ばれていた）が整備されはじめていたが、日本の内地では財源不足のためにまだ設置されていなかった。

『日本燈台史』によると、1929（昭和4）年の第56回帝国議会において、「噸税法《とんぜいほう》」という法律が改正されたことにより、3年間の期間限定ながら航路標識設置の財源を確保できたという[273]。

同書では耕についての言及はないが、この法律改正案を審議した委員会の委員長を務めたのが、南洋漁場開拓事業で航路標識の重要性を熟知していた耕だったのである。ちなみにこの時期の耕は、床次竹二郎率い

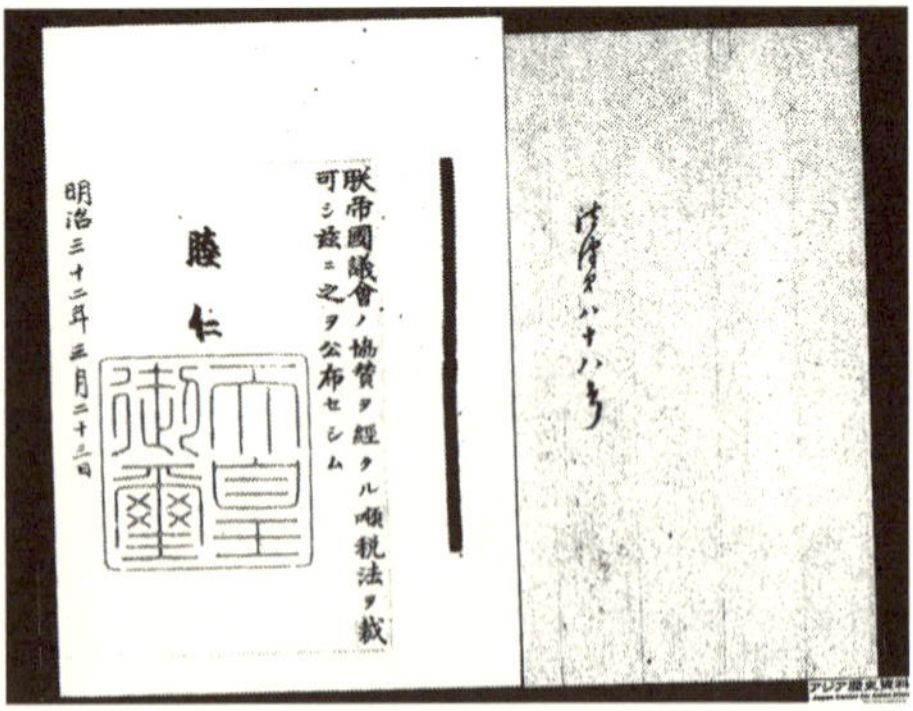
朕帝國議會ノ協賛ヲ經タル噸税法ヲ裁可シ茲ニ之ヲ公布セシム
睦仁
御璽
明治三十二年三月二十二日

1899年3月に公布された「噸税法」の御署名原本（国立公文書館蔵、アジア歴史資料センターより閲覧）

る新党倶楽部に属している。

噸税法とは、1899（明治32）年3月に公布された法律で、外国貿易に従事する国内外の船舶に対して、入港時にその大きさ1トン（もしくは10石）につき「5銭」納税させることを定めた法律である。また、1トンにつきまとめて「15銭」を支払うと、同一港に関しては、何度入港しても一年間税を免除された。

第56回帝国議会に提出された法律改正案は、「5銭」を「7銭」に、「15銭」を「21銭」へと四割増税するというものであった(274)。海難事故防止のため、航路標識設置の財源を確保するというのが改正案提出の理由だった。

だが、政府がどこまで航路標識設置に本気だったかは分からない。政府が提出した歳出計画によると、増税分から1年で50万円ずつ、3カ年計画で150万円を航路標識設置にあてるが、3カ年150万円を超える増収分は、航路標識設置以外の目的にも支出するという中途半端なものだったからである(275)。「暗黒の海」と呼ばれていた我が国の航路標識を整備するには、3カ年150万円では額も小さく、期間も短すぎた。本気ならば目的税化して、無期限に航路標識設置のみに使途を限定することもできたはずである。

そして、この件で注目したいのは、噸税法改正に耕がどのような役割を担ったのかである。なぜなら、「噸税法」は戦後の1957（昭和32）年3月に「とん税法」へと全部改正されるが、戦前期の改正は第56回帝国議会の1回だけしかない。

この1回だけの機会に、耕が委員長を務めたのは単なる偶然なのか、それとも耕がお膳立てした結果なのか。この点は、耕の政治家としての能力を評価する上で、極めて大きな論点を形成するのである。

第76回　委員長報告

噸税法《とんぜいほう》改正法案が第56回帝国議会衆議院本会議に提出されたのは、1929（昭和4）年1月25日のことであった。審議を付託されたのは、「噸税法中改正法律案外一件委員会」である。衆議院議長によって、この委員会を構成する9人のメンバーが指名されたが、この中に耕の名前も含まれていた。

第1回委員会が開催されたのは、4日後の29日のことだった。委員会のメンバーは、新党倶楽部（議席数30）に所属していた耕、そして与党政友会（議席数221）と野党民政党（議席数174）議員がそれぞれ4人ずつであった[276]。第1回委員会はわずか12分の会合で、無投票で委員長に耕が選出された。すべては事前に決められていたのであろう。

第2回目以降、本格的な審議が行われた。委員会での論点は次の通りである。

第一に、不況時に4割増税することの是非である。海運業者への負担が大きいことが問題になった。

第二に、増税に対する諸外国の対応についてである。日本が増税すれば、諸外国も増税する可能性が指摘された。

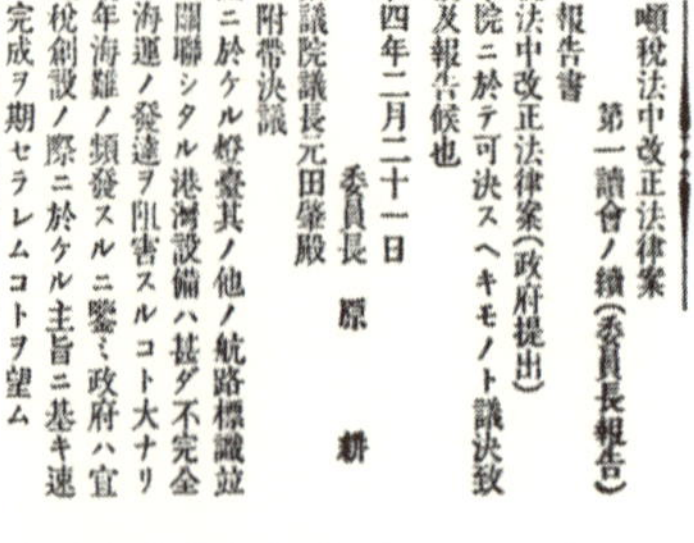
第九　噸税法中改正法律案
第一讀會ノ續（委員長報告）
報告書
一噸税法中改正法律案（政府提出）
右ハ本院ニ於テ可決スヘキモノト議決致候此段及報告候也
昭和四年二月二十一日
委員長　原　耕
衆議院議長元田肇殿
附帶決議
我ガ國ニ於ケル燈臺其ノ他ノ航路標識竝是レニ關聯シタル港灣設備ハ甚ダ不完全ニシテ海運ノ發達ヲ阻害スルコト大ナリ殊ニ近年海難ノ頻發スルニ鑑ミ政府ハ宜シク噸税創設ノ際ニ於ケル主旨ニ基キ速ニ其ノ完成ヲ期セラレムコトヲ望ム

耕が衆議院本会議に提出した委員長報告（国立国会図書館デジタル化資料より）

第三に、歳出計画が中途半端な点である。海難防止のための航路標識設置と言いながら、3カ年150万円ではその金額が小さく、期間が短いことへの質問が集中した。ある与党議員は政府案を「姑息《こそく》ナルモノ」と評価し、なぜ「灯台税」とでも言うべき目的税を創設して航路標識設置にあてないのかなど、厳しい質問が出されている。

第4回委員会では、与党議員から噸税法創設の趣旨に基づき、速やかに航路標識や港湾設備を整備して、海運事故を防ぐようにとの付帯決議がだされた。その後採決が行われたが、野党議員1人が欠席していたため、法案は賛成多数で可決された。

2月23日、耕は衆議院本会議で初めての委員長報告を行い、賛成多数で可決された。無事に大役を果たしたのであった(277)。

さて前回から保留しておいた、耕の任期中に噸税法改正法案が提出されたことが偶然なのか、それとも違うのかという問題である。

残念だが、この点に関しては現在断定できない。

次回紹介するように、法改正後、耕は草垣島灯台の建設に奔走する。こうした点も含めて、状況証拠的にはしぶる政府に噸税法改正案を提出させ、耕自ら審議委員長に就任するようにレールを敷いたようにも思える。もしそうならば、少数政党所属の1年生議員としては、驚くべき政治力を持っていたと言えよう。

しかし、この点を裏付ける文書資料が見つかっていない。わずか一行でも、数語でもいい、政治家の日記や当時の新聞雑誌にこの件の内幕が書かれていれば確定できるのだが、現在のところそうした資料を見つけられていないのである。

第77回　草垣島灯台

第56回帝国議会での噸税法《とんぜいほう》改正後、航路標識設置の財源が確保された。1929（昭和4）年からの「航路標識建設及改修3ヶ年計画」では、日本の内地初となる無線方位信号所（当時は電波霧信号所と呼ばれた）3カ所、そして八つの新設灯台建設が計画されていた。そして、この八つの新設灯台の中に草垣島灯台が含まれている[278]。

草垣島灯台は、枕崎から西南西約90キロの地点にある重要な航路標識である。

例えば、中東からマラッカ海峡を通過して北上した船舶のルートには、台湾、沖縄、奄美大島の東側を航行するルートと、西側を通るルートの二つがある。台風などの影響で太平洋の波が荒い時などは、多くの船舶は西側ルートを通って北上し、大隅海峡を通って東シナ海から太平洋へ抜ける。この時、大隅海峡へ入る重要な標識となるのが、草垣島灯台である[279]。

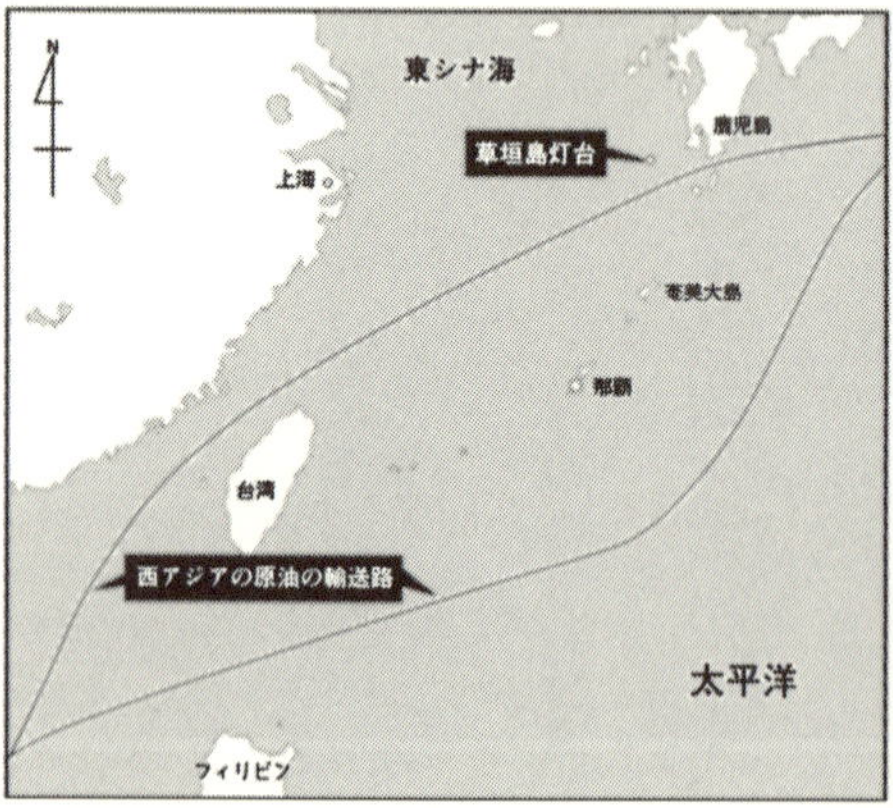

ソーラー化された草垣島灯台

そしてこの草垣島灯台整備に奔走したのが、耕であった。

国立公文書館に保管されている「故原耕位記追賜ノ件」では、次のように耕の業績が紹介されている。

「無人島草垣島ニ設置セラレタル逓信省燈台局所管ノ燈台ハ、同地方ノ航海運業者、漁業者ニ多大ノ便宜ヲ与ヘツツアル所ナルカ、之カ設置ニ関シテハ、〔原耕—筆者注〕氏カ衆議院議員トシテ在任中、当局官憲ヲ初メ関係地方ニ対シ折衝大ニ努ムル所アルシニ依ルモノトシテ、実施後ノ今日、各方面ニ多大ノ感謝ヲ受ケツツアリ、猶同時ニ設置ヲ見タル、川辺郡枕崎町ニ於ケル右草垣島燈台吏員退息所ハ、地元枕崎町ニ於テ、所要敷地ノ無償提供ヲナサシムル等、専ラ氏ノ斡旋尽力ノ結果ニ依ルモノニシテ、当該官憲ハ勿論、地元町民ニ於テモ又其設置ニ関シ多大ノ満足ヲ表シツツアリ」[280]（句読点を追加した）。

この草垣島灯台が初点灯したのは1932（昭和7）年7月3日のことだが、絶海の孤島での建設だけに、工事は困難を極めたという。さらに完成後も、灯台守が2週間交代で勤務し、1年間で一升瓶約6千本相当の軽油を用いてディーゼルエンジンで発電した[281]。台風などで人員交代が不可能な時には、その勤務期間は数十日間にも及んだという[282]。海運なくして私たちの生活は成り立たない。航海の安全のために、現在の海上保安庁（当時は逓信省）の職員は日夜苦労を重ねてきたのである。

2003（平成15）年12月9日、草垣島灯台は、当時で日本最大のソーラー灯台に生まれ変わった[283]。2011（平成23）年3月に、東京湾内にある第二海堡灯台のソーラー化により日本一の座を明け渡したが、草垣島灯台は現在でも2位の出力を誇っている（連載時）。

耕の業績は、南洋漁場開拓だけではない。耕が灯《とも》した火は、今も私たちの生活を支えてくれているのである。

第78回　遠洋漁業奨励法

第56回帝国議会において、耕は噸税法改正以外にも重要な動きを見せている。「遠洋漁業奨励法中改正法律案」の提出である[284]。

遠洋漁業奨励法とは、1897（明治30）年に公布され、1905（明治38）年に全部改正された法律である。全部改正以前は、「遠洋漁業」と言いながらも、実際の運用では日本近海に進出していた外国船によるラッコやオットセイ猟に対抗することが目的とされていた。だが改正後は奨励金率が増加され、字義通り日本漁船が遠洋（主に北洋）へと出漁することを後押しした[285]。

南洋漁場開拓者の耕が提出したのは、次のように極めて短い改正案であった。

「遠洋漁業奨励法中左ノ通改正ス

第五条第一項第四号ヲ左ノ如ク改メ第五号ヲ第六号ニ改ム

四　保蔵設備　評価額ノ十分ノ三以内

五　無線電信装置又ハ無線電話装置　評価額ノ十分ノ六以内」[286]

当時の第五条第一項第四号の条文が「保蔵設備、無線電信装置又ハ無線電話装置　評価額ノ十分ノ三以内」とあるので、耕の狙いが無線装置に関する助成率を10分の3から10分の6に引き上げることだったことが分かる。だがこの改正案は、審議未了で廃案となっている。

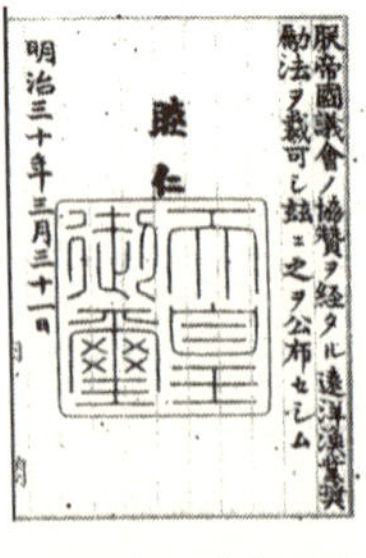
朕帝國議會ノ協賛ヲ経タル遠洋漁業奨勵法ヲ裁可シ茲ニ之ヲ公布セシム

睦仁

明治三十年三月三十一日

1897年に施行された「遠洋漁業奨励法」の御署名原本（国立公文書館蔵、アジア歴史資料センターより閲覧）

この件には不可解な点が多く、噸税法改正から草垣島灯台設置へと見せたような、政治家としての手腕の冴えが全く見受けられない。それどころか、次のような点を考慮にいれた場合、実にお粗末であったと言えよう。

第一に、なぜ耕は政府（具体的に農林省）に働きかけをして、政府から改正案を提出させなかったのか。少数政党所属の1年生議員が単独で改正案を提出して、可決される可能性をどの程度見込んでいたのか。遠洋漁業奨励法の全部改正以降、同法改正案は耕が提出したものも含めて全部で8回（政府提出6回、議員提出2回）提出されているが、審議未了で廃案になったのは、耕が提出した1回だけである。

第二に、改正法案提出時期である。耕が法案提出したのは、1929（昭和4）年2月21日のことである。この日は、耕が委員長を務めた「噸税法中改正法律案外一件委員会」で、噸税法改正案が可決された日である。委員長を経験した耕が、廃案となるような改正案を、なぜこの時期に提出したのか。

第三に、改正案の内容である。耕が無線電信装置への配分率増加にしぼって法案を提出したのはなぜか。その理由が良く分からない。当時の耕は、第55回と第56回帝国議会に「漁業奨励ニ関スル建議案」を提出しているが、この建議案は南洋漁場開拓をした耕以外に書けない内容で、米領フィリピン、蘭領東インドが日本人漁業者に課してくる高額の入国税への助成や、現地で製造された水産加工品への関税免除を建議している。この建議案と改正案を比較した場合、改正案には耕の熱意が全く感じられない。

耕は何がしたかったのか。

前後の経緯を調べていくと、耕の狙いが法律改正とは別の所にあったことが明らかになってくるのである。

第79回　衆議院本会議にて

耕が第56回帝国議会に遠洋漁業奨励法改正案を単独で提出した本当の狙い、それは衆議院本会議の場で南洋漁業の重要性を直接アピールすることにあった。法案提出者は、本会議で法案提出の趣旨弁明を行うことができたのである。

耕は、無線通信設備への助成率を10分の3から10分の6へと引き上げるという、可決されてもされなくても良いような改正案を提出し、趣旨弁明の機会を得て、改正案とは直接関係のない南洋漁業についての演説を行ったのである。もし耕が政府（農林省）に働きかけをして法案を提出させた場合、法案は可決されやすくなるが、趣旨弁明を行うのは担当大臣で、耕ではない。

このように説明すると耕の動きは単純に見えるかもしれない。しかし第56回帝国議会では、「満州某重大事件（張作霖爆殺事件）」をはじめ、多くの問題が議論されている。そんななか、少数政党所属の無名の1年生議員が、当時誰も関心を持っていなかった南洋漁業について、本会議の場で演説する機会を得たのである。耕は、根回しに奔走したに違いない。そして1929（昭和4）年3月18日、その日が訪れた。

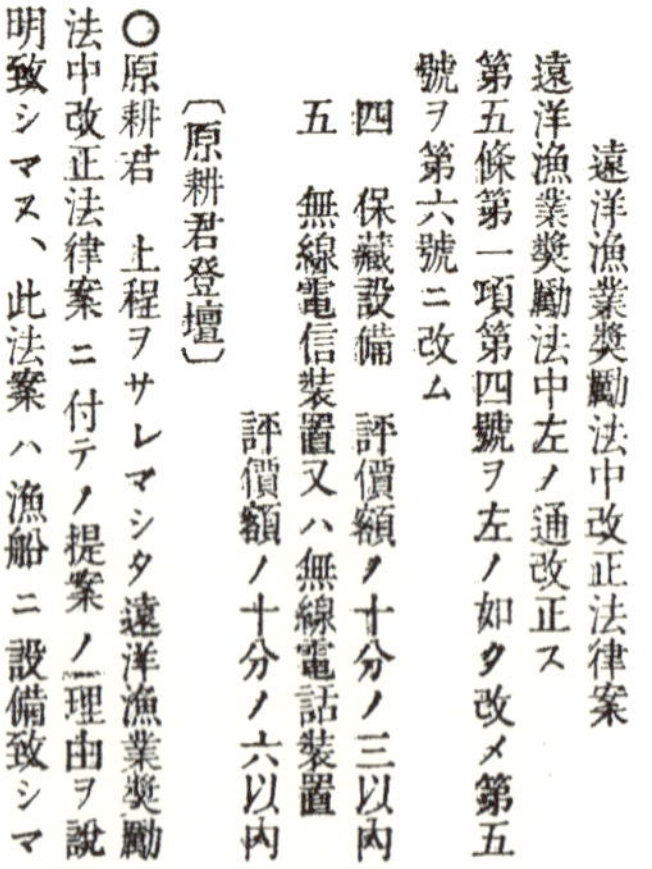
遠洋漁業奬勵法中改正法律案
遠洋漁業奬勵法中左ノ通改正ス
第五條第一項第四號ヲ左ノ如ク改メ第五號ヲ第六號ニ改ム
四　保藏設備　評價額ノ十分ノ三以內
五　無線電信裝置又ハ無線電話裝置　評價額ノ十分ノ六以內
〔原耕君登壇〕
○原耕君　上程ヲサレマシタ遠洋漁業奬勵法中改正法律案ニ付テノ提案ノ理由ヲ說明致シマヌ、此法案ハ漁船ニ設備致シマ

耕が提出した「遠洋漁業奨励法中改正法律案」（国立国会図書館デジタル化資料より）

だが残念なことに、耕の出番の少し前に、憲政史上に残るある重要な論戦が行われたため、南洋漁業に関する演説はほとんど注目されなかった可能性が高い。

第56回帝国議会会期中、無産政党の山本宣治が暗殺された。山本の葬儀は警察による徹底的な妨害にさらされ、この点に関して無産政党代議士の浅原健三が「警察権行使ニ関スル緊急質問」を提出し、本会議で政府を問い詰めたのである。

議事録を見ると、この日は次々に議題変更の緊急動議が出され、耕の出番は遅れに遅れた。耕がどのような気持ちで発言の機会を待ったのかは分からない。

だが、ついに出番が回ってきた。

清瀬一郎副議長の、「日程第九、遠洋漁業奨励法中改正法律案ノ第一読会《どっかい》ヲ開キマス、提出者ノ趣旨弁明ヲ許シマス、原耕君」[287]の声で耕は登壇した。噸税法改正の委員長報告に続いて、二度目である。

耕はその演説を、「上程ヲサレマシタ遠洋漁業奨励法中改正法律案ニ付テノ提案ノ理由ヲ説明致シマス、此法案ハ漁船ニ設備致シマス所ノ無線電信及電話ノ費目ニ対シテ、政府ハ十分ノ三ヲ与フルト云フコトニナッテ居ルノデアリマス、補助金ヲ増額致シマシテ、十分ノ六ニ改メタイ」[288]と始めている。

衆議院議事速記録に記録されている耕の演説は約5700字で、仮に1分間に300字のスピードで読んだとすると、南洋漁業について19分間発言したことになる。

耕の演説中、無線電信装置への助成率増額についての言及はわずか318文字にすぎない。時間にして1分前後であったろう。そしていよいよ、耕は本題の南洋漁業についての演説に移っていくのである。

第80回　最大の狙い

私が知る限り、衆議院本会議で南洋漁業についての演説を行ったのは耕が最初である。約20分におよぶ耕の演説すべてを紹介することはできないが、当時耕が持っていた認識や、演説のポイントを以下にまとめておきたい。

第一に、日本漁業についての認識である。漁業は日本にとって重要な産業でありながら、唯一、北洋漁業のみ隆盛で、それ以外は乱獲などにより衰退しているとの見解を示した。

第二に、南洋は「無限の宝庫」と言うべき天与の漁場であること。漁獲高減少で困窮する漁民が進出すべき場所こそが、南洋であると主張している。耕が想定する南洋とは広大で、西はインドから東はニューギニア島、北はフィリピンから南はオーストラリアまでを指していた。

第三に、南洋漁業発展のためには、合法的な努力が必要なこと。資本、教育、法整備以外にも、特に政治の力が重要であり、政府、政党が率先して方針を打ち立てる必要性を主張していた。具体的には、外国が課す入国税に対して政府が助成することであった。当時、フィリピンは3カ月の滞在期間につき一人18円を、

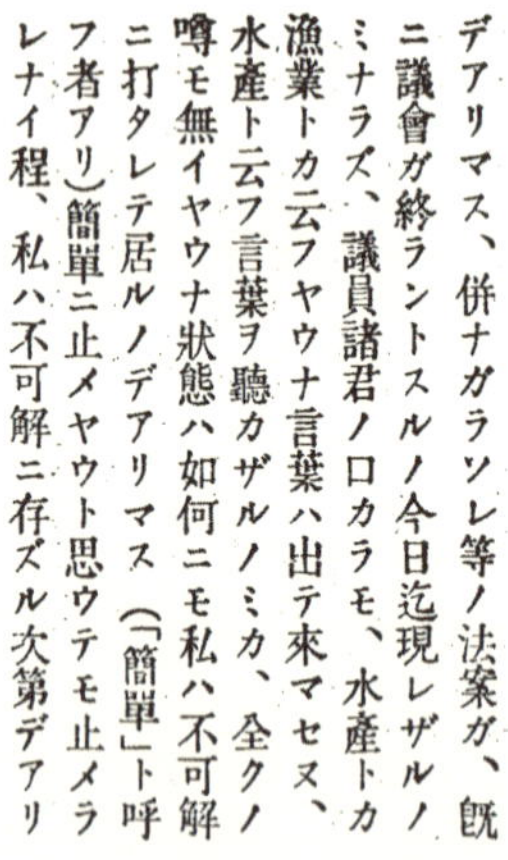
デアリマス、併ナガラソレ等ノ法案ガ、既ニ議會ガ終ラントスルノ今日迄現レザルノミナラズ、議員諸君ノ口カラモ、水産トカ漁業トカ云フヤウナ言葉ハ出テ來マセヌ、水産ト云フ言葉ヲ聽カザルノミカ、全クノ噂モ無イヤウナ状態ハ如何ニモ私ハ不可解ニ打タレテ居ルノデアリマス（「簡單」ト呼フ者アリ）簡單ニ止メヤウト思ウテモ止メラレナイ程、私ハ不可解ニ存ズル次第デアリ

第56回帝国議会衆議院議事速記録に残されている耕の演説（国立国会図書館デジタル化資料より）

蘭領東インドは6カ月の滞在期間につき一人100円の高額な入国税を課していた。

第四に、市場の開拓である。南洋で生産される水産加工品を、日本内地だけでなく世界市場で販売する重要性を訴えていた。南洋漁業が隆盛になれば、日本内地の漁業者に脅威を与えるという意見に対する反論でもある。

第五に、政治家たちへの啓蒙《けいもう》である。いや、啓蒙などという生やさしいものではない。1年生議員が並み居る政治家たちに苦言を呈したのである。聞いていた政治家たちも耳が痛かったのだろう、演説の最中に「簡単」にとの野次《やじ》が飛んでいる。だがそんな野次も、「簡単ニ止メヨウト思ウテモ止メラレナイ」と受け流し、さらに次のように追い打ちをかけている。

「平素先輩ヲ以テ気取ル偉イ諸君ガ、〔漁村衰退、水産問題など―筆者注〕斯様《かよう》ナル重大問題ニ付テ一言モ発セラレナイト云フコトハ、不思議ト言ウテモ話ニナラヌ感ジガ致スノデアリマス、政権ノ争奪モ必要デアラウ、党派根性モ宜《よろ》シカロウ、ケレドモ我ガ国民生活ニ立脚シタル政治ガ、果シテ行ハレテ居ルヤ否ヤ、少ナクトモ我ガ日本ノ漁民ニ対シテ公平ヲ欠カザルヤ否ヤ、如何トナレバ我ガ日本国ノ今日アルハ我ガ国体ヲ知ルカラデアル、日本ノ地理地勢ヲ弁《わきま》ヘルカラデアル、日本ハ海国デアル、海国デアッテ海洋ノ利用、海洋ノ方策ヲ忘ルベキ筈ノモノデナイ、英国ノ今日ノ隆盛モ、和蘭《オランダ》ノ存在モ、皆是海洋ノ賜デアル」。

耕提出の改正案は、政府提出の「国際汽船株式会社ノ整理ニ関スル法律案」他を審議する委員会に付託されたが、同委員会では一切審議されないまま廃案となった。しかし耕にとって、漁業問題、海洋政策について本会議で演説することこそが最大の狙いだったはずである。だがそれが、どれだけ他の政治家に響いたかは定かではないのだが。

第81回　ある疑惑

第56回帝国議会開会前に、耕は「南洋漁業株式会社」設立構想を発表し、実現に向けて主に二つの方面への働きかけを強めていた。

一つはいわゆる政官財で、影響力が強い政治家、官僚、財界人から、南洋漁業に対する支援を取りつけることにあった。前回紹介した衆議院本会議での演説は、この一環である。

もう一つの方向は全く逆で、全国津々浦々の漁師に対して南洋漁業の魅力を伝えることであった。耕が計画していた大規模事業には、多額の資本金と同時に、現場で働く労働力が必要となってくる。たとえ多額の助成金や資本金が集まっても、日本から遠く離れた南洋の海域で長期間にわたって鰹を獲る人手が確保できなければ、耕の事業は絵空事となってしまう。

言うなれば耕は、南洋漁業に必要な「頭」と「手足」の両方のおさえにかかったのである。

まず「頭」に関して言えば、耕は「南洋漁業株式会社」設立に関して、農林大臣山本悌二郎の支援を取り付けた。そしてさらに、当時の首相田中義一の了解も得ていたようである。耕は、国会議員という立場を最

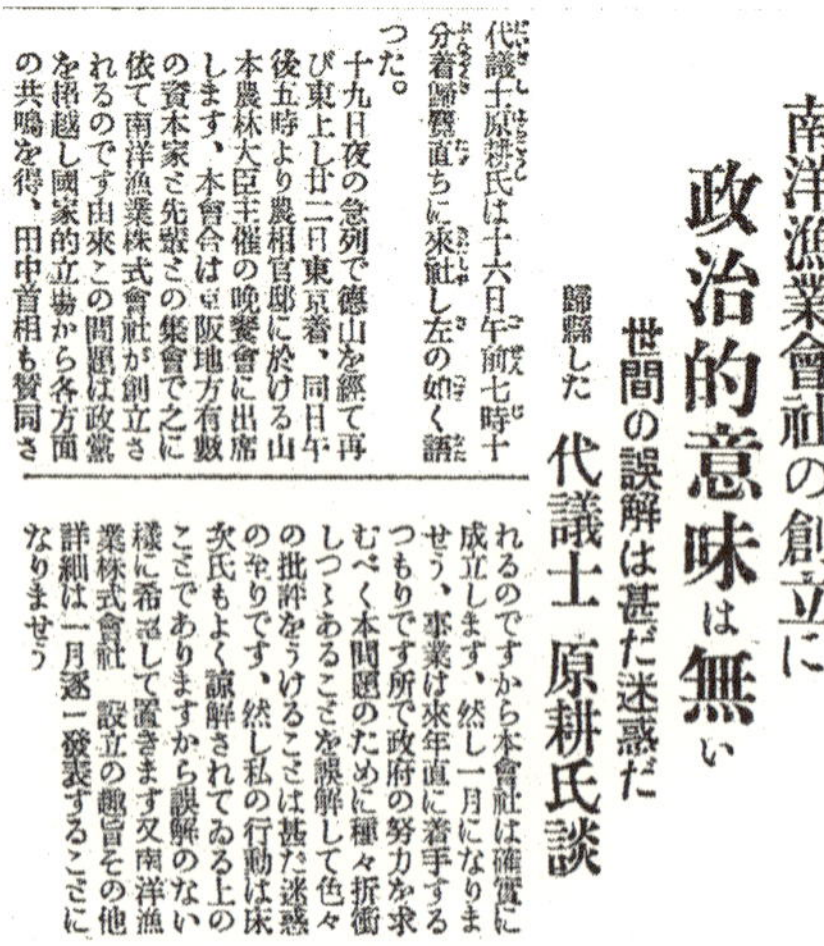
南洋漁業會社の創立に
政治的意味は無い
世間の誤解は甚だ迷惑だ
歸縣した 代議士 原耕氏談

代議士《だいぎし》原耕《はらこう》氏は十六日午前《ごぜん》七時《じ》十分着《ぶんちやく》歸縣《きけん》直《ただ》ちに來社《らいしや》し左《さ》の如《ごと》く語《かた》つた。

十九日夜の急列で德山を經て再び東上し廿二日東京着、同日午後五時より農相官邸に於ける山本農林大臣主催の晩餐會に出席します、本會合は京阪地方有數の資本家と先輩との集會で之に依て南洋漁業株式會社が創立されるのです由來この問題は政黨を超越し國家的立場から各方面の共鳴を得、田中首相も賛同されるのですから本會社は確實に成立します、然し一月になりませう、事業は來年直に着手するつもりです所で政府の努力を求むべく本問題のために種々折衝しつゝあることを誤解して色々の批評をうけることは甚だ迷惑の至りです、然し私の行動は床次氏もよく諒解されてゐる上のことでありますから誤解のない樣に希望して置きます又南洋漁業株式會社　設立の趣旨その他詳細は一月遂一發表することになりませう

耕の疑惑について報じる『鹿児島新聞』
1928年12月18日1面

大隈に利用して、積極的に動いたのである。

しかし耕の動きは、思わぬ疑惑を受けることになった。ここで当時の政局を思い出して欲しい。政権を握っていたのは田中義一総裁率いる立憲政友会であり、耕は、床次竹二郎率いる少数政党の新党倶楽部《クラブ》（議員の約三分の一は鹿児島県選出議員）に属していた。耕の南洋漁業推進の動きが、政友会政権へのすり寄り、もしくは政友会による新党倶楽部への切り崩し工作と見られたのであった。

1928（昭和3）年12月18日付の『鹿児島新聞』に、この件に関する記事がでている。しかも1面に。見出しの「南洋漁業会社の創立に政治的意味は無い　世間の誤解は甚だ迷惑だ　帰県した代議士原耕氏談」を見ると、耕への疑惑がかなり高まっていたことが伺える。耕は、次のような談話を出している。

「廿二日《にじゅうに》東京着、同日午後五時より農相官邸に於ける山本農林大臣主催の晩餐会《ばんさんかい》に出席します。本会合は、京阪地方有数の資本家と先輩との集会で、之に依て南洋漁業株式会社が創立されるのです。由来この問題は政党を超越し、国家的立場から各方面の共鳴を得、田中首相も賛同されるのですから本会社は確実に成立します。（中略）政府の努力を求むべく、本問題のために種々折衝しつゝあることを誤解して、色々の批評をうけることは甚だ迷惑の至りです、然し私の行動は床次氏もよく諒解されている上のことでありますから、誤解のない様に希望して置きます」(289)（句読点を追加した）。

後に本会議で、耕が「政権ノ争奪モ必要デアラウ、党派根性モ宜《よろ》シカロウ」と演説したことはすでに紹介した通りだが、こうした疑念は煩わしいばかりであったろう。耕の気持ちが痛いほど分かる。

しかしそんな疑念もはねのけて、耕は予定通り、山本農相による南洋漁業のための会合開催にこぎ着けたのであった。

第82回　農相主催の会合

1928（昭和3）年12月22日、農林大臣山本悌二郎は、政官財の要人を招待して、耕の「南洋漁業株式会社」設立のための準備会合を開催した。場所は九段坂上の農林大臣官邸（元山県有朋の私邸、現在の農林水産省分庁舎）である(290)。

農林省からは政務次官東武、参与官砂田重政、水産局長長瀬貞一が参加している。財界からは、村上隆吉（農商務省時代の水産局長を経て、帝国水産会、中央水産会会長を歴任）、池邊龍一（東洋拓殖株式会社総裁）、鈴木三郎助（味の素の前身鈴木商店創始者）、堤清六（日露漁業株式会社創始者）などが参加している。

そしてこの時の参加者のなかでもとりわけ注目したいのが、松江春次と植木憲吉である。松江は、日本が委任統治していたパラオなどの南洋群島で製糖業を行っていた南洋興発の社長で、後に南洋群島最大の水産会社「南興水産」を創業した人物である。もう一人の植木は、後に北ボルネオの「ボルネオ水産」代表取締役、そして日本水産株式会社社長になった経歴を持つ。こうした人物の目が、この会合をきっかけにして、南洋漁業へと向けられることになったのである。

この席上、山本農相は「南洋の宝庫は先づ漁業より開発するか順序である、然るに今日まで之が等閑に付せられたるは、その実情に通ずる者が少なかつたからである。併《しか》し斯《かか》る事業は政府の僅少なる経費を以てし

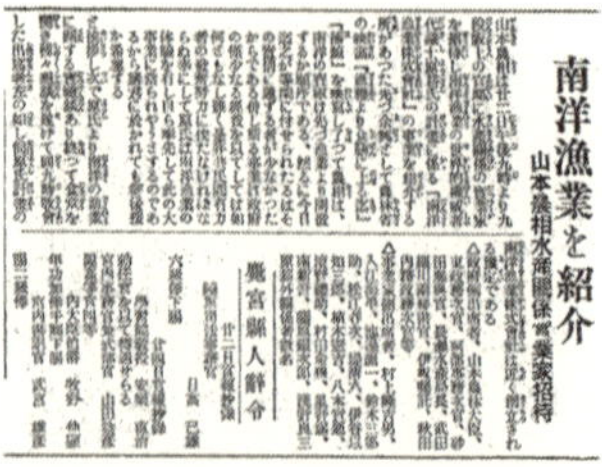
南洋漁業を紹介
山本農相水産關係實業家招待

耕のために山本農相が参加した会合について報じる『鹿児島新聞』1929年4月7日3面

ては如何ともなし難く、是非共民間有力者の発奮努力に俟《ま》たなければならぬ。幸にして、原氏は南洋漁業の体験を有し自ら率先して此の大事業に当られやうとするのであるから、諸君に於かれても御後援を希望する」(291)（句読点を追加した）とあいさつした。農相が、耕の思いをきっちりと代弁してくれたのである。

そしてこの会合から約3カ月が過ぎた1929（昭和4）年4月3日、耕は山本農相主催の会合への答礼を兼ねて、南洋漁業株式会社に関する会合を開催した。『鹿児島新聞』（4月7日3面）によると、この会合にも政官財の要人ら約100人が参加し、山本農相がまたしても1時間にわたって耕の南洋漁業開拓事業についての演説を行っている(292)。

また同じ紙面には、農林省の新造試験船「白鳳丸《はくほう》」が1928年12月から1929年3月まで行った南洋漁業調査についての記事もでていることから、こうした農林省による南洋漁業調査が、耕の事業に触発されて開始されたものだったことが推測できる(293)。ちなみにこの時の「白鳳丸」船長が、鹿児島大学水産学部の初代学部長山本清内で、同調査には、後に南洋漁業について多くの論考を執筆する下田杢一も参加していた。「白鳳丸」の調査は、当時の水産雑誌『水産』、『水政』などでも取りあげられ、南洋漁業への注目が高まる契機にもなっていった(294)。

この当時の耕の動静を注意深く見ていくと、政官財、水産専門技師の目を、巧みに南洋漁業へと向けさせることに成功している。見事としか言いようがない。

そんな耕にとっての次なる課題は、一般の人々、そして何より南洋で実際に鰹漁に従事する漁師に向けて、南洋漁業の有望性をアピールすることであった。

第83回　ラジオと小冊子

耕は、一般の人々に向けても、南洋漁業の重要性について訴えかけている。

1928（昭和3）年6月、社団法人日本放送協会（現在のNHKの前身）熊本放送局が開局し、九州で初めてラジオ放送が開始された。衆議院議員だった耕は、開局後まもない8月13日、さっそくラジオを通じて南洋漁業の有望性について講演した。この時耕はすでに52歳になっていたが、新技術を次から次へと利用するあたりはさすがである。

耕はこの時のラジオ放送の要旨に加筆修正を加えて、『南洋の鰹漁業に就《つい》て』（全14頁）という小冊子を作成した(295)。耕は他にも、『南洋の鰹漁業（其貳）』（全9頁）および、漁師向けの小冊子を発行しているが、この3冊は南洋漁業に関する耕の3部作と言って良いものである(296)。

『南洋の鰹漁業に就て』では、耕が南洋漁業をどのように認識していたのか、政治家として政府に何を要望するのか、南洋漁業についての現在の課題と将来的な展望などが、かなり明確に書かれている。

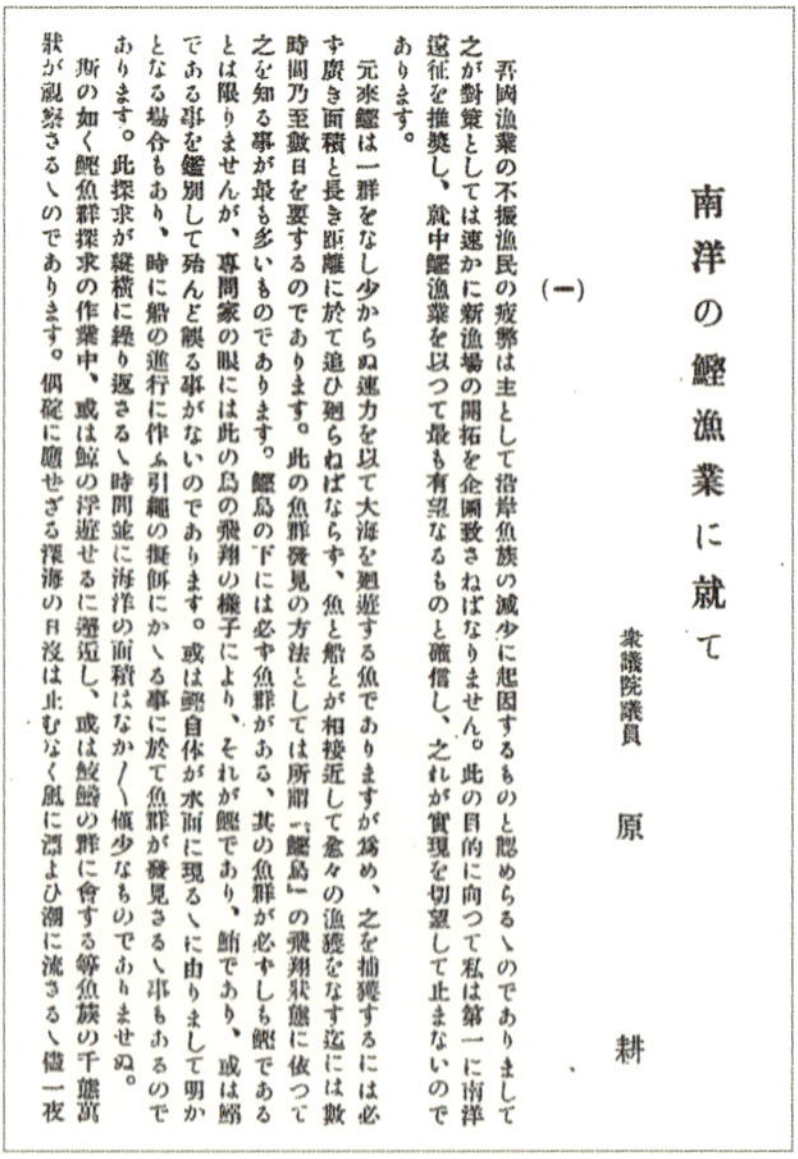
南洋の鰹漁業に就て

衆議院議員　原　耕

（一）

吾國漁業の不振漁民の疲弊は主として沿岸魚族の減少に起因するものと認めらるゝのでありまして之が對策としては速かに新漁場の開拓を企圖致さねばなりません。此の目的に向つて私は第一に南洋遠征を推奬し、就中鰹漁業を以つて最も有望なるものと確信し、之れが實現を切望して止まないのであります。

元來鰹は一群をなし少からぬ速力を以て大海を廻遊する魚でありますが爲め、之を捕獲するには必ず廣き面積と長き距離に於て追ひ廻らねばならず、魚と船とが相接近して益々の漁獲をなす迄には數時間乃至數日を要するのであります。此の魚群發見の方法としては所謂『鰹鳥』の飛翔狀態に依つて之を知る事が最も多いものであります。鰹鳥の下には必ず魚群がある、其の魚群が必ずしも鰹であるとは限りませんが、專門家の眼には此の鳥の飛翔の樣子により、それが鰹であり、鮪であり、或は鰯である事を鑑別して殆んど誤る事がないのであります。或は鰹自体が水面に現るゝに由りまして明かとなる場合もあり、時に船の進行に伴ふ引繩の擬餌にかゝる事に於て魚群が發見さるゝ事もあるのであります。此探求が縱横に繰り返さるゝ時間並に海洋の面積はなか〳〵僅少なものでありませぬ。

斯の如く鰹魚群探求の作業中、或は鯨の浮遊せるに邂逅し、或は鮫鱶の群に會する等魚族の千態萬狀が視察さるゝのであります。偶碇に應せざる深海の日沒は止むなく風に漂よひ潮に流さるゝ僅一夜

耕が作成した『南洋の鰹漁業に就て』

この冊子によると、南洋は無限の宝庫というべき天恵の漁場で、南洋で鰹漁を行えば、現在の漁獲高が5倍に増加すると見込んでいた。さらに南洋という場所についても不安を抱く必要はなく、気候もそれほど暑くはなく、海も穏やかで、陸上の衛生状態も良いと説明していた。

そんな南洋漁業をすすめていくうえで、政治家としての耕は、同冊子のなかで政府に対して以下の点を要望している。第一に、遠洋漁業奨励金を増額すること、第二に、フィリピンおよび蘭領東インドの入国税に対して助成すること、第三に、フィリピンおよび蘭領東インドへの汽船を増航すること、第四に、日本向けの水産加工品に対する関税を軽減すること、第五に、南洋は一般的に無風地帯なので船舶保険率を下げること、第六に、耕の言葉をそのまま引用すれば「南洋諸島に対して移民法の適用せらる、事」である。

そして耕は、南洋漁業におけるいくつかの課題にも言及している。

第一に、餌魚の確保である。大規模に鰹漁を行うためには活き餌が大量に必要だが、今のところは鰹漁と同時に餌魚漁も同時に行う必要があると述べている。しかし将来的には、現地住民による餌魚漁が盛んになるとの見通しを示している。

第二に、製氷設備の不備である。当時の南洋における製氷能力には限界があるために、自ら氷を製造する必要性を訴えていた。後に耕は、製氷設備整備のために政府から助成金を得ることに成功している。

第三に、漁師の士気を高め、その能力を発揮させることが最も困難であると述べている。特にホームシックに対処することは重要で、対策としては単なる理論ではなく、実地の訓練が必要との見解を示している。この課題を克服するためには、数年先を見据えて今から教育を行う必要があると述べている。資本が集まっても、政府の助成金がおりても、南洋に行く漁師が集まらなければ、南洋漁業はできないのである。

第84回　漁友諸君に訴ふ

耕は、南洋漁業3部作最後の小冊子に、『敢へて漁友諸君に訴ふ』というタイトルをつけた。政官財を「頭」とするならば、実際に南洋で鰹漁を行う漁師たちは「手足」である。小冊子につけられたタイトルからも明らかなように、耕は全国の漁師たちに向けて、直接語りかけたのである。「一緒に南洋へ行こう」と(297)。

南洋漁業3部作最後の小冊子は、他の二つの小冊子とは明らかにその性質が異なっている。漁師を読者として想定していたため、まず、すべての漢字にふりがなが振ってある。こうした気遣いはさすがである。そして、実際に漁師たちと南洋で生活を共にしたことのある耕である。『敢へて漁友諸君に訴ふ』のなかでは、南洋で手に入るタバコの種類なども紹介している。また、南洋に行く際に、実際に持っていく荷物にも言及がしてあったり、病気になった場合のことや、日本への一時帰国などについても明記してあり、可能な限り、漁師たちに不安を与えないような内容になっている。

耕がこの冊子によって漁師たちに伝えようとしたことは主に二つである。

第一に、耕がこれまで漁師の地位向上、劣悪な船上生活改善に努めてきたことである。『無限の宝庫』で鰹漁の様子を広く一般に知らせたり、大型船「千代丸」建造に際し、漁師が雨露をしのぐ設備等を整備した

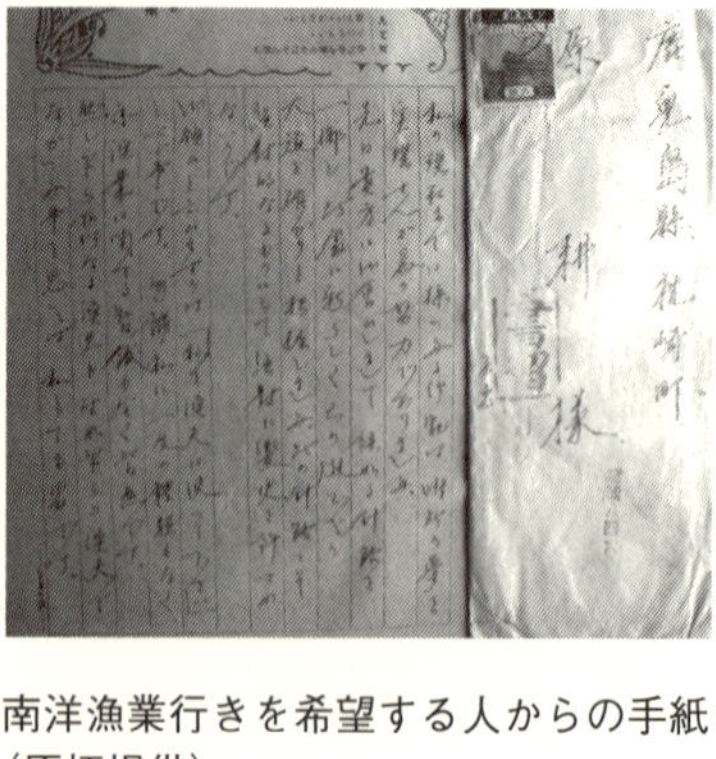

南洋漁業行きを希望する人からの手紙
（原拓提供）

りしたことを主張した。

第二に、南洋で漁を行うことが、すなわち、国家への貢献であるという図式を、漁師たちに提示したことである。

「〔山本農相他、政官財が南洋漁業に注目していることについて――筆者注〕此くの如く漁業が重要視せられ、国家的大事業であることが一般に認識せられましたのは、是全く漁友諸君の不断の努力奮闘の賜物であつて、諸君の社会的地位の向上したことを示す訳であります。実に我が国の将来は海上であり、海外であります。漁友諸君は之が先鋒となつて進むのでありますから、大に自重すると共に益々奮励する必要があります」。

「されば世を思ひ、国家を思ふ人士よ、吾等と志を同じうする諸君よ、何卒来つて此の雄々しき南洋遠征の壮途に加盟せられよ。南洋常夏の楽園、椰子《やし》の樹陰微風そよ吹く天下の好境は、今しも諸君の来ることを待つて居ります。いざ行かん、海国男児よ日章旗を舳《へさき》に高く掲げて、勇ましく舟出せん」。

耕の遺族のもとには、南洋漁業行きを希望する人々からの手紙や履歴書が残されている。その中には、漁業の経験がない人物からの、「私を漁夫に使って下さい」とか、「如何なる漁夫も、生まれ乍《なが》らの漁夫でなかった事を思へば、私とても男です」と書かれた手紙もある。こうしたことから考えて、耕の訴えは、漁師以外の人々にも少なからぬ影響力をもっていたようである。

第85回　政治の季節

耕が南洋漁業のために奔走していた時期は、立憲政友会と立憲民政党の二大政党がしのぎを削った時期でもあった。政局の変動が激しかった政治の季節に、耕はどのような動きを見せたのだろうか。

耕が民政党議員として初当選した１９２８（昭和３）年２月の第16回衆議院議員総選挙は、政友会と民政党が初めて激突した選挙で、結果は政友会が２１７議席、民政党が２１６議席という僅差であった。この時、鹿児島選出の大物政治家床次竹二郎が民政党を脱党し、新党倶楽部《クラブ》を立ち上げ、耕も床次新党へ移ったことはすでに紹介した通りである。

床次は、政友会で原敬の右腕と呼ばれた男である。議員数わずか30人の少数政党に限界を感じたのであろう。第56回帝国議会前後の時期、床次は古巣の政友会との提携を目指しながら、あくまでも総理への道を模索していた。

政局の変動は、第56回帝国議会が閉会した約3カ月後に起こった。当時の総理大臣田中義一（政友会総裁）が、満州某重大事件（張作霖爆殺事件）の処理を巡って昭和天皇の不興を買い、１９２９（昭和４）年７月２日に総辞職したのである。

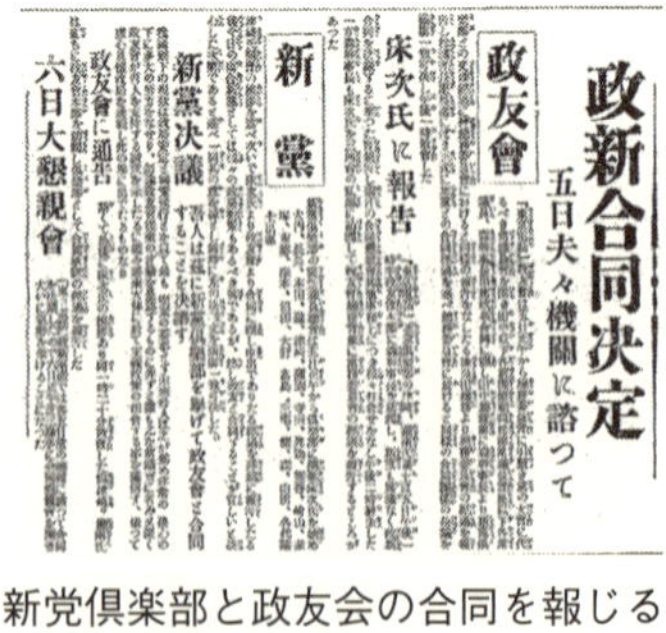
政新合同決定
五日夫々機關に諮つて
政友會
床次氏に報告
新黨
新黨決議
政友會に通告
六日大懇親會

新党倶楽部と政友会の合同を報じる
『鹿児島新聞』1929年7月6日1面

後継首相として民政党の浜口雄幸に大命が降下し、その日のうちに浜口は組閣をすませた。こうした事態を受けて、7月5日、床次は新党倶楽部を解消して政友会との合同を果たした。

その約3カ月後の9月29日、今度は政友会総裁田中義一が急逝し、その後継を巡って床次を含む党内実力者の間で激闘が繰り広げられた。結局、新総裁には政界最長老、「憲政の神様」犬養毅が就任し、床次はまた総裁の座を逃した。

新党倶楽部を取り込んだ野党政友会の議席数は214に増えた。その一方、民政党は議席数わずか171の少数与党であった。議席数において上回る野党政友会は、12月から開催された第57回帝国議会において攻勢を強めていった。浜口は衆議院を解散し総選挙に打って出た。選挙結果は民政党が273議席と大躍進し、政友会は174議席と惨敗した。この選挙に耕は政友会から立候補して落選するのだが、この件は後段で紹介するとして、話をいったん新党倶楽部と政友会の合同時に戻す。

鹿児島選出議員のほとんどは新党倶楽部の所属であった。次々と地元鹿児島に入り、政友会との合同への支持を訴えた。普通選挙の時代ゆえに、一般大衆からの支持を得ておく必要があったのである。

この政局の変動期、耕はどのような行動をとったのだろうか。混沌《こんとん》とした政局の中では、どの派閥に所属するのか、どのように有権者からの支持を獲得するのかは、政治家生命にとって極めて重要な問題である。

しかし実は、耕は政治的な行動を一切おこしていない。というか、おこしたくてもおこせなかったのである。なぜなら耕は、漁師たちを引き連れて2回目の南洋漁場開拓事業に出掛けていたからである。

耕が出発したのは、田中内閣総辞職1カ月前の6月1日のことで、12月に帰国した時、新党倶楽部は消えて無くなっていたのであった。

第86回　再度、南洋へ

1929（昭和4）年6月1日、耕は2回目の南洋漁場開拓事業へと出発した。調査が主な目的だった第1回目とは異なり、今回は実際に事業を開始するための南洋行きである。

山本悌二郎農林大臣の肝《きも》煎《い》りで、耕が政官財とのパイプを強化したことはすでに紹介した通りである。こうした行動が実り、岸本汽船という会社が耕の事業に対して200万円の出資を打診していた。日本銀行が公表している「企業物価指数」をもとに当時の200万円を2013（平成25）年の貨幣価値に換算すると、なんと約13億円にもなる。耕が南洋漁業のためにどれだけ奔走したのか、この金額からもその一端が伺える。岸本汽船は200万円出資の可否を判断するために、社員3人を派遣した。

第2回目のこの時、耕はすでにアンボンにおける造船所および製氷所建設を計画していた。そのため岸本汽船社員3人以外にも、枕崎造船所の社長ら2人を南洋に同行させた。こうした人物たちの目の前で鰹を釣りに釣って南洋漁業の有望性をアピールし、出資話を実現させることが今回の最大の目的の一つであった。第1回目の事業で鰹が獲れることは調査済みである。耕も自信があったに違いない。

しかし、さすがにこれら企業人5人を鰹漁船に乗せることには気がひけたのであろう、大型汽船で蘭領東

再び南洋へ向かう耕の送別会を報じる『鹿児島新聞』1929年6月1日1面

インドのマナドに向かわせ、そこで耕の一行と合流する手はずを整えた。

ここで、1927（昭和2）年に行われた第1回目と、今回の第2回目の南洋漁業開拓事業を比較して、共通点と相違点を紹介しておこう。

まず共通点だが、第一に、政治家になっても、耕が愛船「千代丸」に乗って南洋へ向かったことである。第二に、耕の心意気が何一つ変わっていないことである。現役国会議員自ら100トン足らずの鰹漁船に乗り込んで南洋に向かうなど、前代未聞のことであったろう。第三に、今回も水産試験場から岸良精一が参加している。岸良が残した記録によって、事業の様子をかなり詳しく知ることができる。第四に、出発日が2回とも6月1日だったことである。このことから、この日を鰹漁業記念日に制定せよとの意見がでたほどであった(298)。

次に相違点だが、第一に、第1回目の時、耕はまだ衆議院議員に当選していなかった。南洋に出かける耕の一行は、一度鹿児島市まで出向き、鹿児島県知事をはじめとする各界の著名人にあいさつをした。しかし今回は逆である。県知事はじめ各界の著名人が枕崎まで足を運び、耕の出発を見送っている(299)。第二に、第1回の時には「千代丸」と「八阪丸」の2隻が参加したが、今回は「千代丸」1隻での南洋行きになった。参加人数は当時の資料や新聞によって数字が異なるため正確な数は確定できないが、漁師と鰹節加工業者あわせて65人前後だったようである(300)。

南洋へと出発する日、枕崎港には黒山の人だかりができていた。人々は口々に万歳を唱えながら、日の丸を振って「千代丸」の出航を見送ったのであった。

第87回　2度目の南洋

1929（昭和4）年6月1日に枕崎を出港した「千代丸」は、沖縄までの海域で鰹漁をしながら沖縄に向かった。獲った鰹を沖縄で売却して事業資金とするためであったが、前回同様この海域での鰹漁は不漁に終わっている。

2年前の第1回南洋漁場開拓事業では、沖縄から日本が委任統治していた南洋群島のパラオへと向かった。しかし第2回目の今回は、沖縄から直接蘭領東インドの海域へと進み、最終目的地のアンボンを目指したのである。

まず耕が立ち寄ったのは、蘭印サンギヘ諸島のタルナ港である。ここへは、6月19日に到着している[301]。第1回南洋漁場開拓事業から帰国する際に、耕はタルナ港の倉庫に八田網（鰹漁に必須となるイワシなどの活き餌を獲るための大型の網）や鰹節製造用具一式などを預けていた。これらの道具を引き出す必要があったからである。

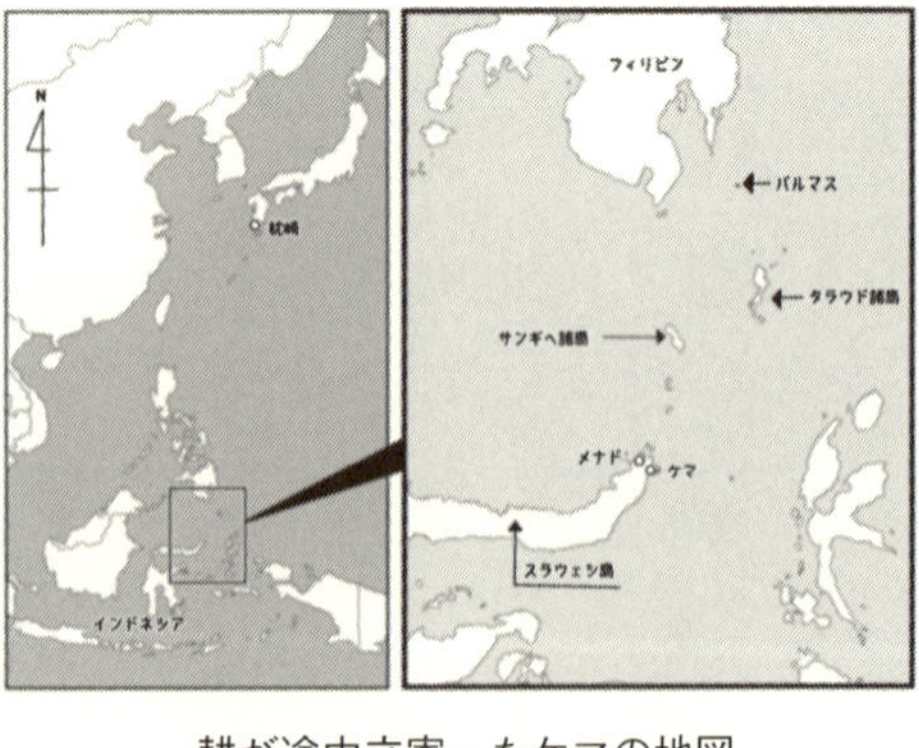

耕が途中立寄ったケマの地図

タルナ港で倉庫を管理していた柳井という日本人が語るところによれば、2年前に耕が行った第1回南洋漁場開拓事業での鰹大漁の噂を聞きつけて、日本人数人がサンギヘ諸島近海で鰹漁を試みたという。しかし結果は散々だったようである。岸良はその話を次のように記録している。

「先年千代丸が引き揚げた後、日本人で此の地に鰹漁業の経営を試みて失敗した人のある由、それは魚がいないからではなく、素人の寄合であったため、四ヶ月に只一尾を釣ったのみと云う笑い話もきいた」(302)。

耕の第1回南洋漁場開拓事業の成果が、南洋でも広まっていたことが伺える。4カ月で1匹しか釣れなかった原因は、活き餌の確保がうまくいかなかったからであろう。南洋鰹漁における第一関門を突破することは、そう簡単なことではない。

タルナ港から道具一式を引き出した一行は、さらに南下してスラウェシ島のケマを目指した。ケマは前回耕の一行が拠点を置き、そして大成果をあげた土地である。この地に到着したのは、6月21日午後3時過ぎのことであった(303)。

今回、耕の一行がケマに立ち寄ったのは鰹漁が目的ではない。岸本汽船から派遣された社員などの汽船組が、ケマ近くのマナドに到着するのを待つためである。

「千代丸」の一行がケマに着くと、顔見知りの現地住民が会いに来て、互いに再会を祝したという。今回の南洋行きに際して、岸良はマレー語の勉強をしてきていた。枕崎出港後、「千代丸」船上では岸良が先生役となり参加した漁師たちにマレー語を教えていたというから、現地住民とのコミュニケーションが少しは成立したのかもしれない。日本から持ってきた土産を渡したりして、再会の場は賑《にぎ》やかとなった。汽船組を待つ間、耕たちは地元の有力者宅にも招待されている(304)。

汽船組がマナドに到着したのは、7月6日のことであった。7日は終日この地を観光し、翌8日には汽船組を「千代丸」に乗せて、いよいよ最終目的地アンボンを目指したのであった。

第88回　赤道を越えた実験

耕の一行が再び赤道を越えたのは、1929（昭和4）年7月9日午前9時のことである。耕は、乗組員一同を「千代丸」の甲板《かんぱん》上に集め、ビールで乾杯した。一同は万歳三唱しながら、2度目の赤道越えを祝った。岸良精一はこの時のことを、「永久に鹿児島県水産史にその記録を留むるであろう」[305]と記している。

しかしこの2度目の赤道越えは、実はもう一つ大きな意味を持っていた。ほとんど注目されることがないのだが、耕はこの時ある実験を行っていた。そしてこの実験の成果は、アンボンでの漁業基地建設を目指す耕ではなく、枕崎に残って鰹漁を行う人たちにとって大きな意味をもった。

その実験とは、鰹漁に必須となる活き餌が、鰹船の活餌槽の中でどれくらいの期間生存し続けるのかというものであった。2年前の第1回目の時、耕は桜島小池に立ち寄り活き餌を積んでいるが、沖縄海域での鰹漁でほとんどすべての活き餌を使い切っている。

しかし2回目となる今回は、枕崎出港後に熊本県牛深に立ち寄り活き餌を積んだ後、ほとんど使用されな

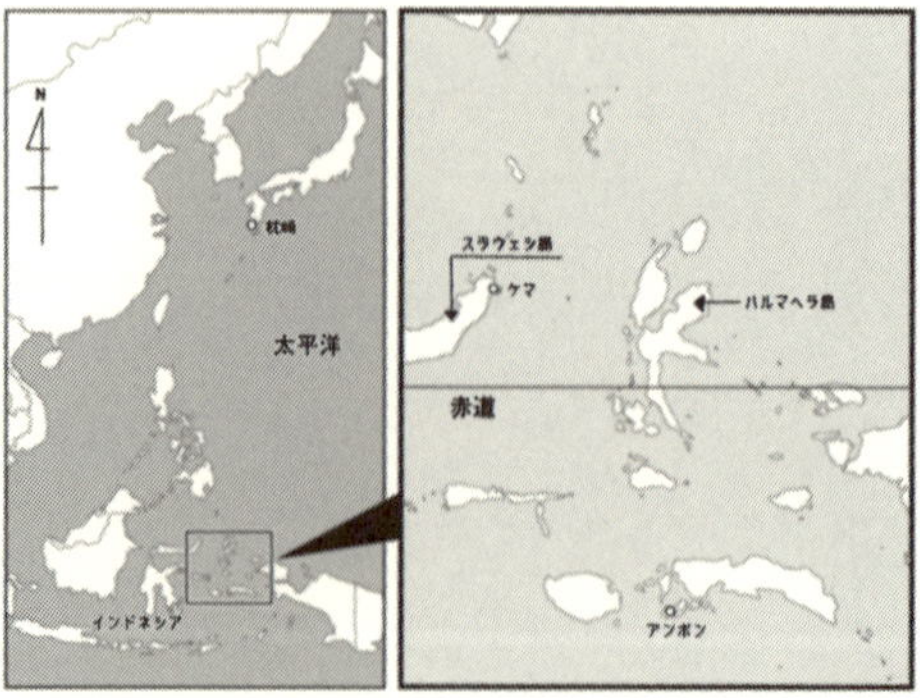

アンボンの地図

いでいた。牛深で蓄養された活き餌たちは、「千代丸」活餌槽のなかで39日間生き続け、見事赤道を突破したのであった。

岸良は、「此《こ》の分なら何かの都合で内地より餌を運ぶ必要がある場合は安んじて此の地迄《まで》運ぶことができよう。牛深産の垂口鰮《いわし》が生きて赤道を突破して南下した新記録であろう」[306]と記録している。

耕が何のためにこの実験を行ったのかは定かではない。しかし耕ほどの人間なら、この実験結果が示す意味を的確に理解していたはずである。「あえてアンボンに拠点を築く必然性がなくなった」ということを。

熊本で蓄養した活き餌が赤道を越えて生存するならば、鰹船を更に大型化して、冷凍設備を取り付け、枕崎出港後無寄港で南洋に向かい、日本から運んできた活き餌で鰹を獲り冷凍し、無寄港で枕崎へ持ち帰れば良い。これならば、蘭領東インドに対して１人１００円という高額な入国税を払ってまで、漁師や鰹節加工業者を引き連れてアンボンまで行く必要もなくなるし、なにより枕崎の基幹産業である鰹漁と鰹節製造業を守ることができるのである。

そして実際に枕崎でこの新しい動きが出てくるのは、この時からわずか3年後の１９３２（昭和7）年のことである。そしてこの新しい実験が行われた時の船頭が、後に枕崎きっての名船頭と呼ばれた町頭幸内《まちがしらこうない》である。ちなみに『南日本新聞』では、１９７９（昭和54）年6月1日から50回にわたって「町頭幸内船頭（枕崎市）の回想　鰹群を追って」という連載を行っているので、町頭の名前を記憶している読者も多いかもしれない。この町頭と耕の一件は後段で紹介することとして、話を元に戻す。

赤道を突破した耕の一行がアンボンに到着したのは7月12日のことである[307]。いよいよ２００万（現在の貨幣価値にして13億）円の出資をかけた、耕の正念場がはじまるのであった。

第89回　始動

1929（昭和4）年7月12日にアンボンに到着した耕の一行は、その日から準備に忙殺された。この日の夜には、早速八田網の操業が行われている(308)。

耕は、ニューキチンという華人がラハ村に所有していた別荘およびそれに付随する建物、そして土地を借り入れることに成功した。耕が借りた土地の広さがすごい。約250ヘクタールにもなる広大な土地である。250ヘクタールとは、東京ドームなら約53個分、ディズニーランドなら約5個分の広さである。

耕がこの地でやろうとしていたことは、単なる工場移転などといった小規模なものではない。この250ヘクタールの土地を使って、鰹・鮪漁の一大拠点を築き、日本へは鰹節を、欧米には缶詰を輸出していくという巨大なものであり、その他にも魚粉工場、造船所、製氷所などを整備する壮大な構想であった。一部の人々は、後にこの土地のことを、ラハ村をもじって「ハラ村」と呼ぶようになる。

恐らく耕がこうした構想を持つに至った背景には、枕崎で開業する前に視察したカナダのバンクーバー近

「千代丸製造工場」の前で写真に納まる一行（枕崎市立図書館提供）

郊の水産加工業がその源流にあることはすでに紹介したとおりである（第10、11回を参照のこと）。

耕は、ニューキチンの別荘に「千代丸製造工場」という看板を掲げた。岸良精一はこの建物を「千代丸事務所」とも呼んでいることから、ラハ村における耕の拠点であったのだろう。7月16日午後5時、耕は「千代丸製造工場」に今回の参加者全員および岸本汽船からの派遣社員3人他を集め、根拠地設置の祝宴を開いた(309)。恐らくこの時に撮影されたのが、今回使っている写真である。

耕は写真撮影をしただけではない。この写真を絵はがきにして、日本の支援者のもとにアンボンから発送している。その絵はがきには次のような文章が印刷されている。

「六月一日出発後当地に落着、邦家の為め南洋漁場開発のため奮闘致居《いたしお》り幸《さいわい》一行六十七名頑健であります。バンダ海の豊庫、パプア人国の開拓実に有望であります。若《も》し夫《そ》れ海運界の先輩たる蘭国に報ひ得る処あらば我等同胞の誇りなりと信ずるものであります。茲《ここ》に平素の御厚情を感謝致し尚相不変《あいかわら》さる御援助を仰ぎ度《たく》不取敢《とりあえず》御挨拶申上ます。　アンボイナ湾口ラハ村にて　予想の収穫を得つゝある日　漁船千代丸にて　原耕」(310)。

こうした演出をするあたりはさすがである。

根拠地が定まった一行は、鰹節製造工場の準備に取りかかった。冷凍施設がなく、人口も少ない土地である。たとえ大量に鰹が獲れたとしても、鰹節製造能力が低ければ、結局獲った魚を腐らせることになってしまう。そしてこの間、「千代丸」についた牡蠣を落としたり、船たで（船底を虫に食われ、あるいは腐朽するのを防ぐために、船を浜に引き揚げて底の外部を焼くこと。『広辞苑』より）が行われたりした。

再び、「千代丸」の機関が始動されたのは、7月23日のことであった。

第90回　嫌な予感

第2回南洋漁場開拓事業に参加した岸良精一は、ケマあたりから嫌な予感がしていたに違いない。第1回の時に、あれほど多くの漁獲高をあげたケマでの漁が不漁だったからである。岸良は、「この道草を喰った様なケマの滞在は恰《あたか》も海況不良にて鰹の餌付の極度に悪い時期であった。甚だ程良い漁に恵まれず僅かに五、六百を挙げたに過ぎず先年度の好漁と比較して雲泥の相違の不漁である」(311)と記録している。

そして、アンボンでも不漁だった。耕の一行は7月23日以降本格的な操業に入ったのだが、鰹が獲れないのである。鰹の群れがいるにはいるのだが、餌に食いつこうとしない。食いつきの良い鰹を見つける時もあるのだが、陸地から遠すぎて、鰹節に加工する前に腐ってしまうため漁が見送られたりした。そんな状況を、岸良は次の様に記録している。

「雨期と称する天候は水色甚だ不良海水は混濁し鰹群は食欲不振、全く餌付不良、餌となるべき小型の魚群も火付も不良にて不振を極めた。初経験の異国の海であった。海を埋める如き鰹の大群も食欲不振の餌付不良にては如何とも仕様なかった。飛び付いて来る鰹は氷もない根拠地と遠い海の上であった。切歯扼腕《せっしやくわん》と

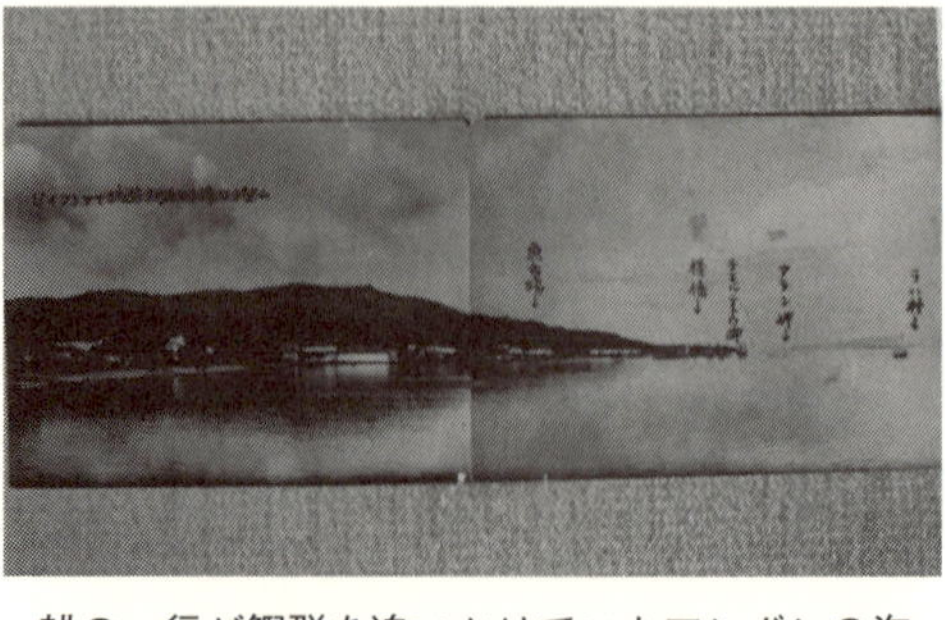

耕の一行が鰹群を追いかけていたアンボンの海
（枕崎市立図書館提供）

云うべきか、好魚《ママ》に恵まれず漁業視察の侭《まま》七月も終わった」(312)。
鰹が釣れないだけではない。アンボンから南東にあるバンダ諸島近海で調査を行っていた際に、密漁を行っていると勘違いされたのであろう、小銃を携行した約10人の兵隊が現れ、確認が取れるまで約1日半抑《よく》留《りゅう》されるという事態までおきている(313)。

第1回南洋漁場開拓事業の6月と7月、耕の一行はパラオにいた。そのため、アンボン近海の海況と漁況が分からなかったのである。はじめての場所での漁だから仕方ないと言えばそれまでなのだが、耕はこうした不運によく見舞われる。

今回の事業の最大の目的の一つは、岸本汽船から派遣されている社員3人および枕崎造船所社長らの前で、鰹を釣りに釣って南洋漁業の有望性をアピールすることである。2年前のケマでは、出漁すれば1日に数百匹の漁獲があり、多い日は1日で千匹を超える鰹を獲ったこともあった。耕はこうした経験から、出発前はかなりの自信をもっていたはずである。だが獲れないのである。

岸本汽船から派遣されている社員3人も、いつまでもアンボンに滞在している訳にはいかない。鰹の漁獲がないままに、帰国する日が近づいてきた。8月4日、岸本汽船の社員らはアンボンを後にした。同社社員らと合流してからの1カ月間、耕は彼らに一度たりとも鰹大漁の光景を見せることはできなかったのである。嫌な予感は現実のものとなってしまった。

岸本汽船の社員らが帰国する時、耕がどのような気持ちで彼らを見送ったのかは定かではない。しかし後の話しになるが、結局、岸本汽船から２００万（現在の貨幣価値にして13億）円を出資する話しは取りやめになってしまったのである。

第91回　未曽有の大漁

岸本汽船の社員らが帰国した日から4日後、漁に明るい兆しが見え始めた。１９２９（昭和４）年８月８日、八田網でのイワシ漁が大漁だったのである[314]。そして8月12日、鰹漁にもあたりがきた。それも未曽有の大漁である。午前11時10分から午後1時までのわずか2時間足らずのうちに、1万から1万２０００匹の鰹を獲ったのである[315]。第1回南洋漁場開拓事業でも、1日1隻１８００匹程度が最高であったから、今回の漁獲高は一桁《けた》違う。

鰹を満載した「千代丸」がラハ村に到着したのは午後3時10分で、それから全員総出で鰹節加工に取り組み、作業は翌朝まで続けられた。岸良精一の記録によると、２２００匹を鰹節に加工し、千匹を鮮魚市場に売却し、１８０匹をラハ村の村人に与え、１００匹を現地の日本人およびオランダ人に与えたという。しかし氷がないため、最後は6千匹以上を海に捨てることになった。

この光景を岸本汽船の社員らが目撃していれば、同社からの出資話は順調に進んだに違いない。しかし彼らは、すでに8日前に帰国の途についていた。

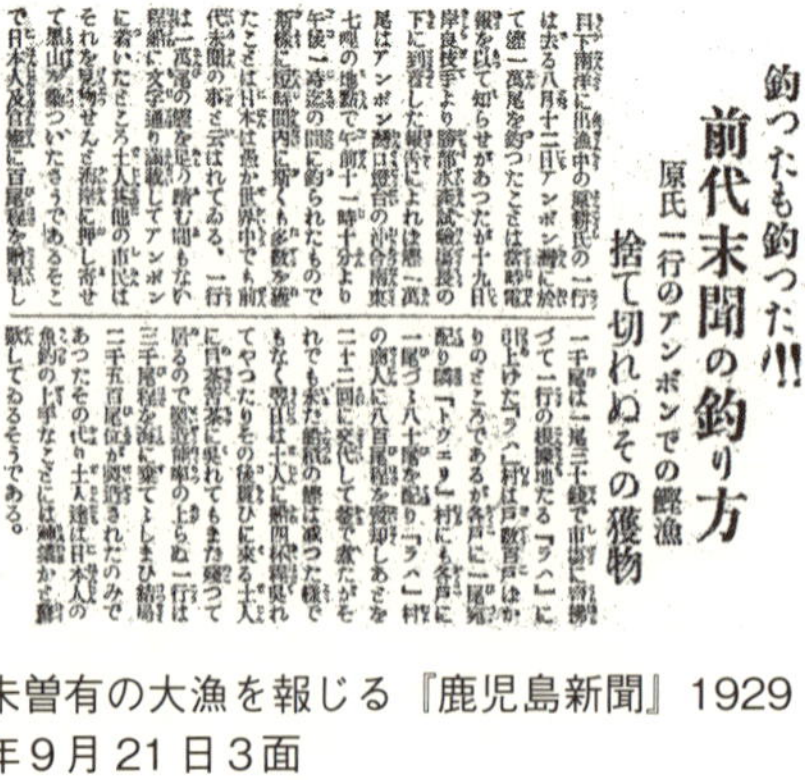
釣つたも釣つた!!
前代未聞の釣り方
原氏一行のアンボンでの鰹漁
捨て切れぬその獲物

未曽有の大漁を報じる『鹿児島新聞』1929年9月21日3面

この大漁には現地住民たちもさすがに驚いた。「千代丸製造工場」には、キリスト教信者の村とイスラム教信者の村から、それぞれ100人を超える村人が見学に来ている(316)。岸良の報告書には、「千代丸製造工場」の前で撮影した写真が2枚掲載されているが、これらの写真を見ると、1歳ぐらいの幼児から老人たちの姿も見える。まさに村人総出で、「千代丸」の大漁を見学に来たのである。この後、現地住民20人程度が鰹節製造や鰹節製造過程に必要な薪伐《たきぎ》採の手伝いなどを申し出ている。

この大漁以来漁獲高も順調に伸びていき、1日数百匹、多いときは1日千匹を超える日も多くなってきた。それに伴って、新たな問題も生じ始めていた。

鰹節は鰹の身の部分を加工したものであるが、それ以外の頭、内臓、骨、腹皮《はらがわ》と言われる部分は、鰹節加工には不要なものである。このいわゆる残さい物の処理という問題が生じてきたのである。鰹節製造300年の歴史を誇る枕崎では、これらの残さい物をうまく日々の料理に使う知恵が積み重ねられてきている。例えば、頭を塩ゆでにして豪快に食べる「ビンタ料理」。そして内臓は酒盗《しゅとう》にして、腹皮とよばれるトロの部分は塩焼きにして食べる。

最近ではこの利用方法も進化していて、鰹の頭はドコサヘキサエン酸（DHA）のサプリメントに加工され、腹皮はご当地グルメ「枕崎鰹大トロ丼」として売り出されている。

話を元に戻す。鰹が獲れれば獲れるほど、こうした残さい物が増えるのである。そこで耕は、地元住民に腹皮の塩焼きや、「ビンタ料理」の調理方法を教えたが、それでも限度がある(317)。

今回の大漁から、耕はアンボンでの製氷工場、そして鰹の残さい物を魚粉に加工する工場設置を急ぐ必要に迫られることになった。こうした目標が、耕の計画に新たに加えられたのである。

第92回　前総理の差し入れ

1929（昭和4）年8月12日の未曽有の大漁以来、耕の一行は順調に漁獲高を伸ばしていった。

9月に入って、若林半という人物がアンボンの耕のもとを訪問している。若林は後に、戦前戦中の対イスラム圏向けの工作員養成機関として重要な役割を果たしたと言われる「大日本回教協会」（1938年設立）の評議員になる人物で、『水産立国論―海洋経済と南洋水産』（1930年）[318]や『回教世界と日本』（1937年）[319]という著作もある。この時のアンボン訪問の目的がどのようなものだったのかは興味あるところだが、今回はこの件には言及しない。

若林は、日本から日本酒、味噌、醤油などをアンボンまで運んできて、耕の一行に差し入れたのである。この差し入れの送り主は、前総理大臣の田中義一と床次竹二郎である。差し入れが届いた夜、耕は一同を「千代丸製造工場」に集め、前総理たちからの酒を振る舞った。アンボンで鰹を獲る自分たちのことを、前総理が気づかってくれたのである。耕の一行は、自分たちの行っていることが国家的事業だと再認識し、必

アンボイナに於ける
原氏一行の好技
にジャワの技師驚異
日本人の來漁を地元で大歡迎

マルクスの視察について報じる『鹿児島新聞』1929年12月17日6面

ず事業を成功させるとの気持ちを強めた。漁師の中には、感極まって涙を流すものもいた(320)。

10月に入って、「千代丸」はニューギニアにまで足を延ばしている。こうした調査の時に、鮪《まぐろ》が多いことも判明した。10月6日には鮪の大群に遭遇し、岸良はその光景を「一面鮪の海」と表現している。この時に、耕は鮪延縄《はえなわ》漁を行うことも決意した。鰹漁も順調で、10月下旬には鰹を9千匹獲った日もあった。

11月8日には、蘭印政庁のオランダ人水産技師マルクスという人物がラハの「千代丸製造工場」を訪問している。翌9日、マルクスは「千代丸」に乗り込み、鰹漁に同行した。その日は大型鰹880匹を獲ったが、マルクスは血みどろになりながら鰹漁の見学を続け、日本の水産業や今後のアンボンでの鰹漁の見込みなどについて、耕と意見交換している。鰹漁に興味を示したマルクスに対して、耕は、次回は鮪延縄漁を見せると約束して2人は別れた(321)。

その後も耕の一行はラハ村を拠点とし、周囲の海域や点在する島々を巡って漁場調査を行いながら、多くの漁獲高をあげている。そして、そろそろ帰国の時期を迎えていた。

今回の第2回南洋漁場開拓事業では、アンボン島のラハ村に拠点を設置し、周囲の海域で多くの漁獲高をあげることができた。この地での事業の成功を耕は確信したに違いない。ただ、こうした成果を岸本汽船の社員に見せることができなかったのは、痛恨の痛手であった。

12月5日、一行は漁を打ち切り帰国準備に取りかかった。今回の事業で、鰹を約4万8700匹獲り、1万6470匹を鮮魚で売却し、約2万匹を鰹節に加工して「千代丸」に積み込んだ。

8日、「千代丸」はアンボンを出港して一路日本を目指したのであった。

第93回　千代子の日々

1929（昭和4）年12月8日にアンボンを出発して帰国の途についた「千代丸」の情報は、早くも4日後の『鹿児島新聞』で報じられている(322)。この記事によると、耕の一行は24日に鹿児島に到着する予定となっていた。

当時の『鹿児島新聞』には、第2回南洋漁場開拓事業の記事が数回掲載されているが、そうした新聞記事の中には妻千代子に関するものもあるので、留守を守る千代子の様子を少し紹介しておきたい。

1917（大正6）年に結婚した2人は、すでに12年の歳月を共にし、1男3女の子宝にも恵まれていた。耕が千代子を愛していたことは有名な話で、自分の船には「千代丸」と名付け、次女には千代子の「千」を「百」に変えて「百代子《ももよこ》」の名を授け、アンボンの事務所には「千代丸製造工場」という名前をつけたことはすでに紹介したとおりである。

安否を氣遣はるゝ
南洋漁場探檢隊
今廿四日枕崎入港の豫定だが
原代議士一行の―消息なし
船は二十五日入港
途中荒天のために一日歸港が遅れた

耕の帰りを待つ千代子と子どもたちの消息をつたえる『鹿児島新聞』1929年12月24日7面

第2回南洋漁場開拓事業中に、耕は一度だけ千代子と子どもたちに写真を送っている。何の写真かというと、アンボン港に停泊している「千代丸」の写真である。この写真、実に味気もなにもない。というのも、この写真にはただ「千代丸」だけが写っているだけで、耕が写っている訳でも、乗組員が写っている訳でもないからである(323)。

千代子も子どもたちも、枕崎に停泊中の「千代丸」を何度も見ていたはずである。そして耕は子どもたちが行ったことも見たこともない、アンボンにいるのである。異国の様子や現地の人々、バナナや見たこともないような熱帯果樹など、写すものには事欠かなかったはずである。南洋から送るのに、この「千代丸」の写真ほど不向きなものはないように感じるがどうだろうか。しかしそれでも、明治生まれの男が、異国での仕事の合間をみつけてわざわざ子どもたちに写真を送ったという事実を知ると、耕の家族愛を垣間見る思いがしてほほえましい。

そんな父親がアンボンを出発したという知らせを聞くと、子どもたちは「父ちゃんはいつ帰るの」と耕の帰りを待ち焦がれたという。耕の一行は12月24日に帰国することになっていたが、悪天候が続き、帰国の日が近づいても「千代丸」と連絡が取れない状況が続いていた。24日付けの記事では、千代子の様子を、「『この時化《しけ》で間違がなければばとそれ許《ばか》りが』…と千代子夫人の優しい面《おも》にも幾分の不安の色を漲《みなぎ》らしつゝみぞれ降る中を往診に行かれたが、われ等の千代丸！無事船路も早く故郷の港に急げ…」(324)と紹介している。

実は、発電機に不具合が生じ、「千代丸」の無線が使用不能になっていたのである。耕は屋久島の一湊港に立ち寄り、そこから電報を千代子に送り、やっと消息が明らかになったのである。

この知らせを受けた千代子は、子どもたちを連れて鹿児島港へと向かった。7カ月ぶりに帰国する、愛する夫を出迎えるために。

第94回　耕の帰国

鹿児島港で待つ千代子の視界に「千代丸」の船影が映ったのは、1929（昭和4）年12月26日午前9時過ぎのことである。約7カ月間にわたる南洋漁場開拓事業を終えて、耕は無事に戻ってきた。年の瀬が迫っている時期である。港で待つ千代子は少し肌寒さを感じていたかもしれない。しかし「千代丸」に立つ耕のいでたちは、半袖に麦わら帽子姿で、6月1日に出発したときのままだった。

この日は、県庁の水産商工課長、水産試験場長なども出迎えに来ていた。耕はあいさつを受けながら、「兎《と》に角《かく》、風呂を一浴びさして戴きたいですなア」[325]と笑って人々に応えた。

第1回事業の際は、奄美海域で若者が1人命を落とすという悲劇があったが、第2回目の今回は、帰国の途中、乗組員1人が体調を崩した他は、1866（慶応2）年生まれの63歳の漁師をはじめ全員無事の帰還となった。

午後6時から、鹿児島県知事をはじめ各界の著名人ら総勢130人が参加した慰労会が開催された。知事

鵬程二千五百浬を越え
原氏一行昨朝歸鹿
出發當時の夏服姿も却って壮快
實に南洋一帶は
無盡の大寶庫
貸付額

耕の帰国を報じる『鹿児島新聞』1929年12月27日2面

のあいさつに続いて、耕は今回の南洋漁場開拓事業の成果を参加者に語った。今回の南洋行きに際し、耕は今で言うビデオカメラを持参していたようで、「漁業実見を活動写真のフィルムに収めて持帰つたに就き何れ後日の観覧に供し度い」(326)とあいさつを締めくくっている。残念ながらこのフィルムに関する資料はほとんど残っていない。

宴会は午後8時半にはお開きになったが、耕は参加者一人一人にアンボンで製造した鰹節を数本お土産に持ち帰らせている(327)。こうした演出はさすがである。

27日付けの『鹿児島新聞』は、「鵬程《ほうてい》二千五百浬《かいり》を越え　原氏一行昨朝帰鹿　出発当時の夏服姿も却《かえ》つて壮快」という見出しで記事を掲載しているが、その扱いは第1回の時ほど大きくはない。

この記事のなかには、耕の談話、「実に南洋一帯は無尽の大宝庫　痛快な彼地で従業をかたる…原耕氏」が掲載されている。この中で、耕は今後の事業の展望と課題について次のように述べている。

「吾々にしても折角の漁獲の製造能力不足の為めあたら腐敗さして了《しま》ふものが多かつたが、これを相当の経営として、魚骨廃物等を魚粉製造為したものあり欧州方面への需要上からも大きに《ママ》見込みがある兎に角、総合して云へばなんと云つても南洋一帯は無尽の宝庫には違いない（中略）来年は自分、故郷の用事を片附け次第亦向ふに出向き今度は鮪縄《ママ》漁業をもあちらで新しく経営実施してみるつもりである」(328)。

27日、「千代丸」は枕崎を目指して鹿児島港を出発した。しかし耕は、7カ月ぶりの我が家でのんびりしている暇はなかった。12月26日から第57回帝国議会が始まっていたからである。

南洋漁業のあとは、衆議院議員の職務が待っていたのであった。

第95回　二重苦

　耕が第2回南洋漁場開拓事業に出かけている間、日本の政治は大きく動いていた。1929（昭和4）年7月、満州某重大事件（張作霖爆殺事件）の処理を巡って昭和天皇の不興を買った当時の田中義一内閣（立憲政友会総裁）が総辞職し、後継首相として立憲民政党の浜口雄幸に大命が降下した。民政党政権誕生を受けて、床次竹二郎率いる新党倶楽部（耕の所属政党）と政友会が合同を果たし、その後9月には田中義一が急逝し、政友会総裁には犬養毅が就任したことはすでに紹介した通りである。

　浜口内閣と言えば、大蔵大臣に井上準之助を抜擢《ばってき》して金解禁を実施し、外務大臣には幣原喜重郎をあて、いわゆる幣原外交を展開したことは周知の事実であろう。さらに浜口は、内相に「選挙の神様」と呼ばれた安達謙蔵をあてていた。当時の民政党は、議会では野党よりも議席が少ないいわゆる少数与党であったため、12月から開催される第57回帝国議会が立ちゆかなくなることは目に見えていた。解散総選挙を見据えて、「選挙の神様」を配置していたのである。

　第57回帝国議会衆議院が始まったのは12月26日で、ちょうど耕が帰国した日と同じである。浜口は翌年1

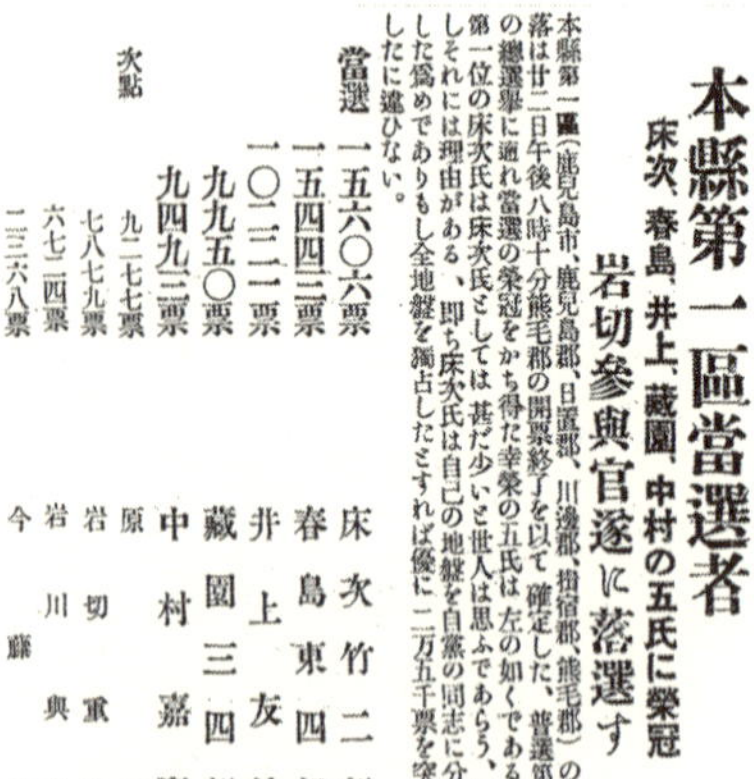

本縣第一區當選者
床次、春島、井上、藏園、中村の五氏に榮冠
岩切參與官遂に落選す

本縣第一區（鹿児島市、鹿児島郡、日置郡、川邊郡、揖宿郡、熊毛郡）の當落は廿二日午後八時十分熊毛郡の開票終了を以て確定した、普選第二の總選擧に適れ當選の榮冠をかち得た幸榮の五氏は左の如くであるが第一位の床次氏は床次氏としては甚だ少いと世人は思ふであらう、然しそれには理由がある、即ち床次氏は自己の地盤を自黨の同志に分讓した爲めでありもし全地盤を獨占したとすれば優に二万五千票を突破したに違ひない。

當選	床次竹二郎	一五六〇六票
	春島東四郎	一五四四三票
	井上友治	一〇三三一票
	藏園三四郎	九九五〇票
	中村嘉壽	九四九三票
次點	原耕	九二七七票
	岩切重雄	七八七九票
	岩川與助	六七二四票
	今藤繁	二三六八票

選挙結果を報じる『鹿児島新聞』
1929年2月23日1面

月に金解禁を実施し、同21日に衆議院を解散し、総選挙に打って出た。運命の投票日は2月20日である。
耕は、鹿児島第1区に政友会公認候補として立候補した[329]。当時の第1区は広い。鹿児島市、鹿児島郡（谷山、伊敷、吉野、桜島など）、日置郡、川辺郡、指宿郡、そして熊毛郡（種子屋久）で、9人の候補者が定数5を巡って激しい選挙戦を繰りひろげた。

耕は、地盤とする川辺郡を中心に選挙戦を展開し、9277票を獲得したものの、結果は6位に終わり落選した[330]。当選まで217票及ばなかった。選挙結果を見る限り、敗因は二つある。第一に、地盤となる川辺郡における票の取りまとめに失敗したことである。今回の選挙には、同じく川辺郡を地盤とする中村嘉壽（政友会、元職）も立候補していて、票を分け合った。川辺郡での耕の得票率が41％だったのに対し、中村は35％である。第二に、地元以外での知名度不足が響いたことである。川辺郡以外での得票率をみると、鹿児島市1％、鹿児島郡0・72％、日置郡4・6％、指宿郡0・61％、熊毛郡1・5％と、惨憺《さんたん》たる結果である[331]。この選挙では、民政党273議席に対して政友会174議席と、政友会は惨敗であった。見方を変えれば、このような状況にも関わらず、当選まで217票に迫ったことは善戦したと言えなくもないが、7カ月の日本不在が大きく響いたことは言うまでもない。

落選した耕の談話が『鹿児島新聞』にでている。「落選申し訳なし、直ちに南洋に働らき邦家のため微力を尽さむことを期す」[332]と。

しかし南洋で働こうにも、岸本汽船からの出資がなくなり、今また衆議院議員の肩書も失った。大事なところで耕は、「ただの人」に戻ってしまったのである。

第96回　空白の時間

第2回南洋漁場開拓事業から帰国した耕は、次々と苦難に見舞われていった。第2回南洋漁場開拓事業での赤字額2万2千円（現在では約1千5百万円相当）が重くのしかかるなか、1930（昭和5）年の衆議院選挙で落選し、岸本汽船からの出資話もうまく進んでいなかった。

このような最悪な状況下、耕は南洋漁場開拓事業でどのような行動をとったのであろうか。実は、良く分かっていない。落選から2年後の1932（昭和7）年2月には衆議院議員への返り咲きを果たし、同年12月には第3回南洋漁場開拓事業に出掛けているので、漁場開拓をあきらめていなかったことは分かる。しかしこの時期、耕が何を考え、どのような行動を起こしたのかについては、ほとんど明らかになっていない。

なぜ耕の動静が分からないのか。答えは単純で、この時期の耕の活動を示す文献や記録がほとんど存在しないからである。

いくつか例をあげよう。1990（平成2）年に発行された『枕崎市誌　上巻』では、「原耕の偉業」というタイトルで46頁にわたって耕の業績が紹介されているが、落選後の記述はわずか5頁にすぎない(333)。同様に、『南日本新聞』は1973（昭和48）年2月から耕についての連載を37回掲載しているが、落選後

日本外交の記録が保管されている外務省外交史料館（東京都港区）

の耕について紹介しているのはたったの5回だけである(334)。さらに、耕の業績を知る上で不可欠な岸良精一の『鰹と代議士』ですら、落選後の動向については、全272頁中わずかに4頁で言及しているにすぎない(335)。

こうした文献や記録を見る限り、耕の業績をまとめようとした後世の人々はもちろんのこと、南洋漁場開拓事業に参加した耕と同時代の人々でさえも、落選後の耕の情報をほとんどもっていなかったことが分かる。第2回南洋漁場開拓事業まではかなり詳細な記録が残っているにも関わらず、それ以降の時期についてはなぜか記録がすっぽりと抜け落ちてしまっていて、いわば「空白の時間」と言って良い期間が存在するのである。そして「空白の時間」の後、耕がアンボンで命を落としたことを考えると、この期間は決定的な重要性をもつ。

耕が他界してすでに80年以上の歳月が経過してしまっている。この「空白の時間」を埋めることは不可能なのだろうか。

答えは、「否」である。この期間の耕の行動を示す史料は、実はかなりの量が残されている。どこにあるかというと、東京の外務省外交史料館にある。史料館には『本邦漁業関係雑件/南洋漁業関係(印度洋並豪州沿岸ヲ含ム)』というファイル全6巻が保管されているが、このなかに耕の記録がかなり残されているのである。

これらの記録を読むと、耕がどのような活動をしていたのかはもちろんのこと、当時の外交の第一線で活躍する人物、例えば外務大臣幣原喜重郎やバタヴィア(現在のジャカルタ)総領事らが、耕の事業をどのように評価していたのかも明らかになる。

これらの史料により、「空白の時間」を埋めることはもはや不可能ではなくなったのである。

第97回　友人の外交官

耕にとっての「空白の時間」、すなわち１９３０（昭和5）年2月の衆議院議員選挙落選から１９３３（昭和8）年8月にアンボンで他界するまでの期間、を埋めるためには外交文書の利用が不可欠であるが、その際ある外交官の存在を考慮に入れておいた方が良いので紹介しておきたい。

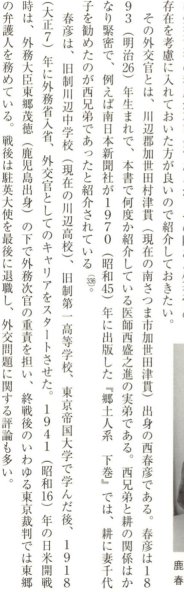

その外交官とは、川辺郡加世田村津貫（現在の南さつま市加世田津貫）出身の西春彦である。春彦は１８９３（明治26）年生まれで、本書で何度か紹介している医師西盛之進の実弟である。西兄弟と耕の関係はかなり緊密で、例えば南日本新聞社が１９７０（昭和45）年に出版した『郷土人系　下巻』では、耕に妻千代子を勧めたのが西兄弟であったと紹介されている(336)。

鹿児島県立川辺高等学校にある西春彦の胸像

春彦は、旧制川辺中学校（現在の川辺高校）、旧制第一高等学校、東京帝国大学で学んだ後、１９１８（大正7）年に外務省入省、外交官としてのキャリアをスタートさせた。１９４１（昭和16）年の日米開戦時は、外務大臣東郷茂徳（鹿児島出身）の下で外務次官の重責を担い、終戦後のいわゆる東京裁判では東郷の弁護人を務めている。戦後は駐英大使を最後に退職し、外交問題に関する評論も多い。

耕と春彦の経歴を詳細に見ていくと、２人には接点が多かったことが分かる。耕が衆議院議員に初当選した1928（昭和3）年2月、春彦もソヴィエト連邦大使館勤務を終えて外務省に戻ってきた。春彦がソ連時代に担当したのは日ソ漁業条約の締結である。1925（大正14）年1月、日ソ間で日ソ基本条約が結ばれ、ロシア革命以来はじめて国交が結ばれた。その後、順次外交交渉が続けられ両国の懸案事項が解決していったが、一番長い時間を要した問題が漁業条約の締結であった。春彦がソ連滞在中に担当したのがまさにこの問題で、1928年1月に日ソ漁業条約が調印されたのを機に、翌2月に日本に戻ってきたのである(337)。

帰国後、2人は仕事の方でもつながりがあった。ソ連から帰国した春彦が就いたポストが外務省通商局第一課長（条約関係）である（帰国当初は貿易担当の第二課長も兼務）(338)。耕の南洋漁場開拓事業を担当していたのがこの通商局で、耕に関する文書は通商局長名（当時は武富敏彦）で出されているものが多い。耕が第3回南洋漁場開拓事業に出かけたのは1932（昭和7）年12月だが、春彦の通商局勤務は1933（昭和8）年3月に欧米局第一課長に転任するまで続いている(339)。

東京で耕と春彦がいつ会い、どのような会話を交わしたのかを示す文献史料はまだ見つかっていない。しかし北洋と南洋の違いはあっても、漁業条約締結を果たした外交官春彦と漁場開拓事業に熱意を燃やした政治家耕である。親しい同郷人としても色々と顔を合わせ、両者は協力関係にあったと考える方が自然であろう。

「空白の時間」の間、耕は蘭印側との交渉を行うが、現地総領事館からかなり手厚いサポートを受けている。例えば、耕の事業をめぐってバタヴィア（現在のジャカルタ）総領事が外務大臣幣原喜重郎に直接意見を述べたり、マニラ総領事館は耕のための情報収集活動を行ったりしている。こうした点も、春彦の存在を考慮に入れると納得できるのだが、当時の2人の関係を示す文献史料の収集は今後の課題である。

第98回　漁業権と資金

1930（昭和5）年2月の衆議院議員選挙に落選し、政治家の肩書を失った耕であったが、南洋漁場開拓事業に対する熱意を失ってはいなかった。

耕は元政治家の経歴を活かして、直接拓務省（植民地統治・移植民などに関する行政を司った官庁。1929年創設、42年に大東亜省に編入。『広辞苑』より）や農林省に働きかけ、複数の嘱託の身分を手に入れたのである。

そのなかの一つとして、拓務省は7月24日付で耕に「南洋ニ於ケル邦人出漁可能性ト其ノ収容力ニ関スル調査」の委託をしている。この調査は、蘭印のバタヴィア（現在のジャカルタ）、スラバヤ、アンボンなどの水産業を3カ月かけて視察するというものであり、調査費として2千円が支給されている(340)。

今回の委託事業の名目は調査となっているが、耕の真の目的は別なところにあった。2回の南洋漁場開拓事業を終えて、耕はいよいよアンボンでの漁業基地建設に移ろうとしていた。しかし、事業実現のためには二つの問題をクリアする必要があった。一つは蘭印領海内での漁業権取得であり、もう一つは蘭印側からの出資を募ることであった。

南洋漁場の調査視察要點

原氏二十八日神戸發

南洋漁場開拓の前程として之に就ては特に魚族の種類并ニ無盡藏たるの觀ある同地漁獲物の消費販路方面の調査を主とし農林省並に拓務省の内命を受け同時に本縣からは商業調査を囑托されて前代議士枕崎町の原耕氏は廿八日午後神戸出帆のマカツサ丸で南洋蘭領東印度蘭領殖民地の水産業調査の途に發つた同氏はスラバヤ、バタビヤ、マカツサル、アンボイナ等その他の地に亘り夫々一、二週間宛の豫定で都合三ケ月に亘り大体其目的とする所は

一、南洋に於て生魚の輸送販賣は如何

一、鰹魚の消化力及價、價は如何

一、鮪、鰹の水煮又は油漬、罐詰の將來需用の可能性の有無

一、鰯の消化力なきか

一、土人從來の製品たる鰹節乾の販路及びその需要高

一、南洋土人の漁獲及びその消化

一、入の便法なきか

一、魚市場の取引方法

等に關し、綿密な材料を蒐集し、調査を纏め、歸途は香港上海を經て歸國するはずであるが、斯くして同氏の調査結果を待ち我國における此ら南洋漁業への進出投資は山本前農林大臣、神戸岸本汽船の岸本氏等の手によつて、早晩具体化する運びとなつてゐる模樣である。

耕の南洋行きを報じる『鹿児島新聞』
1930年7月29日2面

まず漁業権の問題である。耕の事業に限らず、南洋での鰹漁には2回の漁が必要である。最初の漁が陸地から近い沿岸での餌魚漁で、その次が餌魚を利用しての鰹漁である。この鰹漁自体は陸地から遠い公海でも操業することが可能なので、必ずしも漁業権は必要ではない。しかし、餌魚漁に関してはそうはいかない。陸地から近い沿岸、つまり蘭印領海内での操業となるため漁業権が必要不可欠なのである。

もし漁業権を取得できなかった場合は事業計画の変更をせまられ、耕が取り得る選択肢は次の3点ぐらいに絞られる。第一に、アンボンでの漁業基地建設を断念するという選択肢。事業自体を断念するか、蘭印以外の最適地を探すことになる。

第二に、アンボンの現地漁民に餌魚を獲ってもらい、その餌魚を買い取り、鰹漁は公海で行うという選択肢。ただし現地漁民が獲る餌魚の数に限りがあるので、鰹漁自体も小規模なものにならざるを得ない。鰹節を日本へ、缶詰を欧米へといった大規模な計画は実現不可能である。

第三に、餌魚は日本から運び、船に冷蔵（冷凍）設備をつけて、南洋で獲った鰹を持ち帰る方法。この場合はアンボンに拠点をおく必然性はなくなり、枕崎に拠点をおいたままでも良いことになる。

餌魚漁の漁業権を獲得できるかどうかは、耕にとって死活問題であった。

そしてもう一つの課題は、事業資金集めである。耕はアンボンでの事業資金として50万円を見込んでいたが、日本国内では十分な資金を集めることができなかった。そこで、耕は蘭印政庁側にも事業への出資を呼びかける必要があった。また日蘭合弁企業になれば、漁業権獲得もしやすいという狙いもあった。

この二つの問題を解決するために、蘭印政庁と直接交渉をすることこそが耕の真の目的だったのである。耕が単身南洋に向けて神戸港を出帆したのは、落選から約5カ月後の7月28日のことであった(341)。

第99回　総領事の憂うつ

『ジャガタラ閑話―蘭印時代邦人の足跡』という本がある[342]。ジャガタラとはジャカルタ（当時はバタヴィア）の昔の呼び方で、内容は戦前期蘭印における日本人の活動を記録したものである。この本に、三宅哲三郎という人物が「ジャガタラ談話」という短文を寄稿しているが、実はこの人物、耕の南洋漁場開拓事業時代にバタヴィア総領事を務めた三宅哲一郎である。三宅の回想を読むと、当時の総領事館職員たちが、日本人漁業者が引き起こす問題にかなり頭を悩ましていたことが分かる[343]。

当時の日本人による南洋漁業は、シンガポールやバタヴィアなどの都市部への供給を目的に行われるのが一般的であった。魚の商品特性は、なんと言ってもその腐りやすさにある。腐る前に多くの人々に販売する必要があるので、人口規模が大きいところでなくては成り立たない。しかしこうした鮮魚を供給する漁業の場合、いくつかの問題に直面する。

第一に、日本人漁師の数が増えると、過当競争に陥って魚価が下落してしまう。第二に、多くの漁師が集まるので、水産資源の枯渇が心配される。第三に、日本人漁業者が現地漁師の利益を侵害するという問題である。特に3番目の問題は深刻で、現地漁民の不満が高まっていた。1926（大正15）年には沖縄漁民5人の殺害事件までおきている（当初は行方不明とされ殺人と発覚したのは30年）[344]。

戦前期蘭印の日本人活動を記録した『ジャガタラ閑話』

蘭印政庁は1927(昭和2)年9月に「沿岸漁業令」をだし、日本人漁業者の活動を制限した。同令施行によって、外国人による漁業は農工商務長官または州長官の許可が必要になったのである(345)。さらに蘭印政庁は、総領事館に日本人漁業者の管理を依頼し、日本人の漁業申請その他すべての処理を、総領事館経由で行うことを希望した(346)。こうした事態を受けて、総領事館でも日本人漁業者の組合を設立しようと斡旋《あっせん》するのだが、漁師間での利害が対立しうまくいかなかったのである(347)。

こうした状況のなか、耕は蘭印政庁との交渉のため単身バタヴィアに乗り込んでいった。耕に勝算はあったのだろうか。おそらく、耕は漁業権獲得にはかなりの自信があったと思われる。なぜなら、耕の発想は他の日本人漁業者とは根本的に異なっていたため、上述したような諸問題を引き起こす心配がなかったからである。

耕が拠点を置こうとしたアンボンは、人口過疎地域である。鮮魚を供給する目的の日本人漁民・現地漁民がほとんど存在しない。そのため、日本人同士の過当競争や、現地漁民の利益を侵害する恐れが少ない。耕は漁業権を得て自ら餌魚漁を行いながら、現地漁民が獲る小魚をも買い取って鰹漁に利用することを考えていた。人口が少ない土地であれば、現地漁民がたとえ多くの魚を獲ったとしても買い手が少ない。しかし耕が活き餌として購入すれば、獲った分だけ現金収入が増えることになる。さらに水産資源枯渇についても、アンボンを中心とする広大な海域を漁場とするため心配は少なかった。

耕は言う、「小漁業は都会地に発生する。大漁業は地方に起る。最大漁場は未開地に存在する」(348)と。

耕の計画は、当時の総領事館を悩ませていた諸問題を、まったく引き起こさずに行える計画だったのである。

第100回　好感触

　耕がバタヴィア（現在のジャカルタ）の日本総領事館を訪問したのは、1930（昭和5）年8月17日のことである(349)。総領事の三宅哲一郎は日本に帰国中で不在だったため、この日は総領事代理の小谷淡雲が耕を受け入れている。総領事館訪問以前に、耕が三宅や小谷らと面識があったかについては分からない。しかし耕は元衆議院議員で、外務省通商局第一課長の西春彦の紹介状を携えて行ったはずなので、総領事館の対応もかなり手厚かったと考えて良いであろう。

　耕は小谷総領事代理に対して、2回にわたる南洋漁場開拓事業の成果について報告し、いよいよ資本金50万円でアンボンにおいて一大漁業基地を建設する計画について説明した。耕の事業計画を聞いた小谷は、幣原喜重郎外務大臣あての機密電報（8月28日付）で、「本邦大規模漁業家当領進出ノ第一歩トシテ頗《すこぶ》ル有意義ナリ」(350)と評価している。小谷が何を「有意義」と評価したかは機密電報のなかでは言及されていないが、鰹節を日本へ、缶詰を欧米へ輸出するという壮大な事業計画と、耕の事業が現地漁民の利益を侵害しない点あたりを評価したものと推測できる。

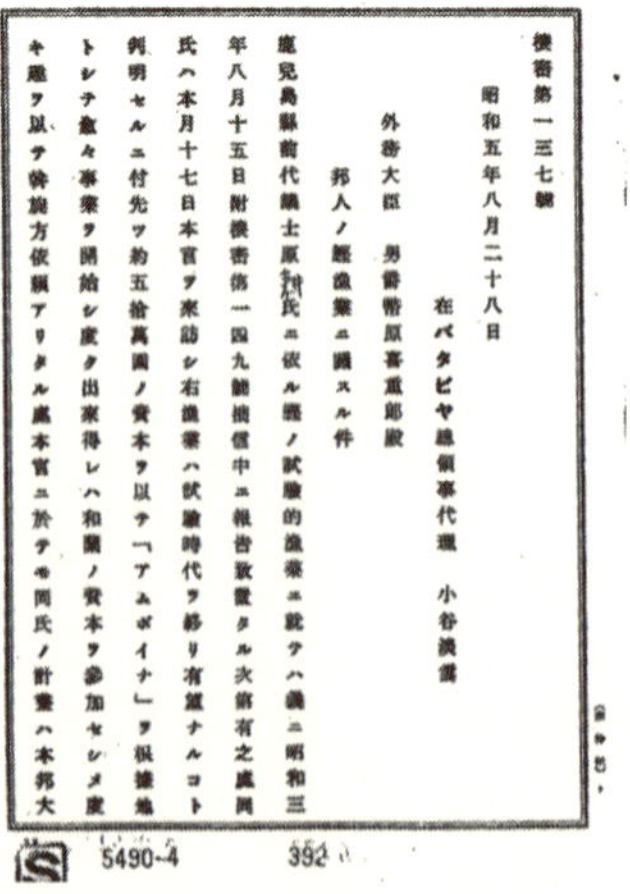
機密第一三七號
昭和五年八月二十八日
在バタビヤ総領事代理　小谷淡雲
外務大臣　男爵幣原喜重郎殿
邦人ノ鰹漁業ニ關スル件
鹿児島縣前代議士原耕氏ニ依ル鰹ノ試驗的漁業ニ就テハ昭和三年八月十五日附機密第一四九號拙信中ニ報告致置タル次第有之處同氏ハ本月十七日本官ヲ來訪シ右漁業ハ試驗時代ヲ終リ有望ナルコト判明セルニ付先ツ約五拾萬圓ノ資本ヲ以テ「アムボイナ」ヲ根據地トシテ益々事業ヲ開始シ度ク出來得レハ和蘭ノ資本ヲ參加セシメ度キ趣ヲ以テ斡旋方依頼アリタル處本官ニ於テモ同氏ノ計畫ハ本邦大
外務省
5490-4　392

小谷総領事代理から幣原外務大臣への機密電報（外務省外交史料館蔵、アジア歴史資料センターより閲覧）

事業計画を聞いてその有望性を確認した小谷は、自ら耕をつれて蘭印政庁の農工商務長官、農務局長（漁業事務も担当）、漁業試験場長、それからオランダ王立郵船会社重役に引き合わせている(351)。

これらの会合で、耕は事業計画を説明すると同時に、特にオランダ側からの資本参加の可能性について打診している。記録を見る限り、漁業権についてはあまり話題にあがっていない。

1927（昭和2）年に施行された「沿岸漁業令」をみると、外国人や蘭印以外で設立された会社が沿岸漁業を行う場合には農工商務長官の許可を、小規模沿岸漁業については地方長官の許可が必要であった。しかし、蘭印で設立された日蘭合弁会社であれば沿岸漁業権を獲得できたので、耕は農工商務長官に対して直々に蘭印政庁からの資本参加を要求したのである。

小谷が幣原外相に送った機密電報をみると、蘭印側がこれらの会談で耕の事業にかなりの好印象をもっていたことが分かる。農工商務長官と漁業試験場長は耕に、「何《いず》レモ其ノ趣旨ニ賛成ナル旨語リ」(352)、農務局長は「相当面白キ事業ト思考セラルルヲ以テ目論見書ハ之ヲ蘭印政府ニモ提出シ、蘭印政府ニ資本参加方ヲ請願スルコトヲ勧告」(353)してきたという。王立郵船会社重役は、「目下不景気ナルヲ以テ確言ハ為シ難キモ兎モ角詳細ナル目論見書ノ提出アラハ和蘭《オランダ》本国ノ重役会ニ相談スヘク、又当地ニ於テハ「ファクトライ」銀行及「エスコムプト」銀行ト相談スルコト」(354)を約束してくれた。いずれも合弁会社設立に前向きな姿勢を示し、目論見書の提出を求めている。小谷は幣原への電報のなかで、この日の蘭印側の感触について次のようにしめくくっている。「同氏〔耕のこと―筆者注〕ノ計画ニ対シ多大ノ興味ト同情ヲ起セル模様ニ見受ケラレタリ」(355)と。

総領事館の斡旋《あっせん》もあって、耕の蘭印政庁との交渉は順調な滑り出しを見せたのであった。

第101回　漁業権交渉

バタヴィア（現在のジャカルタ）での交渉では、農工商務長官から目論見書の提出を求められるなど順調な滑り出しを見せた。交渉後アンボンへ行くことになっていた耕は、同長官および漁業試験場長からモルッケン州知事宛の紹介状をもらうことができた[356]。

紹介状を手にした耕は、途中ジャワ島東部の商業都市スラバヤに立ち寄り、アンボンでの漁業権交渉について日本領事館領事の姉歯準平と打合せを行っている[357]。「沿岸漁業令」によると、「小規模沿岸漁業ニ於テハ地方長官又ハソノ名ニ於テ交付サレタ許可証」が必要と規定されている。知事と交渉して漁業権を獲得することが耕の狙いだった。

耕がアンボンで知事と面会したのは、1930（昭和5）年9月5日のことである。残念ながらこの会談には現地滞在の外交官が参加していないため、第三者からみた会談の記録が残されていない。外務省外交史料館に残っているのは、会談後に耕が姉歯に送った簡単な手紙と、帰国後に書かれた報告書のみである。

会談後に書かれた手紙を見ると、耕は担当の副理事官および現地住民の代表が立ち会うなか、知事との面会を行っている[358]。知事からは、個人的には耕の事業を歓迎する趣旨の発言があったが、沿岸漁業許可に関しては、知事と耕とで意見が分かれた。知事が主張したのは、第一段階として6カ月から1年間暫定的に

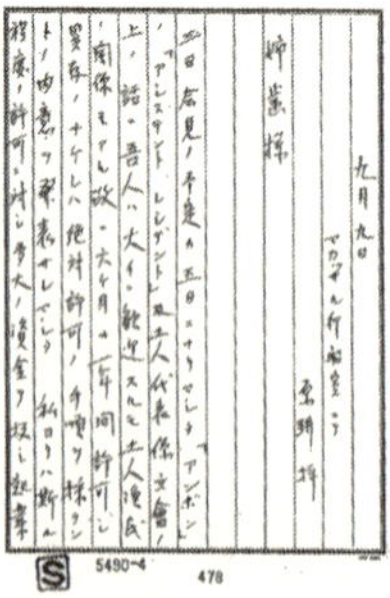
九月九日
マカッサル行船室ニテ
耕
姉歯様
5490-4
478

知事との漁業権交渉について知らせる耕から姉歯準平領事への手紙（外務省外交史料館蔵、アジア歴史資料センターより閲覧）

漁業許可を与え、現地漁民から異存がでなければ、第二段階として正式な漁業許可証を交付するというものであった。しかし、莫大《ばくだい》な資本を投下して起業しておきながら、6カ月や1年で許可取り消しになっては大赤字である。耕にとっては到底のめない提案であった。逆に耕が主張したのは、第一段階として現地漁民の現状や耕の事業に対する反応を調査して、何も問題なければ第二段階として正式な漁業許可証を交付するというものであった。

結局、耕の主張が通り、現地漁民の調査を先に行うことになった。知事は、調査期間としてアンボン近郊のみならば30日程度、モルッケン州全域であれば5、6カ月程度かかることを耕に伝えた。大規模鰹漁のためには大量の餌魚が必要である。耕は当然モルッケン州全域での調査を要求して、会談は終わったようである。

手紙を読む限り、この時の会談では漁民の調査を行うことが決まっただけなのだが、なぜか耕は漁業権獲得を確信したようである。姉歯への手紙の最後を次のようにしめくくっている。

「〔漁業―筆者注〕許可ハ相違ナキ事ニ進ミマシタ。何事モ皆様ノ御添力ノ結果ト信ジ、感謝ノ外ハアリマセヌ。土地モ「ノータリス〔公証人―筆者注〕」へ頼ミ、数名連署シマシタ。完全ニ契約ハ成立シマシタ。故ニ私ハ日本ニ急ギマス。此ノ船ガ十日ノ朝ニ「マカッサル」へ着キ、午後日本行ガアリマスカラ、急ギマス。会社設立ノ書類ヲ皆様へ差上ゲル事ノ段取リ致シマス。何分此上トモ御高庇《こうひ》ヲ御願致シマス」(359)(濁点、句読点を追加した)。

知事との漁業権交渉を成功させたと確信している耕の興奮が伝わってくるようである。目論見書準備のために、耕は一刻も早い帰国を目指したのであった。

第102回　帰国

耕が日本に戻ってきたのは、1930（昭和5）年9月28日のことである(360)。7月28日に南洋へ出発し、当初は3カ月の予定で南洋各地の水産業視察が計画されていたが、予定よりも1カ月も早い帰国となった。

帰国後の10月2日、鹿児島県水産会主催で耕の「南洋漁業紹介講演会」が開催されている。こうした報告会を欠かさずやるあたりはさすがである。鹿児島新聞社、鹿児島朝日新聞社も後援し、紙面でも告知記事がだされたからか、講演会には600人もの聴衆が集まった。『鹿児島新聞』に講演会の写真が掲載されているが、なかなかの盛況ぶりである(361)。

この講演会で耕は、南洋行きの成果について次のように述べている。モルッケン州知事（引用文ではモロッカ州知事と表記されている）から漁業権許可を与えられたと言明しているところは、特に注目である。

「漁業権許可の件も、十一月十日迄にこつちから正式申請書を提出するに対し、向ふでも極力援助し様と云ふ同地和蘭《オランダ》最高官憲の諒解を得る迄漕ぎ付けた同時にモロッカ州知事よりは、日蘭提携の漁場開拓に要する餌料を獲る同地沿岸漁業権の許可を与へられたが、これ実に外国人として和蘭領海の漁業権取得の端緒であらう」(362)。

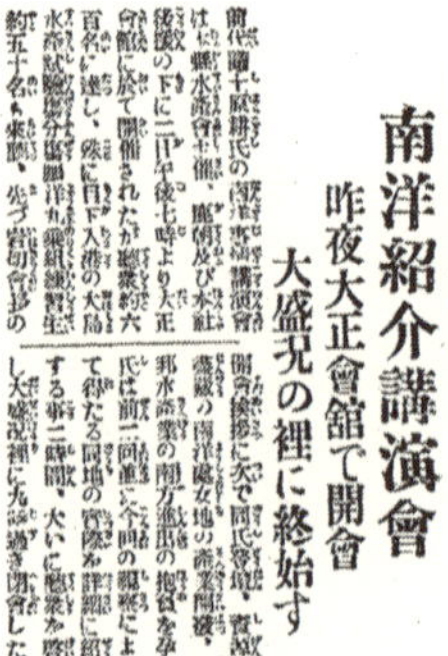
原前代議士の
南洋紹介講演會
昨夜大正會館で開會
大盛況の裡に終始す

耕の南洋漁業紹介講演会の様子を伝える『鹿児島新聞』1930年10月3日2面

またこの講演会の内容から、耕が米領フィリピンにかなりの関心をもっていたことも伺える。耕は今回蘭印に入る前に、フィリピンのマニラで現地水産業の調査も行っていたようで、「マニラ政府の米国最高官憲」との面会についても言及している[363]。フィリピンで耕がその動きを注視していたのは、アメリカ本国の水産会社のマニラ進出であった。耕も蘭印で鮪を獲り、欧米に缶詰を輸出する計画をもっていた。アメリカ本国の水産会社がフィリピンに進出してくると、耕にとっては強力なライバルになる。

こうしたアメリカ企業の情報収集のために、耕は現地総領事館も利用している。8月下旬、蘭印スラバヤの日本領事館に立ち寄った際、耕は領事の姉歯準平を通して、在マニラ日本総領事館にアメリカ資本の缶詰会社設立の進捗状況と、マニラにおける魚の卸値および小売価格についての調査を依頼している[364]。

マニラの日本総領事館の方でもこの依頼を受けて詳細な調査を行い、9月17日付でスラバヤの姉歯宛に、そして18日付で外務大臣幣原喜重郎宛にも調査結果を報告している[365]。幣原宛の機密電報では、調査結果を耕に転送するよう記載がある。こうした現地機関の好意的対応の理由が、耕の元政治家としての肩書のためなのか、西春彦の紹介によるものなのか、それとも耕の事業の有望性のためなのかは定かではないが、現地の総領事館が耕のために情報収集まで行っていたことには留意しておく必要がある。

耕は講演会に参加した水産関係者に、アメリカ資本が進出するフィリピンよりも蘭印への進出を呼びかけた。「フイリツピンは見込みはない、唯蘭領諸島だけは無限の宝庫を蔵し我等の開拓を待つているると云へるのである」[366]と。蘭印での漁業権交渉に成功したと考えていた耕は、アメリカの大規模資本をも迎え撃つつもりだったのである。

第103回　可能性は無限大

帰国した耕は早速、蘭印政庁に提出する目論見書の作成に取りかかった。この目論見書は外務省外交史料館に保管されていて、現在でも読むことが可能である。この資料のタイトルは「報告書」となっていて、総文字数は約2万4千字（4百字詰め原稿用紙で約60頁）にもなる[367]。この「報告書」は、形式上は一つの文書だが、その内容を詳細に見ていくと、以下の三つの部分から構成されているのが分かる。

(1)拓務省からの委託調査「南洋方面ニ於ケル漁獲物ノ販途並邦人出漁ノ可能性トソノ収容力ニ関スル調査」への報告書。今回の蘭印行きの名目は調査で、拓務省から補助金がおりていた。その委託調査に対する報告書で、南洋の水産業の状況が詳細にまとめられている。それと同時に、なぜ漁業基地をアンボンに建設する必要があるのか、その理由も述べられている。

(2)モルッケン州知事との交渉記録。モルッケン知事に提出した陳情書の他に、交渉結果が簡潔にまとめられている。

(3)アンボンでの漁業基地建設の目論見書。蘭印政庁の農工商務長官らから提出を求められていた目論見書である。この目論見書を見ると、耕がアンボンでどのような事業を展開しようとしていたのか、その構想が

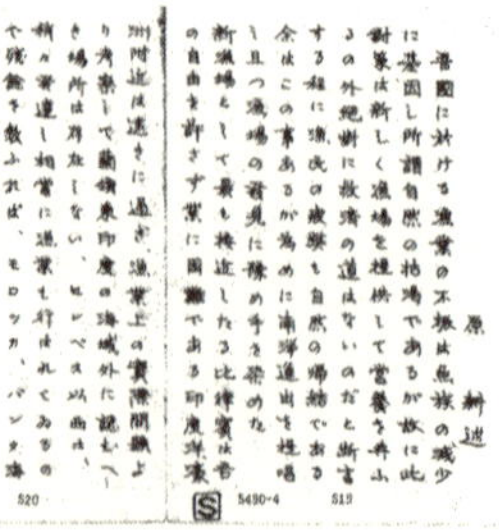

耕が拓務省などに提出した報告書（外務省外交史料館蔵、アジア歴史資料センターより閲覧）

明らかになる。

まずは、拓務省からの委託調査に対する邦人出漁の可能性とその収容力についてみてみよう。そもそもなぜ耕が南洋漁場進出を目指すのか、その理由は極めてシンプルである。日本近海では水産資源の減少が激しく、将来的に漁師が困窮していくことが予想される。では、漁師はどのような選択肢をとるべきなのか。耕は言う、手つかずの新しい漁場を見つける以外ないと。

では日本人漁師にとって有望な新漁場とはどこなのか。フィリピンは日本人漁師の操業を規制している。インド洋、オーストラリアは遠すぎる。蘭印のスラウェシ島以西では、すでに多くの漁師が漁業を行っていて過当競争の状況であると同時に、すでに水産資源が減少しつつあり新漁場としてはふさわしくない。

豊富な水産資源が手つかずで残されている唯一の場所。つまり、近い将来水産資源減少の心配が少ない地域。それがスラウェシ島以東の「東部南洋海域」、すなわち東はニューギニア島やアロー諸島、南はティモール島、西はフロレス海、北はハルマヘラ島に広がる海域である。そしてこの海域の中心地で、重要な港湾設備も整備されているアンボンこそが、大規模漁業基地に最適であると主張する。この地で、日本には鰹節、欧米には缶詰、蘭印には塩乾魚を供給するのである。当時、他の日本人漁業者は、都市部で鮮魚を販売することを目的としていた。耕の発想は全く異なるのである。

報告書には次の言葉が記されている。「小漁業は都会地に発生す。大漁業は地方に起る。最大漁場は未開地に存在す」(368)、「最大有望の漁場は東部南洋を提唱す」(369)。そして耕は言う。この海域への「〔日本人漁業者の―筆者注〕団体的の出漁可能性並収容力は無限なり」と。これらの言葉に、耕の南洋漁業観が集約されていると言って良い。この最大有望な漁場に日本人漁業者を送り出すことが、耕の目標だったのである。

第104回　目論見書

耕が蘭印からの帰国後に作成した「報告書」のうち、最後の部分が蘭印政庁に提出した目論見書である。この目論見書を見ると、耕がアンボンでどのような事業構想をもっていたかが明らかになる。

起業資金は50万円（現在の貨幣価値にして約4億1千万円）である[370]。この資金で、発動機付き漁船5隻を新造する他、製氷、鰹節加工、魚粉製造、缶詰製造などの施設整備が計画されていた。耕がアンボンで行おうとしていた事業は七つの部門に分かれている。製氷部、鰹節部、魚粉部、缶詰部、餌魚部、船舶部、船渠《せんきょ》部である。この七つに、漁撈（鰹漁と鮪漁）を専門に行う部門があるはずなので、実際は八つの部門ということになるであろうか。当時、日本国内ではこれらの8部門はすでに分業体制が築かれていたが、南洋では耕がすべてを手がける必要があったのである。

何度も紹介しているように、耕は鰹節を日本へ、缶詰を欧米へ輸出することを目指していた。問題はその規模である。耕は当初300人の漁師を雇い入れる計画を立てていた。年間の収支について耕は、収入を70万円（現在で約5億8千万円）、支出を48万6千円（約4億円）と計算し、利益を21万4千円（約1億7千万円）と見込んでいた。ただこの目論見書では、収入の項目が「省略」となっているので、耕がどの費目で

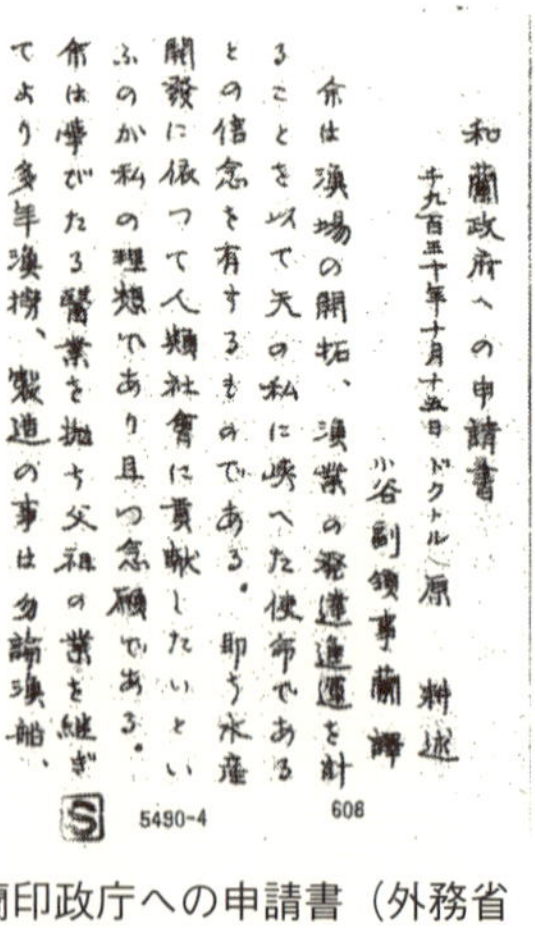
和蘭政府への申請書
千九百三十年十月十五日 ドクトル／原　耕述
小谷副領事蘭譯
余は漁場の開拓、漁業の發達進運を計ることを以て天の私に與へた使命であるとの信念を有するものである。即ち水産開發に依つて人類社會に貢献したいといふのが私の理想であり且つ念願である。
余は學びたる醫業を拋ち父祖の業を継ぎてより多年漁撈、製造の事は勿論漁船、
5490-4　608

蘭印政庁への申請書（外務省外交史料館蔵、アジア歴史資料センターより閲覧）

どれくらいの利益を想定していたのかは分からない（逆に支出についての費目は記載されている）。しかし当時の他の南洋漁業と比べると、桁外れに大きな事業であった。

しかし疑問も残る。耕がアンボンで賃借する土地は広大で、東京ドーム約53個分、東京ディズニーランドなら約5個分の広さである。３００人の漁師と5隻の漁船の事業にしては広すぎる。したがって、目論見書に書かれた事業規模はあくまで初期段階のものであったと考えた方が良いであろう。

では、最終的に耕はどの程度の事業規模を想定していたのか。１９３３（昭和8）年3月に、耕が南洋庁へ提出した事業計画書が残されている。そこで表明されている事業はとてつもなく巨大なものである。いくつかの項目を目論見書と比較してみると、初期投資額50万円→1千万円（約83億円）、雇い入れる漁師数３００人→7千人、漁船の数5隻→鰹船１００隻および鮪船１００隻の合計２００隻、収入70万円→１９００万円（約１５７億円）、支出48万6千円→１３３１万円（約１１０億円）、利益21万4千円→５６９万円（約47億円）である。確かに、雇い入れる漁師数が7千人もいれば、その家族も含めてディズニーランド約5個分の広さが必要になるであろう[371]。

話を目論見書に戻す。耕の壮大な事業も、日蘭合弁事業が成立しなければ成功は期しがたい。壮大な事業計画に垣間見えるのは、蘭印政庁への懇願である。「和蘭政府に於て特別の御詮議を以て出資され吾人の事業を援助賜りなば真に無上の光栄であり無上の喜と存する次第である」[372]と。

耕が外務省や拓務省に目論見書を提出したのは10月下旬のことである。バタヴィアの日本総領事館は、早速オランダ語訳に取りかかったのであった。

第105回　情熱と冷静の間

耕の目論見書提出後、バタヴィア（現在のジャカルタ）の日本総領事館と外務省の間で、蘭印政庁との交渉方針について盛んなやり取りが行われている。確認できる限りでは、1930（昭和5）年10月22日付のバタヴィア総領事三宅哲一郎発、外務大臣幣原喜重郎宛のものがこの件に関する最初の電報である[373]。耕が蘭印視察から帰国したのが9月28日であるから、帰国から1カ月もしないうちに目論見書が総領事館に届けられ、蘭印政庁との交渉準備がはじまったことになる。耕はよほど急いで目論見書を作成したに違いない。

耕というのは不思議な魅力をもった人物である。南洋漁場開拓にかける情熱がすさまじく、その話を聞く人々を皆虜《とりこ》にしてしまう。まるで「魔法」である。耕が「やる」と一言いえば、それが政府高官であろうが、外交官であろうが、外国人であろうが、みんなひきつけられてしまう。

だが、いつも「魔法」が効くわけではない。特に、厳しい法律がある場合には、重要人物に「魔法」をかける努力よりも、可能なかぎり適法に物事を進める努力が必要である。当時の耕は、蘭印の法律に合わせるよりも、蘭印政庁や国内の有力人物に会い、そして「魔法」をかけることを優先する傾向があった。

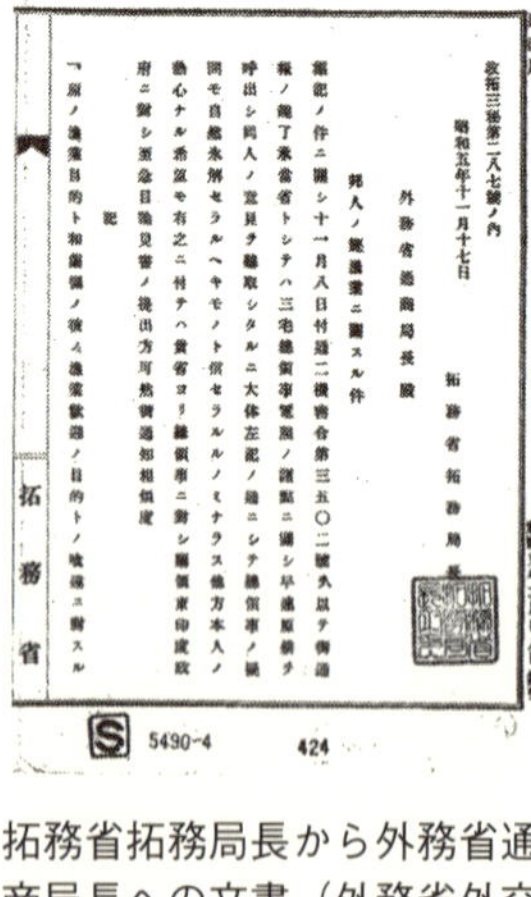

拓務省拓務局長から外務省通商局長への文書（外務省外交史料館蔵、アジア歴史資料センターより閲覧）

そんな耕にとって極めて重要な人物が、蘭印政庁との交渉に直々《じきじき》に乗り出した総領事三宅哲一郎である。外務省と総領事館のやり取りを見ていると、三宅がかなり鋭い視点をもっていて、人の言ったことを鵜呑《うの》みにせず、自分でも情報を収集して裏を取りながら物事を慎重に進めて行く冷静なタイプであったことが伺える。それからここが重要なのだが、8月に耕がバタヴィアを訪問した時、三宅は帰国中で耕とは直接顔を合わせていない。つまり耕の「魔法」にかかっていない人物だったのである。

10月22日付で出された電信を見る限り、三宅は二つの思いをもったようである。一つは耕の事業を成功させたいという希望と、もう一つは現状のままでは蘭印政庁との交渉が失敗するという危惧である。特に三宅は、日蘭合弁企業設立こそ事業の鍵になると考えていた。三宅は、自身の考えを次のように述べている。「此ノ際〔日本国内の──筆者注〕適当ナル資本家ヲ糾合《きゅうごう》シ蘭国側ノ意見ヲモ参酌《さんしゃく》シテ有力ナル日蘭合弁ノ計画ヲ進ムルニ絶好ノ機会ト認メラルルニ付農林省トモ御協議ノ上然《しか》ルヘク御立案相成様致度《あいなるよういたした》シ」(374)と。それまでは耕の目論見書を総領事館で保留し、蘭印政庁への提出は控えることを提案した。現在からみた場合、三宅のこの判断は適切だったと言える。

三宅の電信が移牒《いちょう》された拓務省拓務局では、11月15日頃に耕を呼んで話を聞いている(375)。耕の決意は固かった。日蘭合弁企業が不成立でも、目標の起業資金50万円が集まらなくても、規模を縮小してまず事業を開始する意向を示したのである(376)。

耕に会った人間は「魔法」にかけられてしまう。拓務省拓務局長から外務省通商局長宛の文書(11月17日付)は、次のようにしめくくられている。「原ヲ信用セラレ至急和蘭《オランダ》側へ目論見書ヲ提出セラレ度《たし》」(377)と。耕の情熱が通り、三宅の冷静な判断が退けられてしまったのである。

第１０６回　総領事の不満

耕を呼び出してその意向を確認した拓務省拓務局が外務省通商局長宛の文書を送ったのは、１９３０（昭和５）年11月17日のことである。その翌日、幣原喜重郎外務大臣名で三宅哲一郎総領事宛の電報が送られている[378]。

この電報が伝えている内容は、以下の4点である。第一に、農林省と拓務省が耕を大変信頼していること。第二に、耕の意向として、まずはアンボンでの事業を開始して、その後に日蘭合弁のための資本家を探すこと。第三に、総領事館が耕の資金関係に関与せず、さらに日本政府の後援があるかのような印象を蘭印政庁に与えないようにすること。第四に、耕の希望通り目論見書を蘭印政庁へ提出すること、である。

この電報を受け取った三宅は、現場の最高責任者である自分の意見が全く通らなかったことに驚いたに違いない。その3日後、三宅は蘭印における会社設立と漁業権の関係について次のような電報を幣原に送っている。

「蘭領ニ於テ会社ヲ設立セントスル場合ニ於テハ当領ニ定住権ヲ有スル重役ヲ必要トスルコト又沿岸漁業ヲ行フ会社ニ付テハ多数ノ重役ハ蘭国臣民タルコトヲ要スル等法規上種々ナル制限アリ従テ原ノ書類此ノ儘《まま》ニテハ内容甚タ杜撰《ずさん》ト認メラルルヲ以テ本官ニ於テハ直チニ之ヲ取次クコト困難ナリ」[379]。

信じられないことなのだが、こうした法令に基づいて耕の事業を検討した人物は三宅しかいなかった。バ

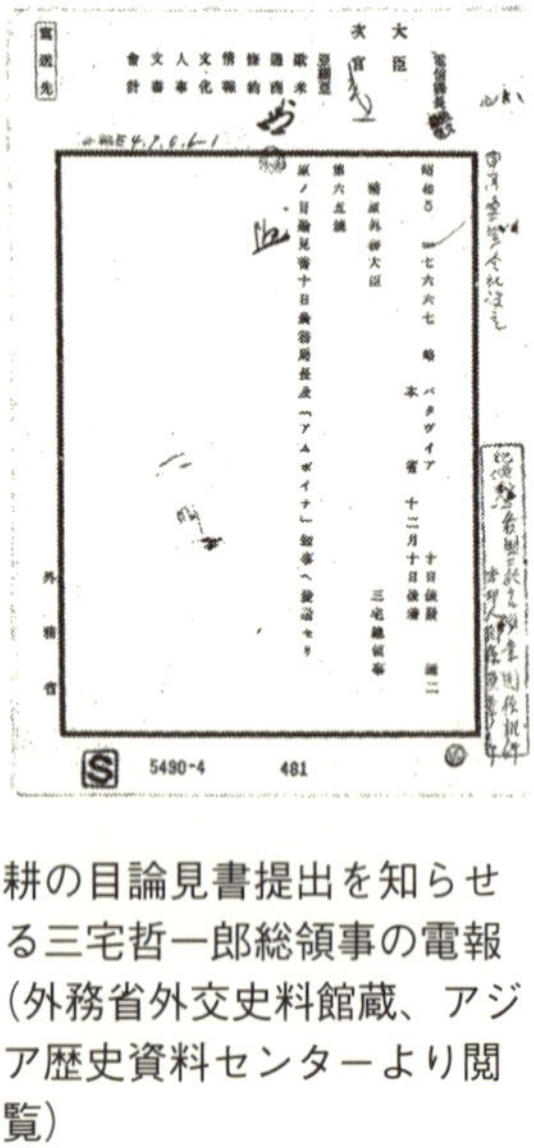
大臣
次官
昭和５　一七六六七　略　バタヴイア　十日後發
本省　十二月十日後着
幣原外務大臣　三宅總領事
第六五號
耕ノ目論見書十日農務局長宛「アムボイナ」知事ヘ提出セリ
外務省
5490-4　461

耕の目論見書提出を知らせる三宅哲一郎総領事の電報（外務省外交史料館蔵、アジア歴史資料センターより閲覧）

タヴィア総領事館でも、外務省でも、スラバヤ領事館でも、三宅以外の人物が沿岸漁業令の細かな条文について検討した形跡が見当たらないのである。それだけに三宅の意見は重要である。このまま事態が進めば、耕の事業が失敗することを三宅は危惧していたのである。

しかし、外務省はまたしても三宅の意見をとりあげず、目論見書を蘭印政庁に提出するよう指示したのである。12月1日、三宅は幣原外相宛に、長文の意見書を提出している(380)。これが3度目である。意見書全体から、総領事である自分の判断が尊重されないことへのいらだちが感じられる。長文なのですべての内容は紹介できないが、三宅が特に主張しているのは次の2点である。

第一に、もう一度耕の目論見書を精査することである。三宅は、これまで総領事館が情報提供してきた沿岸漁業令や各種法令に基づいて、外務省でも耕の目論見書を点検しなおすことを要求したのである。三宅にしてみれば、蘭印の法律を検討することなく、耕の言ったことをうのみにして事業を進めようとする、外務省、拓務省、農林省の姿勢にかなりの憤りを感じていたに違いない。

第二に、日蘭合弁企業を実現させることである。蘭印では、日本人漁業者が現地漁民の利益を侵害していることに非難が高まっていた。そのため、外国の水産会社の操業がいつ規制されるか分からなかった。しかし日蘭合弁企業ならばこうした問題を解決できるし、なにより耕が喉から手がでるほど欲しがっていた漁業権も獲得できるのである。

しかし三宅の意見が認められることはなかった。12月10日、三宅は蘭印政庁に目論見書を提出した。この日、三宅は幣原外相に1行だけの電報を送っている。「原ノ目論見書十日農務局長及「アムボイナ」知事へ発送セリ」(381)と。

第107回　水泡に帰す

1930（昭和5）年12月10日、バタヴィア（現在のジャカルタ）の日本総領事館は耕の目論見書を蘭印政庁に提出した。その後、総領事の三宅哲一郎とスラバヤ領事の姉歯準平は、蘭印政庁側の意向を知ろうと努力していた。12月29日、三宅はバイテンゾルフ（現在のボゴール）にいる農務局長を訪問し、以下の2点について意向確認をしている。

第一に、日蘭合弁会社についてである。農務局長は「原如キ信用アル者ノ事業ハ成ルヘク成功セシメタキ処《ところ》目下経済界不況ノ際果シテ蘭国側ノ出資ヲ得ヘキヤ疑問ナルモ兎モ角本計画ハ之ヲ「バタヴィア」ニ送リ資本家ノ意向ヲ徴シタル」[382]ことを約束した。第二に、沿岸漁業権である。アンボンの知事から報告がないため確言はできないものの、最近国民参議会で日本人漁業に反対する発言があったことから、現地漁民から餌魚を買い入れる方が良いという意向が示された。

続いて翌年1月24日、姉歯がアンボンからの情報を知らせてきた。漁業権が認められるかどうかは知事の判断による。回答は、「調査ノ結果右出願〔耕の漁業権申請―筆者注〕ヲ許可スル時ハ漁業関係者ヨリ強硬ナル反対起ルヘキコト明白トナリタルトノ為本件措置方進捗スルコトヲ得ズ」[383]であった。そして知事は

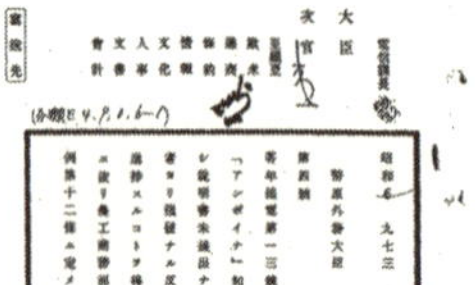

漁業権について報告する姉歯準平から幣原喜重郎外務大臣への電報（外務省外交史料館蔵、アジア歴史資料センターより閲覧）

言う、そもそも法的に漁業権が認められるのは沿岸漁業令の規定を満たすオランダ人か、株式会社のみであるとすでに耕に伝えたはずだと。この件は、1月29日に外務省を通して日本の耕にも伝えられた[384]。

その後も姉歯は交渉を続けたようであるが、漁業権について決定的な情報が入ってきたのは、2月17日のことである。知事は「此ノ区域〔沿岸―筆者注〕ニ於ケル現地漁民ノ権利ハ漁業条例第六条ニ規定サレ何人ニ対シテモ割譲又ハ譲渡ヲ禁セラレ居ル」[385]（一部表現を改めた）と回答してきたのである。つまり法律上、日本人が漁業権を得ることなど最初からできなかったのである。驚くべきは、姉歯が漁業条例の条文も知らずに漁業権交渉をしていた事実である。そして気になるのは、耕が知事と面談した時の内容と、今回の内容が違いすぎる点である。なぜ耕は沿岸漁業が許可されると思いこんだのか。姉歯は、次のような見解を示している。

「右回答ハ、原カ同地ニ於テ聞取リタル処ト相違スルモ、当時単ニ口頭ノ交渉ニ過キサリシモノニシテ、今更押問答無益ナリト存セラルルカ、何レニシテモ先般来国民参議会ニ於テ屡々《しばしば》漁業問題ニ関スル質問アリ旁《かたがた》当領政府トシテハ現地漁民側ヨリ斯《かく》ノ如キ苦情出ツルコトヲ好マサルカ故、本件ニ対シ右ノ如キ態度ヲ執リ居ルモノカトモ察セラル」[386]（一部表現を改めた）。

今回注目しておきたいのは、次の2点である。第一に、蘭印の法律と三宅の意見を、耕が軽視しすぎたことである。耕が最初にやるべきは、三宅が指摘した日蘭合弁企業の設立だったのである。第二に、8月に耕を受け入れた姉歯や小谷淡雲たちが、信じられないことに蘭印側の法律をほとんど調べないで交渉の斡旋《あっせん》をしていた可能性があることである。

結局、日蘭合弁企業も成立せず、耕の苦労はすべて水の泡となったのである。

第108回　州知事の意向

蘭印政庁との交渉結果は、耕にとっては散々であった。耕が望んでいたのは、(1)日蘭合弁企業の設立、(2)アンボン近海での漁業権獲得、であったが、どちらも失敗に終わった。

蘭印政庁の高官が耕に好意的だったことは、現地滞在の外交官が外務省に報告している通りである。分からないのは、耕に対するアンボンの州知事の態度である。

そもそも知事は、耕の事業にどのような態度をとっていたのか。1930（昭和5）年9月に耕が知事と会談した時、耕は「〔漁業—筆者注〕許可ハ相違ナキ事ニ進ミマシタ」とスラバヤ領事の姉歯準平に報告している。だがこの時は第三者が同席しなかったために、実際にどのような会談が行われたのかは分からない。そして翌年2月15日頃に、知事は、沿岸漁業は許可できないと姉歯に伝えている。この間、何があったのか。

実は、1931（昭和6）年2月3日から5日にかけて、拓務省の水産試験船「白鷹丸」がアンボンを訪問している。この「白鷹丸」には、後に南洋漁業について多くの論考を発表する下田杢一と渡辺東雄が乗船し、帰国後の6月には『南洋ニ於ケル水産業調査書』を発行している(387)。この報告書には、下田と渡辺がアンボンの州知事と面会した内容が記されている。

「蘭領東印度ニテハ英領程ノ熱ハナキモノノ如キモ相当ノ好感ヲ持シ且ツ歓迎ヲナシ居レリ、今回寄港地

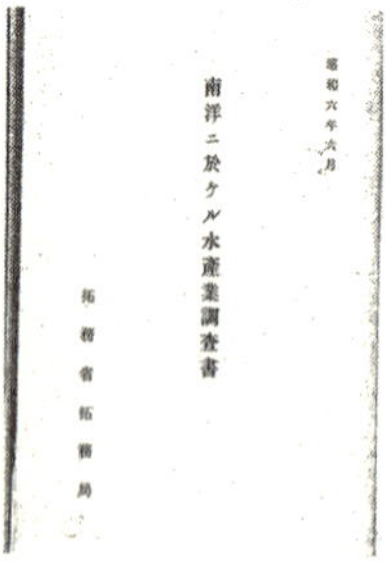
昭和六年六月
南洋ニ於ケル水産業調査書
拓務省拓務局

「白鷹丸」による調査をまとめた『南洋ニ於ケル水産業調査書』

ニ於テ至ル処官憲ト懇談セルガ何レモ左様ニ感ジタリ殊ニ「アンボン」ニ於イテハ州知事ガ原耕氏ガ（中略）一日モ速ニ来航シ就業スルヨウ小官ニ努力セラレタシト懇望セルガ如キ実例モアリ、尤モ蘭領ニ於テハ現地人懐柔ノタメ現地人以外ノモノニハ沿岸漁業ノ許可ハナサザルモ沖合漁業ハ自由ニシテ邦人沖合漁業ヲ営マンガタメ根拠地ヲ置クコトハ何等差支ヘナキナリ」(388)。

下田と渡辺の報告から以下の点が確認できる。(1)州知事が耕の事業に大変な期待を寄せていたこと。(2)蘭印では外国人に対して沿岸漁業は許可されないこと。(3)沖合での操業は可能で、根拠地を置くこと自体は外国人でも問題ないということ、である。

耕と州知事とでどのような議論が交わされたかは依然不明だが、通訳の関係などもあり、恐らく互いに行き違いがあったのだろう。漁業権獲得が無理と分かっていれば、耕は先に日蘭合弁企業設立を目指したはずである。会談内容を明らかにするためにはオランダ側の史料も検討する必要があるが、現在調査中ではっきりしたことは言えない。

少しまとめておく。1929（昭和4）年6月から12月まで耕が行った第2回南洋漁場開拓事業は大成功に終わった。耕のなかで、日本に鰹節を、欧米に缶詰を作るための一大拠点をアンボンに置く構想が一気に加速したに違いない。衆議院議員落選後、耕は単身蘭印にわたり、政府高官や州知事らとの交渉を行った。しかし交渉の結果、現地漁民から少量の餌魚を買い取り、沖合で小規模な鰹漁を行わざるをえない事態がはっきりしてきたのである。

耕は事業の中止や変更も考慮に入れたであろうか。分からない。ただ日本国内での南洋漁業に関する耕の知名度は、すぐには中止できないほどに高まっていたのである。

第109回　高まる知名度

蘭印政庁との交渉は不調に終わったが、南洋漁業に関する耕の知名度はぐんぐんと高まっていった。

1931（昭和6）年1月29日、耕は南洋協会という団体に招待されて講演を行っている。南洋協会とは、1915（大正4）年1月に設立され、主に「外南洋」と呼ばれた現在の東南アジアに相当する地域に関して様々な活動を行っていた団体で、いわゆる「南進論」にも深く関与したことでも知られている。設立メンバーには犬養毅や渋沢栄一らが名前を連ね、歴代会頭の中には近衛文麿もいる。

南洋協会では設立以来、南洋事情についての講演会を行っているが、耕が呼ばれたのは節目となる第百回講演会であった。この時の講演会には侯爵徳川義親（尾張徳川家第19代当主）の他、男爵2人、そして多くの経済人が参加している(389)。耕は「南洋漁業の実際」と題して持論を展開した(390)。

話は少しそれるが、この講演会には、1人気になる人物が参加している。鹿児島県姶良《あいら》郡加治木村（現在の姶良市加治木町）出身の海軍少佐前田精《ただし》である(391)。前田は日本ではあまり知られていないかもしれないが、インドネシアでは最も良く名前を知られた日本人の1人である。

スカルノらが独立宣言を起草した前田精邸。現在は独立宣言起草博物館として一般にも公開されている（下麦華子提供）

前田は、1945年8月のポツダム宣言受諾時、海軍少将としてジャカルタ海軍武官府に勤務していた。戦勝国である連合国は「現状維持」命令をだし、独立施策を禁じていた。そんななか、前田はスカルノ（初代インドネシア大統領）やハッタ（同副大統領）ら民族主義指導者たちにあえて自らの邸宅を提供したのである。スカルノらは前田邸で独立宣言草案についての議論を行い、8月17日にはインドネシアの独立を宣言した。この前田邸は、現在でも独立宣言起草博物館として一般に公開されている。

その前田が、耕の講演会に参加していたのである。当時の前田は、海軍軍令部第3班第5課（欧米列国軍事調査を担当）に所属していた(392)。前田が何のために参加していたのか興味あるところだが、ここではこれ以上言及しない。

話を元に戻す。耕の講演会から数カ月後、南洋協会において、南国産業株式会社取締役の有村貫一が、「蘭領印度の産業」と題して講演を行っている。この講演のなかで有村は、蘭印の有望な産業は農業と鉱業だけであり、漁業は「産業的に考慮する価値は無い」と述べている。しかし、耕の事業だけは別だと主張する。「只一つ考へらる、ことは、我々が使つて居る鰹節これは原産地が南洋であるだけに、先年来前代議士原耕さんがお調べになつて相当な施設をなさるし、事実現に事業を経営して居られます（中略）将来最も有望な所はこのバンダ海〔耕が事業を予定している海域―筆者注〕付近です。これは日本が三十年や五十年鰹節を食つても尽きないやうに計算されて居ます」(393)。

自分で自分の事業を紹介するのは簡単だが、他人に自分の事業を評価してもらう方が数倍も難しいのは言うまでもない。耕の事業は、南洋で活躍する経済人の間でも、幅広く知られるまでになっていた。

そしてついに、日本政府も南洋漁業に目を向け始めたのである。

第110回　山動く

耕が、南洋漁業の有望性について政官財に対して強力にアピールしていたことはすでに紹介した通りである。その成果が表れて、政府が南洋漁業に目を向け始めたのである。

拓務省が試験船「白鷹丸」を南洋に派遣したのは1930（昭和5）年11月のことである。翌年6月10日、拓務省は「水産事務協議会」を農林省別館会議室において開催した。この会合には、拓務省からは次官、拓務局長の他13人の職員が、農林省からは水産局長の他8人の職員が、そして文部省や水産試験場からも担当者が参加している。そして全国の水産試験場技師の他、朝鮮、台湾、関東州などの外地の水産技師も集まっている点には注目する必要がある。ちなみに南洋群島に水産試験場が設立されたのは協議会が開催される1カ月前の5月のことだが、同試験場からも水産技師が1人参加している。この協議会のテーマが、ずばり南洋漁業であった。確認できる限り、南洋漁業に関して内外の水産技師が一堂に会したのはこの協議会が初めてである[394]。

協議会冒頭、拓務次官の堀切善治郎は、南洋漁業の重要性について次のように述べている。

「我が漁業の進出すべき漁場は、各方面に尚広き余地を存して居るのでありますが、南洋は距離の関係上より見るも、水産資源の豊富なる点より見るも、将又《はたまた》市場の関係より見るも、我が漁業の第一に着目すべき

南洋水産協会が発行していた『南洋水産』の創刊号

場所であります。特に我国現下の事情に鑑るならば、南洋漁業の開拓は殊に急務と考へらる、のでありま
す」[395]（句読点を追加した）。

拓務次官のあいさつも、その後の拓務局長の講演も、その内容を見ると、南洋漁業に関する耕の主張がそっくりそのまま代弁されていると見て間違いない。

具体的な協議に入ってからは、(1)南洋漁業に関する情報共有の方法、(2)調査船出動についての情報共有の方法、について議論されている。またこの席上、各県による南洋漁業への助成の有無が確認された。鹿児島の技師から「県下の南洋漁業家原耕に対し二ヶ年程補助を与へ助成をなしたり」[396]と発言があった他は、他県では行われていないことが確認された。耕と鹿児島県の動きは最先端のものだった。

この協議会開催以降、大規模資本が南洋漁業に参入して行き、国の関与も増えていった。1933（昭和8）年には、南洋群島に拠点をおいていた南洋興発株式会社が水産部を設立し、共同漁業株式会社はボルネオ水産株式会社を設立している。翌1934（昭和9）年1月には、南洋漁業に特化した団体である南洋水産協会が東京にて設立され、11月には共同漁業が南洋水産株式会社を設立している。1935（昭和10）年1月には、南洋興発水産部が南興水産株式会社として独立し、南洋群島最大の水産会社が登場した。ちなみに、後に南興水産の2代目社長となるのは、拓務省出身の杉田芳郎であり、南洋漁業への国の関与が強まっていく。さらにこの年の5月から、南洋水産協会は月刊の機関誌『南洋水産』を発刊し、これによって南洋漁業に対する情報は質量ともに高まっていくことになった。

こうした流れができるまでに、耕が果たした役割は小さくない。それなのに、1931年当時、耕のアンボンでの計画は頓挫していたのである。

第111回　不遇の年

1931（昭和6）年は、耕にとっては我慢の年であった。

この年の6月に、拓務省が南洋漁業に関する「水産事務協議会」を開催したのは前回紹介したとおりである。こうした流れを受けて、拓務省は耕がアンボンで使用する製氷機及び鰹節製造工場建設費に1万円の補助金を出している。

南洋漁業に注目しはじめたのは国だけではない。鹿児島水産界もようやく南洋に目を向け始めた。というよりも、目を向けざるを得なくなったのである。当時、鹿児島の鰹漁は深刻な不漁に見舞われていた。数年来の不漁に見舞われた船主たちは、経営面では産業組合を立ち上げたり、漁撈に関しても南洋での操業の必要性に迫られていた(397)。当時の『鹿児島新聞』では、鰹船の南洋行きの記事が頻繁に掲載されている(398)。

やっと南洋漁業が注目されはじめ、耕の事業には拓務省からの補助金がおりたにも関わらず、不幸なことにアンボンでの事業は頓挫したままだった。

南洋漁業を牽引してきた耕は、この時期をどのような気持ちで過ごしていたのだろうか。これについては実は、記録が残っている。この年の夏、耕は枕崎の医者仲間4人とともに、県内各地へドライブにでかけた。この道中、耕は友人たちに「俺は南洋が墳墓の地さ、墓地も求めて置いた、少し君達の墓参には遠いがね」と語り、いつもの如く豪傑笑いをしたという。これを聞いた友人らは、「それはよいことをした、今に南洋

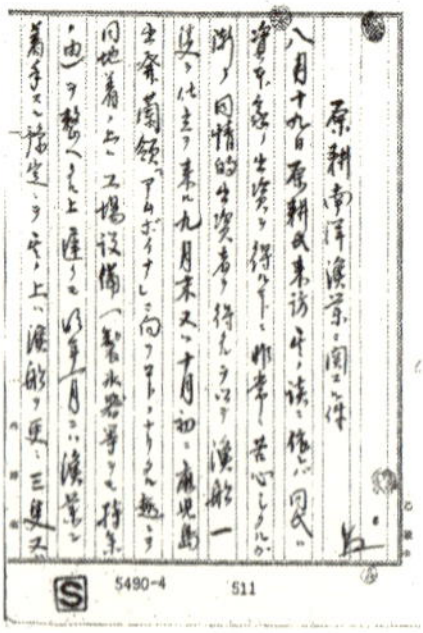
原耕南洋漁業ニ関スル件

5490-4　511

耕の外務省訪問についての報告書（外務省外交史料館蔵、アジア歴史資料センターより閲覧）

に原山陵が出来て、現地住民から祀られることだろう」と笑いあったという思い出話が、『鹿児島医学雑誌』（第10年第10号）で紹介されている(399)。ちなみに、この時の冗談話が2年後には現実のものとなってしまう。

外務省外交史料館にも、この時期の耕の記録が残されている。8月19日、耕は外務省を訪問した。この時外務省職員に対して、9月末または10月上旬に、アンボンに向かう予定だと告げている(400)。この記録によると、まず船1隻に50人の作業員を乗せ、同時に製氷機などの工場設備も持参するという。外務省職員としては当然、(1)作業員のパスポートや入国税の支払い等の手続きや、(2)鰹漁に必須の餌を獲るための沿岸漁業権をどのようにクリアするのか、が一番重要な問題である。

信じられないことだが、耕はこれらの問題に対して次のような構想を述べている。(1)作業員については上陸する訳ではなく、船のなかで生活するのでパスポートおよび入国税は必要ない。前回も問題なかった。(2)前回沿岸で漁業を行った際には特段問題は生じなかったし、土地の賃借もすでに済んでいるので、今回も問題は生じないだろう。というのが、耕の見解だった。

非合法の部分を残しながら、大金をかけて事業を展開していくつもりだったようだ。耕はよほど焦っていたのだろうが、このような構想で当初予定していた一大漁業基地など建設できる訳がない。外務省職員も、現地当局と問題を起こさないようにと釘をさしている。

結局、この時の南洋行きはなくなった。

そして翌年、耕に再びチャンスが巡ってきた。衆議院議員選挙が行われることになったのである。当選すれば、再び政官財に対して大きな影響力を行使することができるのである。

第112回　返り咲き

1932（昭和7）年1月、当時政権を握っていた政友会の犬養毅は、衆議院の解散総選挙に打って出た。耕にとって、チャンスが巡ってきたのである。

耕が落選した1930（昭和5）年2月に行われた第17回総選挙以降、日本の政治は激動の時期を迎えていた。この選挙で勝利した浜口雄幸民政党政権は、国内政策では目玉の金解禁を断行し、外交ではロンドン海軍軍縮条約を締結した。こうした成果をあげていた浜口だったが、11月には東京駅で暴漢に襲われ負傷した。1931（昭和6）年4月、浜口は総裁職を若槻礼次郎に譲り、若槻は2回目となる政権運営に臨んだ。しかしこの第2次若槻内閣時代に柳条湖事件（いわゆる満州事変）が発生し、若槻内閣は閣内不統一に陥って総辞職に追い込まれた。これが1931年12月11日のことであった。

民政党内閣の総辞職に伴い、元老西園寺公望は憲政の常道に従って、政友会の犬養毅総裁を後継首相に推奏し、犬養は13日には組閣をすませた。この内閣には、鹿児島選出の床次竹二郎が鉄道大臣として入閣している。犬養は、民政党の目玉政策であった金解禁を葬り去ったあと、即座に衆議院を解散し総選挙に打って出た。当時、民政党の議席が約245であるのに対して、政友会は約170の少数与党である。これでは早晩、議会運営に支障をきたすのが目に見えていた。

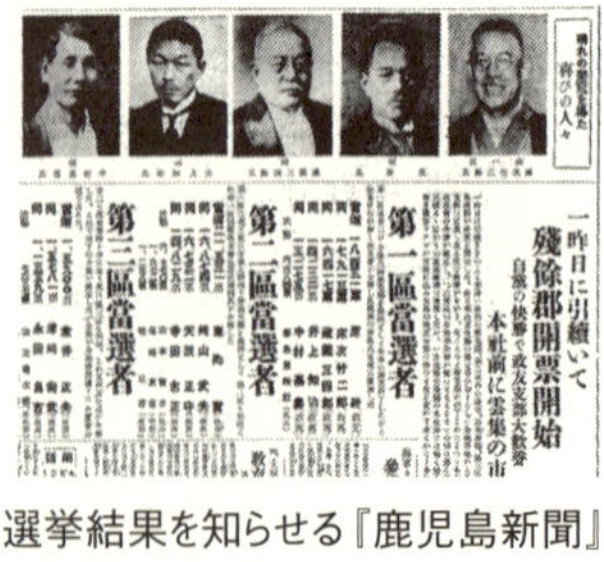
一昨日に引續いて
殘餘郡開票開始
第一區當選者
第二區當選者
第三區當選者

選挙結果を知らせる『鹿児島新聞』1932年7月23日1面

耕もこの第18回衆議院議員総選挙に鹿児島1区から政友会公認候補として立候補している。前回落選した第17回選挙は、その直前までアンボンで南洋漁場開拓事業に従事していたが、今回は事業が思うように進展していなかったことが幸いして、国内に留まっていた。

当時、鹿児島県内の選挙区は三つに分かれていたが、どの選挙区もとにかく広い。耕が出馬した第1区は、1市5郡（鹿児島郡、指宿郡、日置郡、川辺郡、熊毛郡）からなっている。

選挙期間がはじまったのは2月3日のことである。耕はどこで選挙戦をスタートさせたのか。なんと耕は、口永良部島（熊毛郡）で第一声をあげたのである(401)。翌日から屋久島、種子島の各地を巡って、7日に鹿児島市内に戻っている。当時、第1区の有権者総数は12万1782人だが、各市郡の有権者数の割合を見ると、鹿児島市19％、鹿児島郡14％、指宿郡13％、日置郡22％、川辺郡21％、熊毛郡10％で、熊毛郡の重要性は決して小さくない(402)。ここをスタート地点にした耕は、選挙戦略を練りに練ったに違いない。その後も選挙区全体を精力的に回っている(403)。

運命の投票日。全国的に見ると、政友会が301議席（解散前171）、民政党が146議席（同246）と、政友会の大勝であった。鹿児島でも全選挙区定員12人を政友会が独占している。耕は最多得票数1万8431票を得て、2回目の当選を勝ちとった(404)。鉄道大臣床次竹二郎も1万7913票を得て8回目の当選を果たしたが、518票の差でトップの座を耕に譲る結果となった。ちなみに、数年後に死を迎える耕と床次にとっては、この選挙が最後のものとなる。

耕の運はまだ尽きてはいなかった。政治家に返り咲き、影響力を発揮できる立場を再び手に入れたのであった。

第113回　総理への陳情書

第18回衆議院議員総選挙に当選した耕は、早速、アンボンでの漁業基地建設のために動き出した。

『枕崎市誌　上巻』によるとこの時期、林兼商店（現在のマルハニチロの前身企業の一つ）が、耕の事業に対して共同経営を申し入れたという。しかし林兼は6対4の出資比率を主張して経営の主導権を握ろうとしたために、耕はこの申し出を断わらざるを得なかった(405)。耕にしてみれば、長年にわたって苦労してきた事業を、大資本に乗っ取られる訳にはいかなかった。耕は、林兼以外の企業にも出資を呼びかけていたが、残念ながら大口で出資する会社は出てこなかった(406)。

不況のおり、民間企業からの出資が難しいとなると、あとは政府からの補助金が頼みである。この時期耕は、総理大臣に宛てて2通の陳情書を作成している。

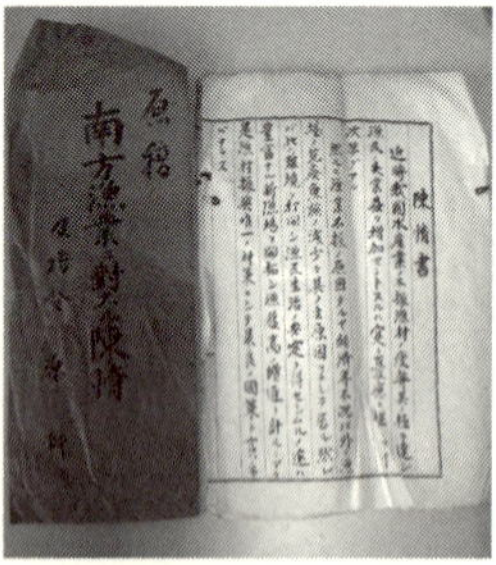

耕の遺族のもとに残されている犬養毅総理大臣宛陳情書の下書き（原拓提供）

一つは、犬養毅総理大臣への陳情書である。耕の遺族のもとには、「昭和7年5月9日」付で作成された陳情書の下書きが残されている。内容は、これまでに耕が訴えてきたこと、つまりは、国内水産業が衰退していく現在、有望な漁場である南洋に進出しなければいけないが、一般の関心がほとんどないために、政府による支援をしてもらいたい、というものである。この陳情書のなかで耕は、「南洋漁業ノ全盛時代ヲ顕出スルニ至ラバ年額十億円以上ノ収入ヲ得ル見込十分アリト信ス」と述べている。自分が所属する政党の総裁宛だったこともあり、少し大げさに書いたのかもしれない。この陳情書に対して犬養がどのような反応を示したのかは不明である。というのも、5月15日に発生した、いわゆる「五・一五事件」で犬養が命を落としてしまうからである。

もう一つの陳情書は、犬養内閣後に総理大臣に就任した退役海軍大将・元朝鮮総督の斎藤実宛に出されたものである。この陳情書は現在、国立国会図書館憲政資料室の斎藤実関係文書に「南方漁場ニ対スル陳情」として保管されている(407)。この陳情書の日付が「昭和7年6月1日」であるから、「五・一五事件」以後に、耕は改めて斎藤総理宛ての陳情書を作成しなおしたのである。斎藤宛の陳情書では、「年額十億円以上」などの過剰とも言える予測は姿を消し、より具体的な現状報告と現実的な見込みが述べられている。斎藤内閣は、政友会、民政党、貴族院議員、官僚、軍人の各勢力のバランスをとった挙国一致内閣と呼ばれるが、こうした性格の内閣だったために、耕の筆も少し控えめになったのかもしれない。

この二つの総理宛の陳情書をどのように評価するかは難しいところである。積極的に評価するならば、総理大臣に直訴するほど耕が南洋漁場開拓に意気込んでいた点に焦点をあてることになるだろうか。一方、全く逆の評価をすることも可能であろう。耕は、総理大臣に直接陳情するほど窮地に追い込まれていたと。総理への陳情書など象徴的な意味合いしかもたないと。

いずれの評価をとるかはひとまずおく。二つの陳情書から読み取れるのは、56歳になっていた耕が、外国であるアンボンに漁業基地を建設するという揺るぎない信念を持ち続けていたということである。まるで、それ以外に選択肢が存在しないかのように。

第114回　伝説の交差

耕が衆議院議員に当選した時期、日本近海での鰹漁は極度の不漁に見舞われていた。そこで、関係者が注目しはじめたのが南洋の海である。しかしそこで獲れる鰹を巡っては、相異なる二つの路線が存在していた。

第一の路線は、南洋で獲った鰹を南洋で加工し、日本に輸出（移出）するというもので、耕の事業がその筆頭である。1927（昭和2）年の耕の第1回南洋漁場開拓事業以降、南洋群島（パラオなど日本が委任統治していた島々）への沖縄県漁民の進出は目をみはるものがあった。南洋群島で作られた鰹節は南洋節と呼ばれ、後に日本の鰹節市場を席巻することになる。

第二の路線は、南洋で獲った鰹を日本に持ち帰り、日本で鰹節加工するというものである。こちらの路線の筆頭が、耕と同じ枕崎の漁師で、「沖の鬼、オカの仏」と呼ばれた町頭幸内《まちがしらこうない》らのグループだった。ちなみに町頭については、1979（昭和54）年に『南日本新聞』が「鰹群を追って」という50回の連載を行っている(408)。耕と町頭は、枕崎の双璧をなす漁師と言ってよい。

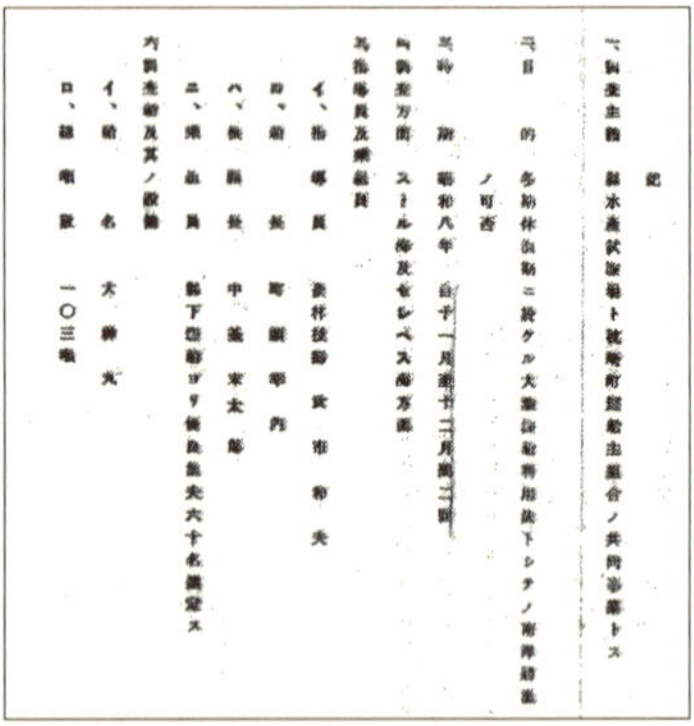
記
一、調査主體　縣水産試驗場ト枕崎町鰹船主組合ノ共同事業トス
二、目的　冬節休漁期ニ於ケル大型鰹船利用法トシテノ南洋鰹漁ノ可否
三、時期　昭和八年自十一月至十二月約二箇月
四、調査方面　スール海及セレベス海方面
五、指導員及乗組員
イ、指導員　農林技師　市　和夫
ロ、船長　町頭幸内
ハ、機關長　中　末太郎
ニ、乗組員　船長以下組合船ヨリ優良漁夫六十名選定ス
六、調査船及其ノ設備
イ、船名　大神丸
ロ、總噸數　一〇三噸

1933年に冷蔵設備をつけた「大神丸」の南洋鰹漁を記録した史料（外務省外交史料館蔵、アジア歴史資料センターより閲覧）

第一の路線の場合、鰹一本釣り漁の他に、餌魚漁や蓄養、そして鰹節加工設備までも、自前で南洋の地に

て整備しなければいけない。耕はアンボン近海にそれだけの設備投資をする価値を認めていた。

第二の路線に貢献したのも、実は耕であった。耕の第2回南洋漁場開拓事業時、日本から積み込んだ活き餌がはるか赤道を越えても生き続けることが実証された(409)。それならば、日本から活き餌を積みこみ、南洋で鰹を獲り日本に持ち帰れば、新たな設備整備は必要なくなる。あとは、獲った魚が腐らないよう船に冷蔵設備を取り付け、多くの鰹を持ち帰れるように船を大型化すればよい。

この第二の路線を具体化して、冷蔵設備を取り付けた船で南洋に向かったのが町頭であった。町頭は１９３２（昭和７）年に鹿児島県水産試験場技師と協力して、「大神丸」（１０３トン）にて南洋の海での初めての鰹漁を行った(410)。１航海で７千匹の鰹を獲ったが、枕崎に持って帰ることができずに、すべて台湾の港に陸揚げするしかなかった。この経験から翌年は、同船に冷蔵設備を取り付け、再び南洋の海で鰹漁を行い、鰹を枕崎に持ち帰ったのである(411)。現在の鰹遠洋漁業の嚆矢《こうし》である。こうした成果を受けて、枕崎漁業販売購買利用組合は総トン数２６１トンという、当時の鰹船の２・５倍もある「薩州丸」の建造を決定し、１９３４（昭和９）年2月27日に枕崎港にお目見えした(412)。

戦前の二つの路線。現在から見れば、町頭がとった路線の方が合理的に見える。しかし当時の主流は第一の路線である。南洋節は日本の鰹節製造業者を苦境に追いやり、鹿児島、静岡、高知、沖縄の鰹節業者はこぞって南洋へと進出していくことになるのである。

そして戦後は、第二の路線が主流になったことは言うまでもない。二つの路線に貢献した２人の男が存在していたこと。これこそが枕崎の船人《ふなど》力なのである。

第115回　最後の議会

耕の業績は南洋漁場開拓事業にのみ焦点があたりがちだが、それだけではない。帝国議会でどのような活動をしていたのかにも目配りをしておく必要がある。

1期目（1928年2月から1930年2月まで）に、耕が帝国議会において⑴「南薩鉄道並薩南中央鉄道買収ニ関スル建議案」を出したこと、⑵「遠洋漁業奨励法中改正法律案」を提出して本会議にて南洋漁業の魅力について長時間の演説をしたこと、⑶噸税法改正に尽力して草垣島などの灯台整備に貢献したこと、はすでに紹介したとおりである。

2期目の耕は第62回帝国議会（1932年6月1日から14日）で、生まれ故郷である現在の坊津町泊に郵便局設置のための請願を出している。またこの議会では、「機船底曳網漁業全廃ニ関スル件」についての請願が出されていて、耕は請願委員としてこの問題の審議に加わっている。

耕にとって最後の議会となった第63回帝国議会（1932年8月23日から9月4日）においては、建議委員会の委員を務めていた。この会期中耕は、「指宿枕崎間鉄道敷設ニ関スル建議案」を提出している[413]。西鹿児島—指宿間の鉄道は、1934（昭和9）年中に完成する予定になっていた。耕は、この区間完成後

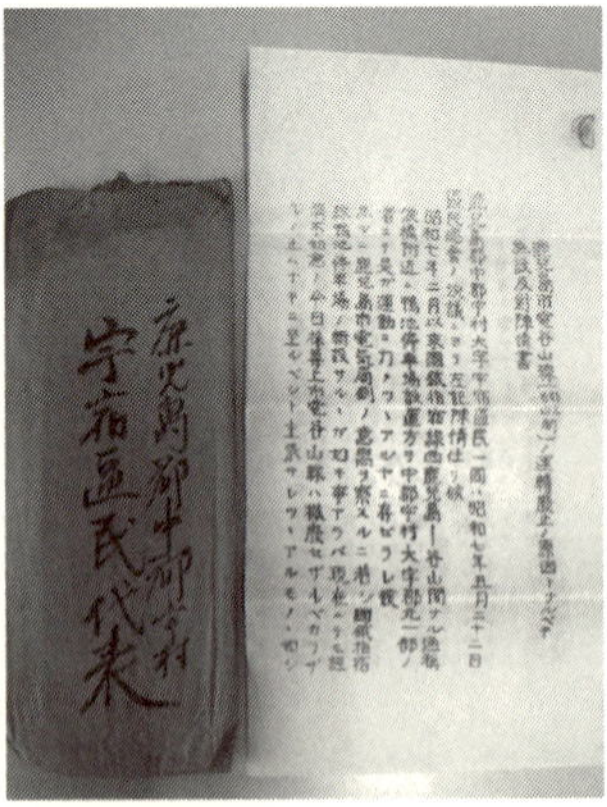

宇宿住民から提出された陳情書（原拓提供）

直ちに、指宿—枕崎間の延長工事に取りかかることを建議したのである[414]。完成すれば、指宿から山川を経由して枕崎に至り、枕崎の南薩鉄道（後のいわゆる南薩線）に連絡し、加世田、伊集院へとつながる薩摩半島一周鉄道網が整備されるのである。

南薩鉄道生みの親である鮫島慶彦と耕は親戚関係にあり、薩摩半島一周鉄道網整備は悲願である。この建議後、指宿—山川間の測量が開始された。

少し余談になるが、指宿線に関して耕は、宇宿の住民から「鹿児島市電谷山線郡元—谷山間ノ運転廃止ノ原因トナルベキ施設反対陳情書」を受け取っている[415]。指宿線開通により、郡元—谷山間では、鹿児島市電気局（現在の交通局）の市電谷山線と指宿線が並行することになった。当時、この並行区間の市電廃止問題が持ちあがり、これに反対する宇宿住民が出したのが上述の陳情書である。この件に関して耕がどのような調整を行ったのかは不明だが、同区間は存続したまま現在に至っている。市電谷山駅は、現在日本最南端の電停である。

指宿線は、１９３６（昭和11）年3月に指宿—山川間が開通し、山川—枕崎間は鉄道省による省営バスが運行された。山川—枕崎間の鉄道が完成したのは、耕の建議案から31年が経過した１９６３（昭和38）年のことであった。しかし時間の流れは無情である。南薩線は１９８４（昭和59）年に廃止になり、薩摩半島一周鉄道は、21年間の短い幕を下ろすことになってしまった。

話を戻す。第63回帝国議会は13日間の短い会期を終えた。耕の帝国議会における活動は、第55回帝国議会（１９２８年開催）における南薩鉄道に関する建議案にはじまり、指宿線枕崎延長の建議案で幕を閉じた。耕は南洋漁業だけの男ではない。こうしたインフラ整備などは、もっと評価されて良い部分であろう。

第116回　アンボンへ

1932（昭和7）年の夏、耕は「アンボイナ漁業合資会社」を設立している。この時に作成された合資会社設立の「理由書」と「目論見書」（主に予算）を見ると、耕がどのような構想を持っていたかが明らかになる[416]。

両書で確認しなければいけないのは、耕が蘭印政庁との外交交渉の結果を、事業計画にどのように反映したのかである。特に、以下の三つの論点は必須のものであろう。

第一に、餌魚の問題である。大量の餌魚を確保できなければ、大量の漁獲高も望むことができないが、外交交渉の結果、沿岸での漁業権を認められなかった。そのため、餌魚は現地漁民から買い入れ、鰹漁は領海の外で行わなければならない。「目論見書」をみると、「餌料購入費（現地人より）」という項目がたてられている。蘭印の法律に則った事業展開を考えていたことが分かる。

第二に、入国税の問題である。鰹漁だけならば、「船上生活だから必要ない」と強弁することもできるが、鰹節加工となると陸上での作業が必須のものとなる。こちらについても「目論見書」に、「入国税　陸上部

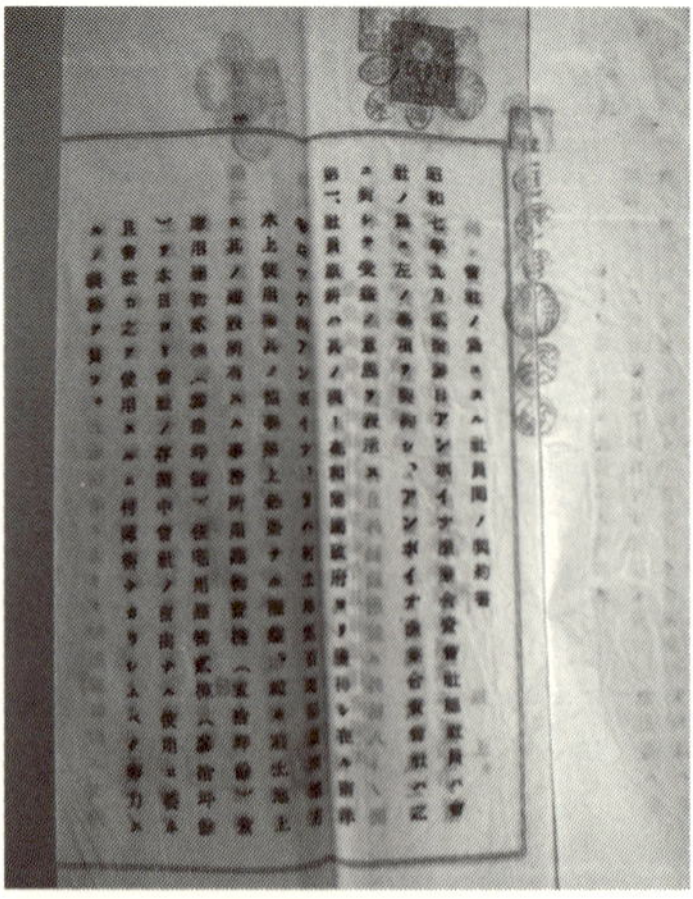

「会社ノ為ニスル社員間ノ契約書」（原拓提供）

四十人分」という記載がある。永続的な事業のために、現実的な事業計画に変更したことが伺える。

第三に、なぜそこまでアンボンにこだわるのか。耕は、南洋群島（当時日本の委任統治下にあり沖縄漁民が進出）、スラウェシ島（現在、鰹産業が盛んである）、ボルネオ島（当時、邦人が進出していた）などすべての海域を調査したうえでアンボンを選択していた。理由は鰹が豊富で、漁がしやすい海域にアクセスしやすいからであり、大規模な漁業基地を作っても現地漁民とのもめ事が起こりにくいからである。半永久的な南洋進出を考えた場合、この一点だけは譲れなかったのである。

さらに9月23日、耕はアンボイナ漁業合資会社の社員たちと「会社ノ為ニスル社員間ノ契約書」を締結している(417)。2回にわたる漁場開拓事業、アンボンでの土地購入など、これまでは主に耕の個人的な負担で事業を展開してきたが、今後は合資会社がこの事業を行うのである。契約書では土地所有権移転問題などについて取り決めが交わされている。

総理大臣への陳情書が功を奏したのかどうかは不明だが、耕は拓務省、農林省、南洋庁からの助成金を得ることができた(418)。それでも耕が予定していた起業費用には不足していたのであろう。残されている史料からは、大手企業や個人からも起業資金借り入れをしていた様子が読み取れる。そしてこの借財が、後に耕の家族に大きくのしかかってくることになる。

12月3日、耕は3隻の「千代丸」にて枕崎を出港し、2千人を超える人々が船出を祝っている。

出発にあたり、耕が外務大臣内田康哉に送った電報が外務省外交史料館に残されている。「漁船ニテ今南征ノ途《と》ニ就《つ》ク死力ヲ尽《つ》クシテ御厚志ニ酬《むく》ユルヲ期ス」(419)と。

いろんなものを背負いながら、耕の一行はアンボンへ向かったのである。

第117回　痕跡をたどる

耕は自ら漁船に乗り、3回、南洋まで出かけている。そのうち、1929（昭和4）年の第2回目と、1932（昭和7）年12月の第3回目は、耕の衆議院議員在任中に行われている。素朴な疑問として、当時の政治家にそのようなことが許されたのか。しかも第3回目は、半永久的な漁業基地建設のための南洋行きである。

当時の『東京朝日新聞』には、次のような記事が小さく紹介されている。10月12日に開催された政友会総務会において、「南洋漁業政策確立並に日蘭合弁漁業企業調査のため原耕代議士を南洋に特派すること」[420]が決定されたと。耕の南洋行きは、所属する政友会のお墨付きを得たものだったのである。

もう一つ確認しておく必要がある。第3回目の情報は極めて少ないということである。というのも、第1回、第2回に同行し、記録を作成した鹿児島県水産試験場技師の岸良精一が参加していないからである。私たちが知る耕の業績のほとんどは、岸良が記録した報告書か、事業参加者からの聞き書きをもとにした郷土史に基づいている。しかし、岸良が書いた全272頁の『鰹と代議士』ですら、第3回以降についての記述はわずか3頁半に過ぎず、他の郷土史でもその情報は極めて限定的である。したがって、耕がそのすべてを賭けて準備し、命を懸けて行った事業に関して、私たちはほとんど知るところがないのである。

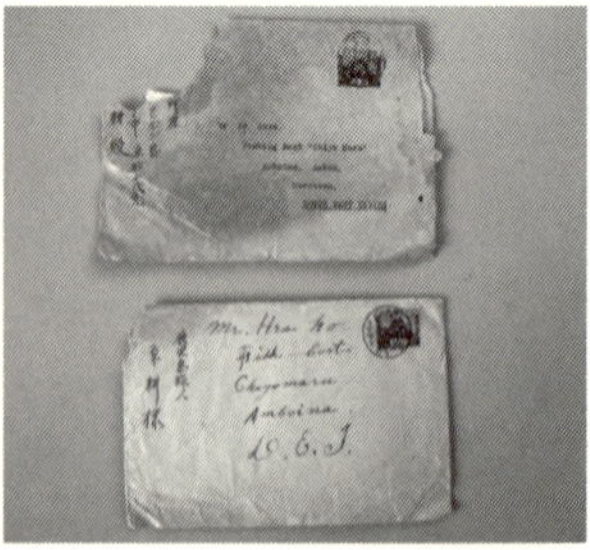

耕の遺族のもとに残されている手紙類（原拓提供）

しかし、耕ほどの男が行った事業である。その痕跡が完全に消え去ることはありえない。現在のところ、外務省外交史料館と耕の遺族のもとに、第3回南洋漁場開拓事業についての資料が保管されていることが確認できている。これらの資料から、わずかながらも事業の痕跡をたどることが可能である。

特に耕の遺族の元に保管されている資料は重要であり、それらは大きく分けると、(1)手帳類、(2)手紙類、(3)その他の文書、に分類することができる。ただどれも未整理なまま残されているので、それぞれの資料の関係性や第3回南洋漁場開拓事業の全体像を把握するのは困難な状態である。

第一の手帳類を見ていると色々とおもしろいことが分かってくる。アンボン到着後、年賀状を日本の誰に送ったのか。耕が何を考えて南洋漁場開拓事業を行っていたのか。事業にかかった費用が記録されているのはもちろんのこと、たばこ代や漁師への貸付金などの情報も知ることができる。

第二の手紙類もおもしろい。日本からの手紙には、「Dr. Ko Hara, Fishing Boat "Chiyo Maru", Ambon, Morroken, DUTCH EAST INDIES（蘭領東インド、モルッケン、アンボン、漁船〝千代丸〟、原耕様）」と宛名が書かれている。「漁船千代丸」で届いてしまうのには恐れ入る。さらにこうした手紙類から、耕がアンボン以外の島々に住む在留日本人とも積極的に連絡を取っていたことが明らかになった。南洋鰹漁に最初に注目したとされるハルマヘラ島在住の江川俊治からの手紙や、アルー諸島ドボに拠点をおいていた永野商会からの手紙なども残されている。

これらの資料はいわば点である。より多くの点と点を結び合わせることで、多少なりとも第3回南洋漁場開拓事業の様子も分かってくるはずである。

第１１８回　拠点作り

１９３２（昭和７）年12月３日に枕崎を出港した耕の一行がアンボンに到着したのは、年の瀬も押し迫った12月28日頃のことである(421)。約90人の漁師たちは、第１〜第３「千代丸」の３隻に分かれて南洋を目指した。途中フィリピン沖で３隻中１隻にトラブルが発生し、この船だけアンボン到着が遅れている。

アンボンで、耕が目指した目標は大きく分けて三つである。(1)拠点整備。耕が土地を借りていたラハ村に、鰹節製造工場、缶詰製造工場、製氷機などを設置しなければならない。(2)日蘭合弁会社の設立。オランダ企業から耕の事業に出資してもらい、沿岸漁業権を得る必要があった。(3)日本政府への助成金申請および日本企業への出資の呼びかけである。

第一の拠点整備については、残念ながら写真などは見つかっていない。耕の遺族のもとに、鰹節製造工場の設計図が数枚残されているだけである(422)。この設計図によると鰹節製造工場は、作業場（鰹を切ったり、煮た鰹から骨を抜く場所）が85坪、火焚場が約10坪、休息所が5坪の約１００坪の建坪だったようである。火焚場には12個の煮釜が据え付けられ、その横には焙乾室が設置されている。煙突の高さは8メートルあり、その煙は遠方からもよく見えたことだろう。また獲った魚の鮮度を保つために、港には5トン製氷機が設置

ラハ村の鰹節製造工場の設計図（原拓提供）

された。同時に缶詰工場が整備されたとする記録もあるのだが、こちらの建物についての詳細は不明である。

第二の日蘭合弁企業の設立について、耕は外国向けの広報活動を強めていたようである。1933（昭和8）年4月末頃、『スラバヤハンデルスブラット』という新聞の記者が、耕の鰹節製造工場を訪れて、5月3日にその記事が紙面に掲載されている[423]。内容は耕の事業に好意的で、「企業ノ様式ハ簡単且ツ経費ヲ多ク掛ケサルモ企業精神ハ確乎タルモノアリト見受ケラレタリ」[424]と評価している。その一方、日本人漁師たちが全員分の入国税を納めることが困難なこと、入国許可証を有している者が数人しかいないこと、将来的には現地住民を雇用する必要があること、などについても鋭く指摘している。

また同年7月には、在東京のイギリス公使がアンボンを訪問し、この時、耕の工場も視察している[425]。この視察の記録が外交史料館に保管されているが、そこには気になることが記録されている。

「原ハ全ク外国語ヲ解セズ、其左右ノモノモ、亦僅《わず》カニ不完全ナル現地語ヲ話シ得ル程度ニテ、官憲等トノ接触ハ勿論、重要ナル地方的規定等ヲ指示サルルモ、充分《ママ》解釈シ得サル為、種々誤解ヲ惹起《じゃっき》スル怖レアリ」[426]（必要な修正を加えた）。

イギリス公使訪問などから、耕の広報活動が成功しつつあることが伺える一方で、現地機関とのトラブルの芽が生じつつあった様子も明らかになっているのである。

第三の点に関して、耕の遺族のもとに、1933年6月13日に受信された三菱商事株式会社水産部からの電報が残されている[427]。そこには「拓務省本年度補助金申請ノ施設何ニスルカ」と訳文が掲載されている。こうした電報の存在は、耕の事業に大手財閥が関与していたことの証拠となる。

資料は限られているものの、耕が積極的に動いていたことが分かるのである。

第119回　その男、漁師につき

耕の第3回南洋漁場開拓事業に関して、第三者の目からみた資料が残されている。この資料を残したのは和田儀太郎という人物で、アラフラ海（オーストラリアの北、ニューギニア島から南西の海域）のアルー諸島（アンボンから約800キロ東方）の主要都市ドボに拠点を置いて活動していた人物である。和田は南洋協会（1915年に設立され、歴代会頭の中には近衛文麿などが名を連ねた。いわゆる南進論に影響を与えた）の嘱託でもあり、機関誌『南洋協会雑誌』にもたびたび寄稿していた(428)。耕も南洋協会で講演をし、その様子が『南洋協会雑誌』に掲載されていたので、和田は耕のことを良く知っていたようである。

耕と和田は一度しか顔を合わせたことがない(429)。2人が会ったのは、1933（昭和8）年2月12日のことである。この日耕は、漁船建造に必要な木板調達のためにドボに午前10時に入港している。

当時ドボには、病気の日本人女性がいて、耕はこの女性の診察を依頼されている。耕は患者に対して、「自分ハ一漁夫ノコトナレバ、御見掛ケ通リ見苦シキ服装ナル上、加フルニ永ノ航海ノ為身体モ汚レ、失礼ナガラ」とあいさつしたという。耕は医師、そして当時現職の衆議院議員である。この謙虚さには、和田も

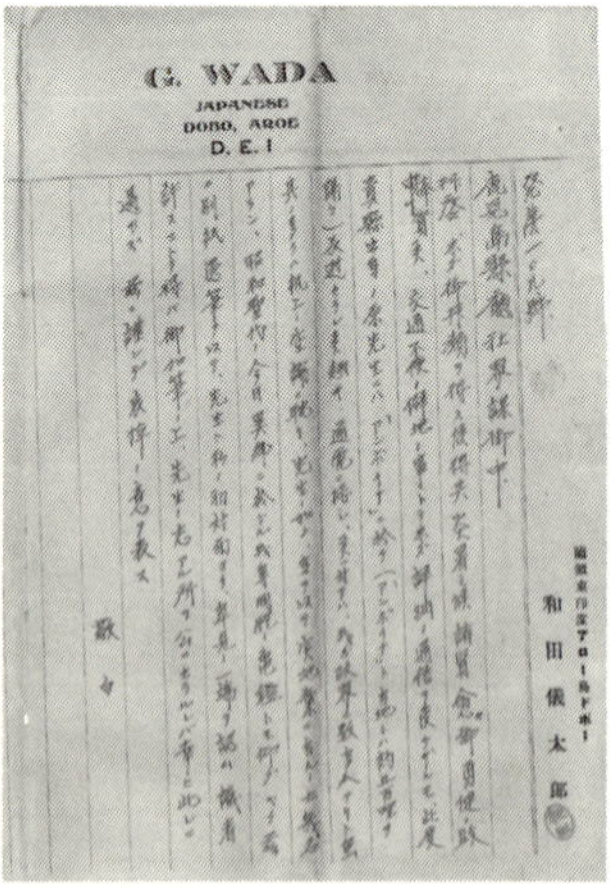
G. WADA
JAPANESE
DOBO, AROE
D. E. I
和田儀太郎

和田儀太郎からの弔文（原拓提供）

驚いたようである。
耕はこの日、夜10時にはドボを出港しているので、和田が耕と接したのは午前10時から午後10時までの最大12時間で、何とも忙しない滞在だったようだ。だが耕は、和田に強烈な印象を与えている。

「熱々思フニ、氏ノ非凡ナル一例ハ失礼ナガラ、原先生ハ大阪医大ノ出身ニテ、奥サンモ又女医デアルトノコトデアル、普通人ナレバ両人共ニ医師ナレバ、何処ニ行クモ御医者様デ生活ノ不安ナク、又政党ニ入レバ代議士トシテ、将来大臣ヤ次官ノ椅子ヲ狙フハ此レ凡人ノ常ナリ。然ルニ先生ニハ医業ヲ専ラ奥サンニ任セ、政党ノ椅子ニ心ヲ置クコトナク、一漁夫ノ身トナリ、遠ク異郷ノ地ニ来リ、暑熱ト戦ヒ爪雨ヲ凌ギ波浪ニ洗ハレ、幾多ノ危険幾多ノ辛酸ヲ嘗メ、斯ル事業ニ従事セラルヽハ、満身総テ肝ナラン」(430)。

和田のこの文章、実は、耕への弔文中の一文である。爪雨は「爪でひっかくぐらいのつらい（強い）雨」という意味か。耕の死後、和田はすぐさまドボから枕崎へ弔電を送ったのである。弔文を読むと、当時辺境の地と言ってよいドボにいて、和田が耕の経歴や業績をよく知っていたことに驚かされる。弔文は全部で約２５００字あり全部を紹介することはできないが、その全文を読むと、和田が耕の人柄に心底惚れこみ、その業績を心から称賛し、そしてその死を衷心より悼んでいることがヒシヒシと伝わってくる。この2人が一緒に過ごした時間は、すでに紹介したように最大12時間である。わずか12時間の間に、人は人に対してこれだけ強烈な印象を与えることができることに、ただただ驚くばかりである。

耕の魅力。それは医師や政治家であったにも関わらず、一漁師にこだわったことにあったのではないかと思わせるエピソードである。

第120回　耕、逝く

1933（昭和8）年8月、第3回南洋漁場開拓事業におけるアンボン滞在も8カ月目に入っていた。それまでのアンボン滞在最長期間は6カ月なので、耕の一行にとっても未知の期間に突入していたことになる。第1回南洋漁場開拓事業時に、20歳の漁師を病死させた経験をもつ耕である[431]。医者として、長期滞在する一行の健康維持に気を配り、当然マラリア対策も行っていただろう。

そんなある日、医者である耕自身がマラリアに罹《かか》り、そのまま耕には死が訪れた。驚くほどあっけない幕切れである。8月3日のことで、享年57歳だった。

耕急逝の報は、翌日には二つのルートから内田康哉外務大臣にも報告されている。

一つは妻の千代子からで、「原耕昨夜南洋ニテ病死ス」[432]との電報が送られている。千代子はこの時40歳で、長女和子15歳を筆頭に、百代子13歳、収11歳、洋子6歳の4人の子供を抱えていた。8月5日付の『鹿児島新聞』は、「突然の訃報に原家は暗雲にとざされている」[433]とその様子を紹介しているが、耕の死を即座に内田外務大臣へ連絡するあたり、やはり千代子は並の女性ではない。

耕の葬儀に参列する人々（原拓提供）

もう一つはスラバヤ領事の姉歯準平からの電報で、「「アンボイナ」ノ原耕昨三日病死ノ由電報アリ資本関係上当地三菱ヨリ本店へ電報セシメ置キタルモ尚農林、拓務両省へ御移牒《ごいちょう》請フ又差当リノ善後措置ニ関シテハ同地へ電照中」(434)と、こちらも耕死後の対策がすばやく取られている。

耕客死の報に接した鹿児島県庁の動きも早かった。8月7日には鹿児島県知事市村慶三は、「特旨叙位叙勲ニ関スル件」という文書を農林大臣後藤文夫に提出した(435)。10日には、斎藤実総理大臣がこの件について奏上し、耕へ従六位が追賜されることになった。

耕の遺体はアンボンにて荼毘に付された。遺骨の一部は耕の希望にしたがって同地の小高い砲台跡に埋葬され、残りは日本に送付された。千代子が耕の遺骨と対面したのは、9月3日のことである。2千人超の人が見送った出発時とは打って変わり、耕の無言の帰宅を出迎えたのは千代子ほか数名だった。

葬儀について、次のような告知が新聞に掲載されている。

「衆議院議員従六位原耕儀　南洋ニ於テ漁業開拓中マラリヤニ罹リ八月三日死去仕候間謹テ生前ノ御厚誼ヲ拝謝シ右謹告仕候　追而《おって》九月三日遺骨到着ニ付来ル十六日午後三時ヨリ枕崎小学校ニ於テ枕崎町葬ヲ以テ仏式ニ依リ葬儀相営可申候尚遺骨ノ一部ハ故人ノ素志ニヨリアンボイナ漁業根拠地和蘭砲台跡ニ埋葬致候」(436)。

9月16日午後3時、耕の葬儀は枕崎町葬として盛大に執り行われた。政友会の鈴木喜三郎総裁と床次竹二郎政友会顧問、市村慶三県知事、西盛之進県医師会長、楠本長三郎大阪帝国大学医学部学友会会長など、そうそうたる人物が弔電を送っている。この中には、アロー島在住の和田儀太郎からの弔電も含まれている(437)。

葬儀後、耕の遺骨はさらに分骨され、枕崎と生まれ故郷の泊に埋葬された。当時の新聞によると、1万人を超える人々がその死を惜しんだという(438)。

第121回　死の周辺

耕の死は、ある時期から劇的なエピソードと共に語り継がれはじめた。あまりに劇的すぎるので、いつ頃からどのような内容が語られたのか、少し検討しておく必要がある。

第一に、時期についてである。1973（昭和48）年2月から『南日本新聞』に連載された「俺はおれ　原耕の巻」では、すでに劇的なエピソードが紹介され、その内容が、1975（昭和50）年の『西日本新聞』の連載「郷土の記憶・南海を拓く」、1989（平成元）年の『枕崎市誌』へと引き継がれていっている[439]。

ちなみに、この連載以前に出版された書籍、例えば『坊泊水産誌』（耕死去3年後の1936年発行）、『枕崎市史』（上記連載開始4年前の1969年発行）等では、エピソードはほとんど紹介されていない。したがって、劇的エピソードが誕生した時期は、『枕崎市史』から上記連載の間ということになる。

アンボンにある原耕の墓。1974年に修復された（岩切成郎提供）

第二に、その内容は、耕の右腕と呼ばれた谷川佐平次も登場する次のようなものである。

(1)1933（昭和8）年7月初め頃、耕は佐平次とイノブタを獲りに出かけたが、「きょうは銃が重か。

焦点がちっとも定まらん」と言って、帰宅後寝込んだ。この時にはマラリアに罹っていたようである。

⑵7月末頃、容態が悪化した耕は、佐平次に「こんど帰国したら、もう泊〔生地・坊津町―筆者注〕に隠居して、安穏にくらすことにする」と述べた。しかし、死期が迫ると、耕は一転して佐平次に「おれが死んだら、このアンボンの港の丘に埋めてくれ」と言い残した。

⑶佐平次の「殉死」。耕の死後、漁師たちは日本への引き揚げ派とアンボン残留派に分裂し、結局、全員の引揚げが決定された。佐平次は、「先生を一人残しちゃ、先生が寂しか」と、ついには餓死するように死んでいった。人々はこれを「殉死」と呼び、一行は2人の遺骨を埋め、墓碑を残してアンボンを離れた。

死を目前に控えた耕の様子を知る重要なエピソードである。しかし大きな疑問が二つ湧く。

1931（昭和6）年夏、耕は医者仲間に「俺は南洋が墳墓の地さ、墓地も求めて置いた、少し君達の墓参には遠いがね」と語っている[440]。その耕がエピソード⑵のような態度をとるであろうか。

次の疑問はより重要なのだが、佐平次の「殉死」はいつの出来事だったのか。耕の死後間もなくのことなのか、それとも数年程度経過してからのことなのか。前者と後者では、「殉死」のインパクトが全く異なる。どちらの時期が劇的エピソードで採用されているのか。実は、前者である。つまり耕の死により事業はすべて潰《つい》え、残されたのは耕と佐平次の墓だけだと。

話としては非常に分かりやすい。だが、本当だろうか。耕が命を懸けた事業は、本人が死んだらすぐ雲散霧消するような、そんな薄っぺらなものだったのだろうか。

違う。これは事実と異なっている。実は耕の遺業は継続されたのであり、佐平次の死もまだ先のことである。残された者たちは、必死に事業をつづけていた。そしてその中には、妻千代子の姿もあったのである。

第122回　弛緩する空気

耕の事業は、外務省、農林省、拓務省および三菱商事という、中央官庁と財閥が関与していたものである。そしてこれらの機関は、耕が死んだからと言ってそのままその事業を解消することなど考えていなかった。

1933（昭和8）年8月23日、スラバヤ領事は、以下の電報を内田康哉外務大臣に送っている。

「〔耕の遺業は―筆者注〕当方面ニ関スル限リ原ノ個人的経営ト見ルヨリモ寧《むし》ロ当領ニ対スル本邦漁業者ノ唯一ノ計画的進出ナリト称スヘキモノナルニ付原ノ死去ニヨリ之ヲ解消スルコトナク是非共適当ナル後継者ヲ得テ事業ヲ永続セシメタレント存ス」(441)。

耕の事業が、蘭領東インドにおける「唯一ノ計画的進出」だったと評価されていることには注目しておきたい。その後外務省は、1カ月以上たった10月5日に、姉歯の電報を農林省、拓務省、三菱商事にも移牒した(442)。それを受けた機関でも検討が行われ、7日には三菱が、16日には農林省、拓務省が、「後継者を見つけて耕の事業を継続することに賛同する旨」を返答している(443)。

アンボンではどうだったのか。外務省外交史料館保管史料を見ると、当初現地では、耕の弟の捨思が中心

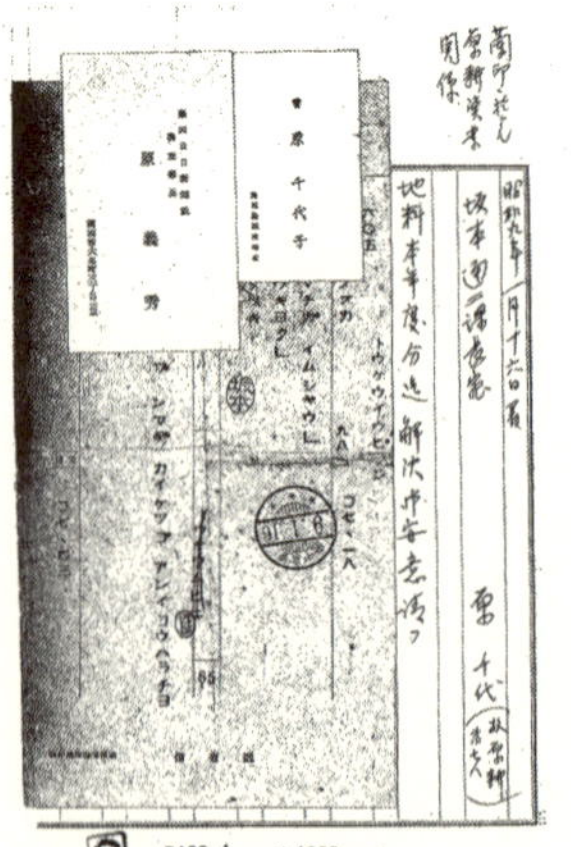

差し押さえ解除を知らせる千代子・義秀からの電報（外務省外交史料館蔵、アジア歴史資料センターより閲覧）

となって事業を継続していたことが分かる。8歳の時に鮫島家に養子にだされた捨思は、外務省史料にはたびたび養家の鮫島姓で登場する。もちろん耕の弟ということは、外務省も把握している。

耕生存中、職場には緊張感があった。漁師たちは耕に呼ばれると、まるで軍人のように駆け足で駆け寄り、直立不動の姿勢で指示を受けた。この様子を和田儀太郎が記録に残している(444)。しかし耕の死後、職場の空気は急速に弛緩《しかん》していき、1933年末から1934年当初にかけてさまざまな問題が表面化していった。

まず年末に地代の支払いが滞り、漁船3隻が差し押さえられてしまった(445)。妻千代子と弟の義秀(当時、福岡日日新聞社勤務)が資金繰りに奔走し現地に送金したため、1934年1月13日には差し押さえが解除された(446)。しかし今度は漁師たちの不満が噴出し、58人が日本への帰国を希望したのである(447)。

領事の姉歯準平も、現地の日本人会会長に十数回も電信を送り慰留を試みたのだが、帰心矢の如しとなった漁師たちを止めることはできない。最終的に、帰国希望者は65人にも上った(448)。1月26日、やむを得ず捨思らは第1千代丸にて帰国希望者をマカッサル(スラウェシ島南部の主要都市)まで送り、そこから台湾経由の汽船に乗せた。この汽船は2月16日神戸へ入港している(449)。アンボンにはどれくらいの人数が残ったのか。外務省史料には、「船員五、漁夫十一、陸上勤務者二ニシテ鮫島〔捨思のこと―筆者注〕ノ下ニ漁業ニ従事スル事トナレリ」(450)と記録している。残ったのは、20人足らずだったのである。

こうした事件後、現地政府および在留日本人も耕の遺業を心良く思わなくなっていった。姉歯は、新任の広田弘毅外務大臣に向けて、「事件発生以来「アンボイナ」ニ於ケル和蘭官民ノミナラス一般在留邦人モ本事業ノ継続ヲ嫌忌シ居ルヤニ察セラルル」(451)ので、早めに後継者を確定することを求めていた(452)。

こんな困難な状況下で後継者など見つかるのであろうか。しかし、意外な人物が名乗りでたのである。

第123回　継ぐ者の名は

耕の遺業は暗礁に乗り上げる。従業員のほとんどは帰国し、現地政府および在留邦人との関係も悪化、さらに資金繰りは厳しさを増している。後継者など見つかるのであろうか。

外務省、農林省、拓務省、三菱商事は、耕の遺族を中心に後継者を見つける方向で話を進めていた。しかし長兄愛之進、三男義秀は企業に勤務していて、アンボンに行って事業を継ぐことなどできない。

ここで意外な人物が手を挙げた。妻の千代子である。千代子は、原医院を一人で切り盛し、さらに15歳から6歳までの4人の子供を抱えていた。しかし、千代子は耕の遺業を継続することを決意した。1933（昭和8）年9月25日の『鹿児島新聞』に、「亡夫の遺志を継いで潮けむる南洋へ　故代議士原耕氏の未亡人千代子さん健気な決心」という記事が掲載され、そのなかで千代子の談話が次のように紹介されている。

「皆様のお陰で誠に立派なお葬式も営まれまして何んともお礼の申上げ様もありませぬ。故人もさぞかし草葉の陰から満足に思ふて居る事と察します、今は主人に亡くなられて南洋の船員達もさびしくなつた事と思ひます。それに病人も時々出るのに、医者もないので困つているさうですから私が参る事になりました、出発の日取りは未だ決定しませせぬ」(453)。

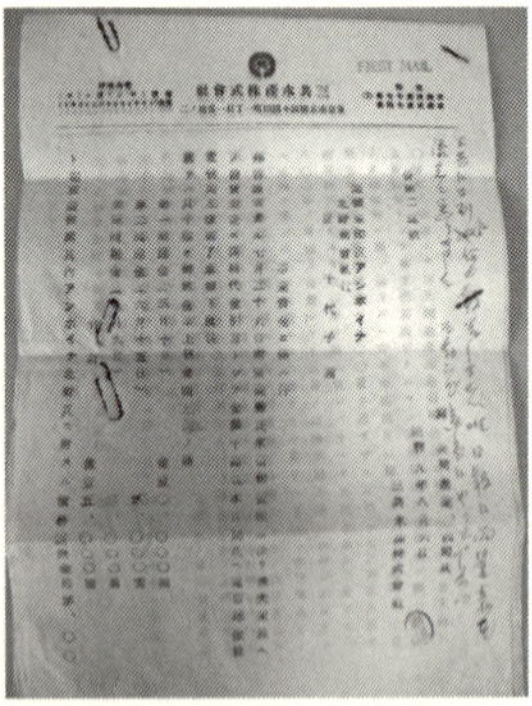

三共水産からアンボンの千代子への1934年8月6日付の手紙（原拓提供）

10月17日付の『鹿児島新聞』は、上京した鹿児島県水産課長の談話として、千代子の事業に対する中央官庁の意向を次のように紹介している。「〔農林省は―筆者注〕アンボイナについては二度と手にいれられぬ肝要な地だから如何なる事があつても見捨てられぬと語つていた。更に同地は農林省ばかりでなく、外務省では国際関係から相当重大視し、拓務省でも亦海外発展の見地から重視している」(454)と。

しかし千代子に資金提供する企業はなかなか見つからなかった(455)。三共水産株式会社（現在の日本水産株式会社の前身である共同漁業の関連会社の一つ。国司浩助らも関与した）からの資金提供が決まったのは、ようやく1934（昭和9）年3月のことである。3日、三共水産と千代子の間で事業契約書が締結された。契約書は11条からなっていて、圧倒的に千代子に不利な条件がつけられている(456)。契約書第4条では、1934年度事業資金として必要に応じ4万1千円を貸し付けることになっているが、第5条で、事業資金は1935（昭和10）年4月末日までにこれを返済することを義務づけられた。農林省などからの補助金は、貸付資金と相殺することまで明記されている。

契約書締結後、三共水産からの第1回送金が3月10日に行われた(457)。その後千代子はアンボンに向かった。千代子に残された時間は約1年しかない。それまでにアンボンで利益を出し、貸付金を返済しなければならない。

千代子不在中、一人息子の収は福岡の義秀宅に預けられた。新聞社で高い地位にあった義秀は人脈も多く、自宅では度々宴会やマージャンが催されたようで、その騒音に収は悩まされた。この時の経験から収は、生涯にわたってマスコミ関係者に不信感をもったという。

千代子も子供たちも、それぞれの境遇で耕の遺業のために戦ったのである。

第124回　夢の終わり

耕の遺業を継いだ千代子の事業はどうだったのか。1935（昭和10）年3月に拓務省拓務局が発行した『南洋水産業地図』には、アンボンの千代子の事業について、「経営者　原ちよ、従業員　二二、業種　鰹鮪釣節製造、漁船　機船一、年産額　二万円、投資額　五万円」と記されている[458]。耕はかつて1航海1万円の漁獲高を出したことがあるが、1年間でその2倍程度では、話にならぬほどの事業だったと思われる[459]。

それを裏付けるかのように、同年3月2日付けで、拓務省拓務局長の高山三平から外務省通商局長の来栖三郎宛へ、次のような電報が送られている。

「蘭印アンボンニ於ケル邦人漁業ハ御承知ノ通故原耕ノ創始セシモノナル処一昨年八月同人没後ハ遺族ニヨリテ継承サレ今日ニ至リシモ現在ノ状態ハ頗ル不振ナルヲ以テ内地有力会社ヲシテ代行セシムル如キハ有意義ナル一方法ト思料セラルル処原ニ非ザルモノノ事業継承ヲ在アンボン蘭印官憲之ヲ承諾スルヤ否ヤ疑義有之ニ付スラバヤ領事ニ右ノ趣御電照相煩度此段及御依頼候」[460]。

こちらの電信でも、業績が「頗ル不振」であったことが分かる。そんななか、5月3日に、耕の右腕と言われた谷川佐平次が他界した[461]。耕の死から1年9カ月後のことである。死因は良く分からないが、これを「殉死」と呼ぶかどうかは評価が分かれるであろう。佐平次の遺体は耕の墓の側に埋葬され、遺族の元に

谷川佐平次の遺影（谷川洋子提供）

は写真と死に装束のみが送られた。

千代子が事業を断念し、帰国したのはいつのことだったのか。この点に関しては、ほとんど記録がないため、残されている資料から推測していくしかない。

第一に、耕の死後約2年半後に出版された川崎沛堂著『坊泊水産誌』（1936年3月出版）である。川崎は耕の遺業について、「尚遺業ハ依然継続サル、ヲ以テ将来南方開拓ノ遺利挙リ本邦鰹漁業ノ進展上ニ一段ノ功績ヲ残スデアラウ」(462)と紹介している。入稿から出版まで最大半年程度かかったと仮定しても、1935年9月頃まではまだ事業が継続していたと考えられる。千代子の帰国や佐平次客死を知っていれば、表現はもっと変わったものになっているはずである。

第二に、耕の遺族のもとにある内容証明郵便（耕の借金に関するもの）であり、1936（昭和11）年1月4日に某金融機関から弟の義秀宅にいる千代子宛に出されている(463)。そしてその文面から、アンボンから帰国したばかりの千代子に対して、借金返済の督促がはじまったことが読み取れる。千代子は後に大阪に原医院を開院するが、大阪や枕崎にいたならば、千代子宛の内容証明が義秀宅に届くはずはない。

したがって、1935年10月から11月頃にはアンボンでの事業は完全に終焉《しゅうえん》を迎え、年末までには千代子が帰国していたと結論づけられる。約2年間、千代子は耕の遺業を継続したが、ついに夢破れたのである。

夢が終わり、残ったのは借金であった。枕崎の家財道具等一切は競売にかけられ、借金返済にあてられた。それでも、すべての借金を返済することは不可能だった。原医院の看板は、枕崎から千代子の生まれ故郷の大阪へと移ることになったのである。

この後、千代子が漁業と関わったという記録は残されていない。

第125回　祭られる耕

耕の死後、南洋漁業に携わる一部の人たちを除いて、アンボンでの事業は人々の記憶から消え去りつつあった。しかしアジア・太平洋戦争前後に、耕は日本と南洋を関連付ける格好の人物として、祭りあげられたのである。

1940（昭和15）年4月13日、鹿児島県内の水産団体が一堂に会して、水産報国を誓う鹿児島県水産大会が行われた。この席上、鹿児島水産界そして国に貢献した人物として、耕は表彰されている(464)。

翌1941（昭和16）年8月には、徳富蘇峰が坊津町泊の耕の墓石に、約500文字の撰文を寄せている。この撰文は次のように締めくくられている。

「惟《おも》ふに我国古来図南の長策を唱ふる者鮮《すくな》からず然も此を実行し遠く赤道以南に漁船隊を進むるものは実に君を以て嚆矢となす君の功も亦偉ならずや　仍て茲に君の墓に誌し奮発興起の志を紹成する後の来者を俟つ」(465)。

つまり蘇峰はこう言っている。耕に続いて南洋に向かえと。

真珠湾攻撃後、日本はオランダとも戦端を開いた。1942（昭和17）年1月16日付『福岡日日新聞』は、南洋方面での戦況を報じると同時に、耕の記事を掲載している。その記事は、「拓南の冒険児眠る海鷲翼下のアンボン島」という見出しがつけられている。冒険児とは耕のことで、海鷲とは日本海軍航空隊のことで

徳富蘇峰の撰文が刻まれた耕の墓石。右は千代子の墓石（南さつま市坊津町泊）

あろう。記事では、「アンボン島こそは南方開拓の先駆者元鹿児島県選出代議士原耕氏が雄図中ばに斃れる墳墓の島」と耕の顔写真付で大きく紹介している。また、「千代子未亡人は健気にもアンボン島に渡り亡夫の遺志を継いで漁業を続けていたが次第に国際関係が悪化し経営の維持がむつかしくなつた、め引揚げた」[466]と千代子にも言及していることから、弟の義秀がこの記事執筆に関わったものと考えられる。

終戦後、アンボンにある耕の墓は人々の記憶から遠ざかっていった。再び「再発見」されるのは、１９７１（昭和46）年3月15日のことである。当時、国連食糧農業機関（ＦＡＯ）の専門家としてインドネシアに滞在していた川上善九郎が、雑木林に覆われて荒れ果てていた耕の墓を見つけ出したのである。その数日後は春分の日である。これを好機にと、川上はアンボンの水産関係者と共に簡単な供養を行った。この様子は、同時期にインドネシアに滞在していた岩切成郎（当時、鹿児島大学水産学部助教授、後に同学部長、鹿児島県立短期大学学長を歴任）に伝えられた[467]。

当時の鹿児島大学水産学部には、耕の甥《おい》の多計志《たけし》（１９７３年4月から１９７７年3月まで学部長、後に坊津町長を務めた）が在籍していた。１９７４（昭和49）年、水産学部の練習船かごしま丸は、耕の墓石修復資材および2面の銅板製の墓碑と碑文を積んでアンボンに向けて出発した。アンボンに到着した乗組員たちは、丸2日かけて墓石を整備し、「原耕ここに眠る」と刻まれた碑銘と、耕の業績が記された墓碑を新しく取り付けた（第１２１回の写真参照）[468]。11月24日、多計志、川上、日本国名誉領事、現地住民、在留邦人などが参列して盛大な慰霊祭が執り行われた。耕の死から41年後のことである[469]。

守る人がいてこそ墓は受け継がれる。この慰霊祭から43年がたった現在、耕の墓の銅板2枚は何者かによってはがされ、また雑木林に覆われてしまっている（第１回写真参照）。

第126回　世界史の中の原耕

鰹は、日本人の生活とは切っても切り離せない魚である。『古事記』や『大宝律令』にも鰹は登場するし、「目には青葉　山ほととぎす　初鰹」と聞けば誰でも初夏の訪れを感じるであろう。

しかしもちろんのこと、鰹は日本人だけの魚ではない。世界における鰹の漁獲高は、1950（昭和25）年の鰹漁獲高16万トンから、2014（平成26）年には306万トンと、約19倍にも急増している（FAO統計）。世界中で、鰹の缶詰などの消費が急増しているのである。その最大の供給地がタイのバンコクで、ここから欧米、中東に向けて輸出されている。さらに東南アジア諸国では鰹節生産量が増加している。こうした動きと表裏一体をなすようにして、日本では鰹の確保が難しくなってきている。

これは、耕が90年前の第1回南洋漁場開拓事業前後にすでに予測していた事態である。その予測とはすなわち、⑴世界の鰹鮪類の需要増、特に缶詰の需要が急速に増加していくこと。耕が戦前にアンボンで実現しようとしていた事業が、形を変えて現在タイや他の国で実現されているともいえる。

大海原を見渡す、松之尾公園にある原耕の胸像（枕崎市）

⑵漁獲高は漁場の良さに比例すること。耕が目をつけ、調査していた海域こそが、現在主要な漁場となっている。ここで獲れた魚が加工され、世界中に輸出されている。

⑶日本での原魚確保の困難性。世界での鰹の需要が増え、日本では低価格で原魚を確保することが難しくなっている。原魚の値段があがっても、消費者が手にする製品の値上げは難しい。困るのは鰹節加工業者らである。耕はそうした加工業者らを、まとめて海外に移住させようとした。

耕は、道半ばで急死した。そのため耕の知名度は全国的には低いかも知れない。しかし現在のタイ缶詰産業の発展、耕が調査した海域での漁獲高の多さ、日本での原魚確保の困難性などを見ると、耕の情勢分析と事業構想には先見性があったといえる。将来、耕の評価はもっと高まっていくはずである（耕が忘れ去られなければだが）。

枕崎には「平成の原耕たち」とでも呼ぶべき面々がいる。「株式会社枕崎フランス鰹節（大石克彦社長）」の人々である。元祖原耕は南洋に進出したが、「平成の原耕たち」が進出した先はヨーロッパで、フランスのコンカルノーに鰹節工場を設立した。

「平成の原耕たち」が建設したフランスの鰹節工場（株式会社枕崎フランス鰹節提供）

2013（平成25）年12月、和食がユネスコ無形文化遺産に登録され、欧州でも和食が注目を浴びた。だが食品製造・加工の衛生管理基準が異なるため、鰹節を日本から輸出することは困難である。ヨーロッパの日本食レストランでは外国産の鰹節しか使用できず、本物のダシのうまみは知られていなかった。

それならばということで、「平成の原耕たち」はフランスに鰹節工場を設立した。枕崎鰹節３００年の伝統を活かして「平成の原耕たち」が作る鰹節である、ヨーロッパでの人気は急上昇中である。そのうち、「ＫＡＴＳＵＯＢＵＳＨＩ」という単語が世界中で通じるようになり、世界の人々が鰹ダシのうまみを楽しむ日が来るであろう。鰹節は国境を越えつつあり、より普遍性を持っていくはずである。もし日本が鰹節の本家本元を主張するつもりならば、私たちこそが鰹節の食文化を大切にしていかなければならない。

最後にとっておきの場所を紹介しておきたい。枕崎の松之尾公園である。眼下には枕崎港が一望でき、その先には大海原が広がっている。そしてほのかに鰹節を焙乾《ばいかん》する香りが漂ってくる。なんとも言えない場所である。この唯一無二の公園から、ある男の像が海を眺めている。言わずとしれた、「海を耕した政治家」、原耕である。

「平成の原耕たち」が作る鰹節（株式会社枕崎フランス鰹節提供）

注

（1）坊津町郷土誌編纂委員会編『坊津町郷土誌　下巻』（坊津町、１９７２年）５６０頁。以下、この資料は『坊津町郷土誌　下巻』と表記する。
（2）同右、１４４頁。
（3）同右、１２３〜１２４頁。
（4）同右、１２７頁および５７２〜５７３頁。
（5）同右、１１４頁から重引き。
（6）鹿児島県編『鹿児島県水産史』（鹿児島県、１９６８年）２７０〜２７８頁。
（7）鹿児島県編『鹿児島県水産技術のあゆみ』（鹿児島県、２０００年）２４３〜２４４頁。
（8）『坊津町郷土誌　下巻』１８４頁。
（9）同右、１３０頁では、原義秀は福岡日日新聞の副社長となったと言及している。しかし、西日本新聞社『西日本新聞百年史』（西日本新聞社、１９７８年）６３２〜６５６頁に掲載されている「資料１」（歴代役員および幹部）で、義秀が東京支社長、編輯局長、取締役を歴任したことは確認できるのだが、副社長となったことは確認できていない。本書では、義秀の役職については後者の資料に基づいて記述している。
（10）この件については、本書第１２２〜１２４回で言及している。
（11）「郷土の記憶・南海を拓く」『西日本新聞』は、１９７５年5月28日〜同年6月27日まで、主に13面と17面に23回掲載された。この連載については、以後、「郷土の記憶・南海を拓く」とのみ表記して、第何回目の連載記事か、掲載日および掲載面を明記する。
（12）「郷土の記憶・南海を拓く」第5回１９７５年6月1日13面。
（13）宮本常一『南の島を開拓した人々』（さ・え・ら書房、１９６８年）。
（14）「薩州頑質列伝第2集　俺はおれ　原耕の巻」第2回『南日本新聞』１９７３年2月17日3面。以下、この連載は「俺はおれ　原耕の巻」とのみ表記して、第何回目の連載記事か、掲載日および掲載面を明記する。
（15）ＪＡＣＡＲ（アジア歴史資料センター）Ref.B09042215800（第16〜17画像目）、本邦漁業関係雑件／南洋漁業関係（印度洋並豪州沿岸ヲ含ム）第四巻（E-4-9-0-7-7_004）（外務省外交史料館）。アジア歴史資料センターから閲覧した史料に関しては、同機関が推奨している引用例に従って引用元を表記している。詳しくは、https://www.jacar.archives.go.jp/aj/www/doc/before_browse.html（２０１７年12月18日閲覧）を参照のこと。また、アジア歴史資料センターからの引用史料に関して、初出の場合には、11桁のレファレンス番号の他に資料名及び目録のページに記載されている門、類、項を記載している。しかし同一のレファレンス番号の史料を二回目以降引用する場合には、レファレンス番号とその後に（第○○画像目）とだけ表記する。
(16)『坊津町郷土誌　下巻』135頁。
(17)「俺はおれ　原耕の巻」第3回1973年2月19日3面。「郷土の記憶・南海を拓く」第5回1975年6月1日13面でも、同様のエピソードが紹介されている。
(18)同右。「俺はおれ　原耕の巻」第3回1973年2月19日3面。
(19)原耕の令孫である原拓は、現在、大阪府寝屋川市で医院を開業している。原拓から提供していただいた耕の戸籍には、「明治参拾八年拾弐月弐拾日改名同月弐拾八日届出同日受附」と記されている。
(20)また原武熊の名前が記載されている卒業名簿は、大阪醫學會『大阪醫學會雑誌』第2巻第4号（1902年11月）242頁を参照のこと。
(21)大阪大学医学伝習百年史刊行会編『大阪大学医学伝習百年史　本史』（大阪大学医学伝習百年史刊行会、2010年）4頁では、「大阪大学医学部の源流を、内容的に連続性を断たないように遡ると、明治維新（1868）をこえて、江戸時代の末期につきあたる所がある。それが緒方洪庵が開いた「適塾」であり、種痘を行った「除痘館」である」と言及されている。
(22)同右、44頁より重引き。
(23)大阪大学医学伝習百年記念会編『大阪大学医学伝習百年史　年表』（大阪大学医学伝習百年史記念会、1970年）29頁には、1902年9月6日からはじめて卒業生受験が行われたことが記録されている。
(24)上田正昭他監修『講談社日本人名大辞典』（講談社、2001年）859頁。佐多愛彦は1902年5月～1924年5月まで校長を務めた。これだけ長期間の校長を務めたのは佐多以外いない。歴代校長については、大阪大学医学伝習百年記念会編、前掲『大阪大学医学伝習百年史　本史』27頁を参照のこと。
(25)南日本新聞社編『郷土人系　下巻』（春苑堂書店、1970年）247頁。
(26)同右、246頁。
(27)大阪大学医学伝習百年記念会編、前掲『大阪大学医学伝習百年史　年表』27頁。
(28)大阪醫學會『大阪醫學會雑誌』第2巻第4号（1902年11月）241～242頁。
(29)『鹿児島醫學雑誌』第5年第3号第46号（1928年3月）83～84頁にかけて、佐多博士歓迎会および懇親会への出席者名が掲載されている。耕は、歓迎会と懇親会の両方に出席している。
(30)「俺はおれ　原耕の巻」第3回1973年2月21日3面。同様に、枕崎市誌編さん委員会『枕崎市誌　上巻』（枕崎市、1990年）696頁や、枕崎港にある原耕の顕彰碑、坊津の南さつま市坊津歴史資料センター輝津館前にある原耕の銅像には、『枕崎市誌　上巻』と同様に外国航路の船医をしていたと記載されている。以後、この資料については、『枕崎市誌　上巻』と表記する。
(31)「俺はおれ　原耕の巻」第3回1973年2月21日3面。
(32)「故原耕位記追賜ノ件」『叙位裁可書』昭和八年、叙位巻

二十三（国立公文書館所蔵、本館-2A-017-00・叙01162100）。以下、この史料は、「故原耕位記追賜ノ件」（国立公文書館所蔵、本館-2A-017-00・叙01162100）と表記する。

（33）政友会総覧編纂所編『政友会総覧』（政友会総覧編纂所発行、1933年）9頁には、「市医トシテ神戸市衛生課ニ勤務ス、又米国領事館ニ勤務シ北米滞留二年、帰朝後医術ヲ開業ス（後略）」とある。

（34）JACAR:B09042213000（第3～72画像目）、本邦漁業関係雑件／南洋漁業関係（印度洋並豪州沿岸ヲ含ム）第二巻（E-4-9-0-7-7_002）（外務省外交史料館）。この史料は19 30年10月に作成されたもので、（1）南洋各地の水産業についての耕の報告書、（2）蘭印政庁への申請書、（3）目論見書、の3つから構成されている。目論見書の部分には、漁師を300人雇い、起業資金として50万円を計上している。耕の事業計画書はいくつか残されているが、その最大のものは1933年3月に南洋庁に提出されたものであり、そこでは漁師を7000人雇い入れ、起業資金も一千万円が計上されている。南洋庁に提出した事業計画書を翻刻したものが、拙稿「原耕関連文書（一）―南洋庁からの委嘱文書とその報告書（その一）」『商経論叢』第63巻（2012年10月）および、同「原耕関連文書（一）―南洋庁からの指令文書とその報告書（その二）」『鹿児島県立短期大学紀要　人文・社会科学篇』第63号（2012年12月）に掲載されている。

（35）南洋節については、高村聡史「南洋群島における鰹節製造業―南洋節排撃と内地節製造業者」『日本歴史』第618号（1999年11月）を参照のこと。

（36）川上善九郎『南興水産の足跡』（南水会、1994年）138～143頁。

（37）鶴見和子『ステブストン物語―世界のなかの日本人』（中央公論社、1962年）。

（38）Mitsuo Yesaki et al. *Steveston Cannery Row* (Vancouver, Peninsula Publish Co., 2005).

（39）カナダの日系漁業者については、河原典史「太平洋をめぐるニシンと日本人―第二次世界大戦以前におけるカナダ西岸の日本人と塩ニシン製造業」『立命館言語文化研究』21巻4号（2010年3月）や、同「第二次世界大戦以前のカナダ西岸における日系造船業の展開―和歌山県出身の船大工のライフヒストリーから」『立命館言語文化研究』17巻1号（2005年8月）を参照のこと。

（40）1928年に静岡県焼津の漁業者が北米の水産業視察にでかけているが、この際、バンクーバーも訪問していることから、当時の日本人水産業者間でも有名だったことが伺える。片山七兵衛述、森谷與吉速記『米國の水産業』（出版社不明、1928年）。

（41）1876年会津生まれ。ルイジアナ州立大学で精糖技術を学び、その後日本、台湾で製糖業に従事。1922年から南洋興発株式会社創業に尽力し、専務取締役に就任、その後社長へ。シュガーキングの異名をとる。松江の経歴については、能仲文夫『南洋と松江春次』（時代社、1941年）、武村次郎『南興史　南洋興発株式会社興亡の記録』（南興会、１９８４年）、塩谷七重郎『松江春次伝』（歴史春秋出版、２００５年）を参照のこと。また『会津人群像』第7巻第7号でも兄の松江豊寿とともに、弟の春次も特集されている。兄の豊寿は、板東俘虜収容所の所長として勤務し、この時にドイツ兵捕虜たちによってベートーベンの第9交響曲が日本ではじめて演奏されたとされている。豊寿については、横田新『松江豊寿』（歴史春秋出版、１９９３年）、中村彰彦『二つの山河』（文藝春秋、１９９７年）を参照のこと。

(42)松江春次『南洋開拓拾年誌』（南洋興発株式会社、１９３2年）に添付されている「南洋要地圖」中に、１９３２年7月から9月に訪問した地が記されている。この中に、アンボンも含まれている。

(43)ニューキチンからの手紙の日本語訳については、拙稿「カツオ漁業の南洋進出―黎明期における衆議院議員原耕の南洋漁場開拓事業を中心に―」伊藤康宏他編著『帝国日本の漁業と漁業政策』（北斗書房、２０１６年）３１２頁を参照のこと。

(44)この点については第23回で言及する。

(45)岸良精一『鰹と代議士　原耕の南洋鰹漁業探険記』（南日本新聞開発センター、１９８２年）75～76頁。

(46)鹿児島で最初の動力船は、１９０８年7月に建造された舞鶴丸が最初と言われている。舞鶴丸については、鹿児島県編、前掲『鹿児島県水産史』３００～３０７頁を参照のこと。ちなみに枕崎に動力船が導入されたのは、１９０９年４月に家弓正五郎が徳光丸を建造したのが最初である。この件については、『枕崎市誌　上巻』６１５頁を参照のこと。

(47)同右、５６８～５７１頁、６０５頁、６０７～６０８頁。

(48)鹿児島県編、前掲『鹿児島県水産技術のあゆみ』３頁。

(49)楊虹「風土　詩歌　カツオ」鹿児島県立短期大学チームカツオづくし編『カツオ今昔物語―地域おこしから文学まで』（筑波書房、２０１５年）では、「汐替節」はもちろんのこと、鰹にまつわる詩歌についても取り上げている。また鹿児島に拠点を置く男声合唱団楠声会では現在でも「汐替節」をアレンジして歌い続けている。

(50)「黒島流れ」については、『枕崎市誌　下巻』５～24頁を主に参照している。この他にも、川崎沛堂『坊泊水産誌』（川辺郡水産会、１９３６年）38～41頁、茶屋道久吉「明治時代の台風「6月流れ」について」『天気』２（５）、および伊集院久吉「明治時代の台風「6月流れ」について（2）」『天気』５（９）も参照した。

(51)『枕崎警察署沿革史』は公刊された資料ではなく、枕崎警察署に保管されている非公刊資料である。閲覧を許可してくださった当時の警察署長にお礼を申しあげる。この資料の一部は、上述した伊集院久吉の論文および、枕崎市史編さん委員会『枕崎市史』（枕崎市、１９６９年）６７７～６８２頁でも引用されている。この資料については、以後、『枕崎市史』と表記する。

(52)『枕崎市誌　下巻』12～14頁。

(53)『枕崎市史』６８１頁。

(54)川崎、前掲書、42頁。

(55)同右。
(56)「俺はおれ　原耕の巻」第9回1973年2月26日3面。
(57)原耕の戸籍については、令孫の原拓からご提供いただいた。記して謝したい。
(58)川崎、前掲書、42頁。
(59)この時のエピソードについては、原捨思自身が宮本常一に語っている。宮本、前掲書、204～217頁。
(60)原拓からご提供いただいた戸籍による。
(61)「故原耕位記追賜ノ件」(国立公文書館所蔵、本館-2A-017-00・叙01162100)を参照のこと。
(62)千代子についてのエピソードについては、令孫の原拓からお伺いした。
(63)原千代子が書いた履歴書による。この履歴書についても、原拓からご提供いただいた。
(64)『鹿児島醫學雑誌』第35号(1927年4月)131～134頁。
(65)南日本新聞社編、前掲『郷土人系　下巻』256頁。
(66)同右、299～301頁。
(67)『鹿児島醫學雑誌』第2号(1924年7月)30頁。1924年の日本医師会代議員は、西盛之進、原耕、永田安愛の3人であった。
(68)南日本新聞社編、前掲『郷土人系　上巻』185～187頁。
(69)西春彦『回想の日本外交』(岩波書店、1965年)。
(70)鹿児島県医師会編『鹿児島県医師会史』(鹿児島県医師会、1990年)943頁には、「西盛之進関係文書」として、野口英世から西盛之進宛の英文の手紙が掲載されている。また、盛之進の令息進次郎からこの手紙のコピーをご提供いただいた、記して謝したい。
(71)元外交官の西春彦が執筆した雑誌原稿等をまとめたものに、西春彦『わが外交と随想』(サザンクロスアソシエイツ、1985年)がある。同書に掲載されている「故兄盛之進の思い出」「野口博士と兄西盛之進の論文交換」などのなかで、西盛之進と野口英雄の論文交換のことに言及されている。
(72)南日本新聞社編、前掲『郷土人系　下巻』253～255頁。宮原は原耕と同時代であり、『鹿児島醫學雑誌』でも、二人の消息記事が多数掲載されている。
(73)『台湾観光月刊』第479号(2008年5月)22頁。
(74)鹿児島銀行行史編纂室『鹿児島銀行百年史』(鹿児島銀行、1980年)857～866頁。
(75)「故原耕位記追賜ノ件」(国立公文書館所蔵、本館-2A-017-00・叙01162100)を参照のこと。
(76)『枕崎市誌　下巻』12～14頁。
(77)帆船時代の漁師の様子については、『枕崎市誌　上巻』603～609頁を参照のこと。
(78)鹿児島県節類水産組合『さつまぶし』(鹿児島県節類水産組合、1912年)74～85頁に一覧表が掲載されている。
(79)舞鶴丸については、同右、74頁を、笠野丸については、同右、80頁を参照のこと。
(80)鹿児島県編、前掲『鹿児島県水産技術のあゆみ』3頁。
(81)枕崎鰹漁株式会社については、『枕崎市誌　上巻』617

〜619頁を参照のこと。坊泊鰹漁株式会社については、『坊津町郷土誌　下巻』236〜252頁を参照のこと。
(82)『枕崎市史』716頁。
(83)『枕崎市誌　上巻』609〜613頁を参照のこと。
(84)原拓、所蔵資料。
(85)本書では、貨幣価値の換算に関して、日本銀行が発表している企業物価指数（戦前基準指数）をもとに算出している。当時の企業物価指数はその当該年度の指数を、現在の企業物価指数は連載掲載時に使用した2011（平成23）年の指数（680・9）を使用している。例えば、1921（大正10）年の金額を現在の貨幣価値に換算する場合、1921年の企業物価指数を1・296、2011年の企業物価指数を680・9で計算している。日銀が公表している企業物価指数については、https://www.boj.or.jp/announcements/education/oshiete/history/j12.htm/（2018年1月26日閲覧）を参照のこと。以下、本書で現在の貨幣価値に換算する場合、断りがない場合はすべてこの方法で算出している。
(86)『枕崎市誌　上巻』643〜649頁。
(87)同右、629頁。
(88)『広報まくらざき』131号（1969年3月）4面。
(89)『枕崎市史』400〜401頁。
(90)「俺はおれ　原耕の巻」第10回1973年2月27日3面および第11回同月28日3面。
(91)『枕崎市史』401頁。
(92)南洋庁からの委嘱文書とその報告書案は、原耕の子孫のもとに残されている。これらを翻刻したものは、拙稿、前掲「原耕関連文書（一）―南洋庁からの委嘱文書とその報告書（その一）」および前掲「原耕関連文書（一）―南洋庁からの指令文書とその報告書（その二）」を参照のこと。
(93)南日本新聞社編、前掲『郷土人系　上巻』83〜85頁。
(94)『鹿児島新聞』1920年5月13日3面。
(95)『鹿児島醫學雑誌』第17号（1925年10月）199〜200頁。
(96)日本医師会創立50周年記念事業推進委員会記念誌編纂部会編『日本医師会創立記念誌―戦後50年のあゆみ』（日本医師会、1997年）7頁。
(97)『鹿児島醫學雑誌』第2号（1924年7月）30頁。
(98)『鹿児島醫學雑誌』第6号（1924年11月）28頁。
(99)『枕崎市誌　上巻』213頁。
(100)耕は、1924年2月16日に枕崎町で有志の会を開催し、枕崎町民の支援を獲得しようとしたが失敗した。この会議では、枕崎町としては、衆議院議員候補者として特定の候補者を支援しないことだけが決定された。この会議の後、耕は今度は枕崎区での同様の会議を開催し、枕崎区の支援を得ることになった。役場移転問題が尾を引いていて、役場の移転先になった枕崎区以外は、耕に対する反感が強かったことが伺える。『鹿児島新聞』1923年2月20日2面。
(101)『鹿児島新聞』1924年5月13日2面。
(102)1912年から1922年までの漁獲高および表彰者に

ついては、『枕崎市誌　上巻』６４３〜６４７頁を参照のこと。１９２３年の結果については、川崎、前掲書、55頁を参照のこと。

(103)第32回の写真を参照のこと。１９２１年12月20日付けで、原耕所有船千代丸の船頭として成績優秀者として表彰を受けている。この資料については、松之下幸朗から提供していただいた。記して謝す。

(104)『枕崎市誌　上巻』６４３〜６４７頁。

(105)同右、６４７頁。

(106)『鹿児島新聞』１９２３年12月24日７面。

(107)このサイレントフィルムは、１９９９年９月に放送されたＮＨＫスペシャル『日本映像の20世紀　鹿児島県』でも使用されている。鹿児島県の鰹漁を語るうえで欠かせないものになっている。またこの『無限の宝庫』を取り上げているものとして、南さつま市坊津歴史資料センター輝津館『豊穣の海―原耕と南薩摩の漁業史（輝津館企画展図録論集）』（南さつま市坊津歴史資料センター輝津館、２０１１年）に収録されている橋口亘「原耕が残した大正時代の鹿児島の映像―活動写真（動画）で記録された大正時代の鹿児島―」がある。

(108)「俺はおれ　原耕の巻」第14回１９７３年３月３日３面および第15回同月５日３面。

(109)『鹿児島新聞』１９２３年５月17日11面。

(110)水産試験場の創立20周年と照洋丸の就航については、『鹿児島新聞』１９２３年１月10日７面、同月11日１面および７面を参照のこと。

(111)『鹿児島新聞』１９２４年１月23日７面。

(112)『鹿児島新聞』１９２３年７月16日２面。

(113)当時の新聞には、「川辺郡東南方村枕崎鰹漁業者原耕氏の水産宣伝の為め撮影せる鰹漁業活動写真を来月上旬より県下各地に試写する筈にて同時に水産局所有の有益なる写真を借入れて紹介したしとして原氏より出願ありたり」とあることから、枕崎以外でも広く公開されたようである。『鹿児島新聞』１９２３年６月27日９面。このほか、『無限の宝庫』の記事は、『鹿児島新聞』１９２３年７月21日２面、同年８月10日11面および12面、同月12日７面にも掲載されている。

(114)『鹿児島新聞』１９２３年８月９日７面。

(115)『枕崎市誌　上巻』８６５〜８６６頁。

(116)同右、８７０頁。

(117)同右。

(118)鹿児島県節類水産組合、前掲書、36頁。

(119)『枕崎市誌　上巻』８７５〜８７６頁。

(120)『鹿児島新聞』１９２５年１月11日２面。

(121)同右。漁製分離は枕崎の鰹漁と鰹節製造にとって極めて重要な出来事であったが、これまで耕が漁製分離にどのように関わっていたのかについてはほとんど知られていない。筆者管見の限り、この件に言及している文献は、南日本新聞社編、前掲『郷土人系　上巻』１４４頁だけである。

(122)『枕崎市誌　上巻』８７６〜８７９頁。

(123)黒岩比佐子『伝書鳩―もうひとつのＩＴ』（文藝春秋、２

000年）44頁。
(124)岩田巌『伝書鳩』（科学知識普及会、1926年）12～13頁。岩田は、鹿児島県水産試験場の利用について、「特に鹿児島県の水産試験場に於ける漁業通信の如きは利用上頗る其の処を得たもので、同場では数百羽の鳩を飼養しているが、同地方の漁師は春から夏、秋にかけて二、三十噸の漁船を操り沖合遙かに四百粁を離れた奄美大島辺まで鰹漁に出かける。そして鰹群を追撃しつゝ永い時には十五、六日間も海上に漂泊して居る。この出漁の時に漁の状況や、鰹の逃げ路、扨は自己の安否等をも細大となく此の忠実なる使に託して陸地に知らせている。思へ、天候の激変に家族達が憂悶に鎖されて岸辺に彷徨する時、遙かの空間より驀進して来る此の可憐な使者を見出した瞬間如何に其の胸を轟かすであろうか」と述べている。当時、海軍でも伝書鳩の研究が行われていた。こちらは、武知彦栄『伝書鳩の研究』（内外出版株式会社、1924年）を参照のこと。
(125)『枕崎市誌　上巻』632頁。
(126)黒岩、前掲書、68頁。
(127)岩田、前掲書、92～115頁。
(128)『鹿児島新聞』1923年3月17日7面。
(129)『枕崎市誌　上巻』638頁。
(130)同右、636頁より重抜き。
(131)同右、637頁。
(132)「鰹供養塔」に建立時期が大正5年12月と刻まれている。
(133)川島秀一『カツオ漁』（法政大学出版局、2005年）263頁では、1940年生まれの立石利治の談話が紹介されている。
(134)『枕崎市誌　上巻』834頁。
(135)『鹿児島新聞』1923年7月21日2面。また、『無限の宝庫』を見た記者が書いた記事に、『鹿児島新聞』1923年8月12日7面もある。
(136)「俺はおれ　原耕の巻」第14回1973年3月3日3面。
(137)『枕崎市誌　上巻』655～656頁。
(138)『鹿児島新聞』1922年11月17日2面。
(139)『鹿児島新聞』1924年1月1日3面。
(140)焼津鰹節史編纂委員会『焼津鰹節史』（焼津鰹節水産加工業協同組合、1992年）149～150頁。以下、この資料は『焼津鰹節史』と表記する。
(141)鹿児島県節類水産組合、前掲書、33頁。
(142)『焼津鰹節史』149頁および161～162頁。地元船と外来船による売上額は、1908年まで外来船の方が多くなっている。この傾向に変化が現れ、地元船の売上額が逆転するのは1909年のことである。その理由は、焼津での漁船の動力化と大型化がいち早く進み、それで鰹漁船は一船主一船経営だったものがやがて複数船経営に移行したからである。
(143)この鹿児島への影響等については、『鹿児島新聞』1925年10月6日1面、1926年7月23日2面を参照のこと。
(144)『焼津鰹節史』119～125頁。
(145)同右、120～122頁。

(146) 同右、94～95頁。

(147)『鹿児島新聞』１９２４年５月24日２面。また、鹿児島県水産試験場船の「照洋丸」は、かなり積極的な漁場調査を行っていた。１９２５年４月には、横当島付近など２ヶ所の新漁場を発見している。新漁場２ヶ所発見の記事は、『鹿児島新聞』１９２５年４月30日３面を参照のこと。

(148)『鹿児島新聞』１９２５年５月10日５面。

(149) 台湾や奄美大島進出については、『焼津鰹節史』１８５～１９０頁を参照のこと。

(150)『鹿児島新聞』１９２５年12月23日２面。

(151)『鹿児島新聞』１９２４年４月２日６面。

(152)『鹿児島新聞』１９２５年７月10日３面。

(153)『鹿児島新聞』１９２５年４月25日３面。

(154)「故原耕位記追賜ノ件」(国立公文書館所蔵、本館-2A-017-00・叙01162100)。および鹿児島県立薩南工業高校内にある「学校沿革碑」による。

(155)「故原耕位記追賜ノ件」(国立公文書館所蔵、本館-2A-017-00・叙01162100)。

(156) 創立百周年記念誌編集委員会編『創立百周年記念誌　みをつくし』(鹿児島県立水産高等学校、２０１０年)80～81頁。川辺郡立工業学校の造船科が設置された１９２１年当時は、現在の鹿児島県立水産高等学校は鹿児島県立商船水産学校という名称であった。その後、１９２９年に鹿児島県立商船水産学校水産科を県立薩南工業学校分校造船科と合併し、県立枕崎造船水産学校が発足した。その２年後の１９３１年４月、鹿児島県立枕崎水産学校と改称され、この時に造船科は廃止になっている。

(157) 同右、80～81頁。

(158)「故原耕位記追賜ノ件」(国立公文書館所蔵、本館-2A-017-00・叙01162100)。

(159) 鹿児島大学水産学部創立五十周年記念誌編集委員会『鹿児島大学水産学部創立五十周年記念誌』(鹿児島大学水産学部、１９９７年)１８５頁。

(160) この「白鳳丸」の南洋漁場調査については、多くの水産雑誌に取り上げられた。北川令三(農林省白鳳丸事務長)「南航日誌　北ボルネオ島」『水産』第17巻第８号(１９２９年８月)30～33頁、同「南航日誌　南洋の越年」『水産』第17巻第９号(１９２９年９月)28～31頁、同「南航日誌　ボルネオ島の西の海」『水産』第18巻第３号(１９３０年３月)27～29頁、下田杢一「英領「ボルネオ」及蘭領印度の海面に於ける鰹鮪漁業調査並に新嘉坡「バタビヤ」英領「ボルネオ」の邦人漁業」『水政』第７輯(１９３０年４月)４～29頁。

(161)「白鳳丸」の調査は、１９２８年12月11日に東京を出発してから翌年３月まで行われている。同時期の12月22日に農林大臣山本悌二郎が政官財の要人を招待して、耕の「南洋漁業株式会社」設立の準備会合を行っている。この件については、第82回で言及するが、「白鳳丸」の南洋漁場開拓事業が農林省に認められて、「白鳳丸」の南洋漁場調査が実現したと考えられる。「白鳳丸」の調査は、耕が第一回南洋漁場開拓事業時に拠点をおいたケマや、後に拠点をおくアンボンなどの調査も行っている。
(162)1946年4月に誕生した鹿児島大学水産専門学校は、1949年5月の鹿児島大学水産学部誕生とともに、1951年3月に最後の卒業生を出し廃校となった。水産専門学校5周年（および廃校）を記念して、『五週（ママ）年記念誌』（鹿児島水産専門学校、1951年）が発行されている。この記念誌の121〜122頁に原捨思が鹿児島大学鹿児島水産専門学校後援会会長として「祝辞」を寄せている。
(163)「あま船人」と呼ばれた漁師の船上生活改善や、漁師の地位向上は耕にとって大事なテーマであった。耕は、1929年2月に発行した原耕『敢へて漁友諸君に訴ふ』（出版社不明、1929年）3〜4頁のなかで、「先年私が漁友諸君の誠實なる精神、眞面目なる働き振り、海上生活の模樣、勇壯活發なる漁獲の光景等をフイルムに撮影致しまして、廣く社會に紹介致しましたのも、全く此の海國精神の普及と水産事業の發達とを思ふたからであります。又諸君が漁撈に從事するに際して、常に雨露に曝されて居つて、保健上甚だ憂慮致しました事に就ては、萬難を排しまして、之が改善を企て、率先して船室の設備を致しました事は、既に皆様の御承知の通りで御座います、此の如く我が國の水産業の發達と漁友諸君の福祉增進とに就きましては、私は常に苦心し又最善の努力を怠らぬものであります」と述べているのは、まさにこうした姿勢の現れである。
(164)『鹿児島新聞』1925年5月15日5面。
(165)同右。
(166)『鹿児島新聞』1927年1月23日1面。
(167)『鹿児島新聞』1925年12月8日3面。
(168)この表彰の内容については、『枕崎市誌　上巻』656〜657頁にも掲載されている。
(169)『鹿児島新聞』1926年12月25日3面。
(170)鹿児島商船学校『鹿児島商船学校一覧』（鹿児島商船学校、1941年）1頁。
(171)1910年2月25日に鹿児島商船学校に水産科が併設され、鹿児島県立商船水産学校と改称された。この水産科が、現在の鹿児島県立鹿児島水産高等学校の源流である。創立百周年記念誌編集委員会編、前掲書、80〜81頁。その後この水産科と当時の県立薩南工業学校枕崎分校造船科が合併し、県立枕崎造船水産学校となった。水産科が分離された鹿児島県立商船水産学校は、1932年4月1日に鹿児島県立商船学校と改称している。
(172)鹿児島商船学校同窓会編『同窓会誌』（鹿児島商船同窓会、1972年）23頁。錦丸の写真は、創立百周年記念誌編集委員会編、前掲書、78頁。
(173)同右。
(174)鹿児島商船学校、前掲書、2頁。
(175)同右、2〜3頁。
(176)『鹿児島新聞』1927年3月12日5面。
(177)『鹿児島新聞』1927年10月9日3面。
(178)鹿児島商船学校同窓会編、前掲書、223頁。
(179)当時の新聞でも、「霧島丸」遭難の記事は大きく取り上げられている。『鹿児島新聞』1927年3月10日8面、同月11日10面および11面、同月12日5面。

(180)鹿児島商船学校同窓会編、前掲書、223頁。この『同窓会誌』は、「霧島丸」沈没から45年が経過してから出版されているが、「ああ！霧島丸」という特集を63頁組んでいる。当時の「霧島丸」捜索やその後の慰霊祭、記念碑除幕式などの様子も記録されている。鹿児島商船学校同窓会は、「霧島丸」遭難事故慰霊の意味も込めて、毎年3月9日に同窓会を開催してきた。しかし、高齢化のために2012年に最後の同窓会が開催された。『南日本新聞』2012年3月18日22面。

(181)鹿児島商船学校同窓会編、前掲書、229頁。

(182)『鹿児島新聞』1927年10月9日3面。

(183)『鹿児島新聞』1930年5月25日3面。

(184)全国船舶職員協会のホームページ https://www.zensenkyo.com/entrance/gaiyou/gaiyou.htm（2018年2月5日閲覧）より。

(185)「海王丸」船長の訪問については『南日本新聞』2011年2月8日29面を、「日本丸」船長訪問については『南日本新聞』2013年1月20日35面を参照のこと。「海王丸」の表敬訪問に関して、社団法人全日本船舶職員協会は、「海洋・海事に関わる関係者の連携強化を！」という「プレス資料」を発表している。この「プレス資料」でも、霧島丸遭難事件を継承していくことが強く呼びかけられている。https://www.zensenkyo.com/entrance/kirisimamaru/kirishima_maru_press_data.pdf（2018年2月7日閲覧）。また、2016年5月25日には山口県の大島商船高専の生徒ら約50人が「霧島丸」の慰霊碑を訪問している。『南日本新聞』2016年5月27日17面。

(186)高山伊太郎『南洋之水産』（大日本水産会、1914年）。

(187)南洋の水産資源調査については、山本ちひろ「戦間期日本の「南洋」水産資源調査」『東京大学日本史学研究室紀要』第17号（2013年3号）が比較的網羅的にリストアップしている。

(188)臺灣總督官房調査課『蘭領印度モロッカス群島近海の鰹漁業並に同地方沖縄縣漁民の状況（南支那及南洋調査第百五十四輯）』（臺灣總督官房調査課、1928年）。この報告書によると、72日間で漁獲高がわずかに3106尾で、一日平均41尾という惨憺たる結果であった（8頁）。

(189)江川俊治は1929年5月、「南洋漁業経営論」という報告書を外務省通商局にも提出している。失敗の原因として活き餌確保の失敗をあげている。JACAR:B09042211600（第2～14画像目）、本邦漁業関係雑件／南洋漁業関係（印度洋並豪州沿岸ヲ含ム）第一巻（E-4-9-0-7-7_001）（外務省外交史料館）。鰹の漁獲高は活き餌の量に比例する。南洋で活き餌の大量確保に成功したのは、耕が最初である。

(190)第1回南洋漁場開拓事業の報告書については、鹿児島県水産試験場『大正十五年・昭和元年度　事業報告書』（鹿児島県水産試験場、1928年）113～150頁で報告されている。この事業報告書は、鹿児島県水産技術開発センターのホームページから閲覧可能である。以後、この資料は、『大正十五年度・昭和元年度　事業報告書』と表記する。
(191)岸良は、1923年鹿児島商船水産学校製造科卒業である。岸良も編集委員を務めた、創立七十周年記念誌編集委員会『創立七十周年記念誌』(鹿児島県立水産高等学校、1982年)29頁では、「大正十三年鹿児島県水産試験場に入り技手として活躍。所属船松島丸、光洋丸、興洋丸に乗船し、各種漁業試験や調査に従事。昭和二年、同四年の二回にわたり本県鰹漁業の進展打開のため赤道を越えて南洋漁場開拓に貢献」と紹介されている。また鹿児島水産高等学校『創立六十周年記念誌　みをつくし』(創立六十周年記念事業実行委員会、1974年)135～137頁には、岸良の在学時代の思い出「一週間遅れの入学」が掲載されている。
(192)岸良、前掲書。同書は、第1回南洋漁場開拓事業と第2回南洋漁場開拓事業の日誌と回顧録からなっている。耕の南洋漁場開拓事業の様子が詳細に記されている。
(193)「郷土の記憶・南海を拓く」第12回1975年6月12日13面。
(194)岸良、前掲書、17～26頁。
(195)『鹿児島新聞』1927年6月3日7面。
(196)岸良、前掲書、26～28頁。
(197)同右、77～78頁。
(198)同右、79頁。
(199)同右、81頁。
(200)八田網については、鹿児島県編、前掲『鹿児島県水産技術のあゆみ』223～229頁を参照のこと。九州における八田網利用については、橋村修『漁場利用の社会史―近世西南九州における水産資源の捕採とテリトリー』(人文書院、2009年)を参照のこと。
(201)『鹿児島新聞』1927年7月20日3面。
(202)『大正十五年・昭和元年度　事業報告書』146頁。
(203)『鹿児島新聞』1927年6月3日7面。
(204)臺灣総督官房調査課『比律賓、ボルネオ並にセレベス近海に於ける漁業試験報告(南支那及南洋調査第百四十六輯)』(臺灣総督官房調査課、1928年)。
(205)臺灣総督官房調査課、前掲『蘭領印度モロッカス群島近海の鰹漁業並に同地方沖縄縣漁民の状況』。
(206)当時の南洋における活き餌確保は、死活的な問題であった。耕が第1回南洋漁場開拓事業を行った時期、南洋で活動を行っていた邦人の活き餌確保状況については、拙稿「生き餌確保からみた原耕の第一次南洋漁場開拓事業」『研究年報』第46号(2015年3月)を参照のこと。管見の限り、南洋で大量の活き餌確保に成功した人物は、耕が最初である。
(207)JACAR:B09042211700(第22画像目)、本邦漁業関係雑件／南洋漁業関係(印度洋並豪州沿岸ヲ含ム)第一巻(E-4-9-0-7-7_001)(外務省外交史料館)。日蘭漁業株式会社の業務目論見書、定款、使用する船の構造仕様書等については、同史料中の第20～64画像目を参照のこと。
(208)戦前、南洋最大の水産会社である南興水産株式会社に勤務していた川上善九郎は、すでに紹介したように『南興水産の足跡』（南水会、１９９４年）という本を執筆している。川上は戦後、インドネシアの鰹鮪漁業開発振興のため国際連合食糧農業機関（ＦＡＯ）の専門家として、１９６７年～１９７６年までインドネシアに駐在した。同書にて、川上は次のように記述している。「原耕が１９２７年調査の折にCelebesのMenado近海にて、水上集魚灯利用の八田網にてこの魚種を一夜に２００桶（バケツ）漁獲し、翌日付近のカツオ漁場にて大漁をしている事を筆者が知り得たのは１９６９年であった。現在もMenado (Bitung) 地区にては灯火に依りこの種の漁獲を行い活餌魚としてカツオ船に用いられている」（２９５頁）。また、耕が拠点を置いたアンボンには、耕の巨大な墓が残されているが、戦後、この墓の存在はしばらく忘れられていた。この墓を再発見したのも川上である。この件については、第１２５回を参照のこと。

(209) 岸良、前掲書、１１１頁。

(210)『鹿児島新聞』１９２７年8月13日2面。記事は、「南洋パラオ島を中心に数百浬の洋上における鰹漁場の探険に従事中であつた県下枕崎の千代丸と八坂（ママ）丸とは、船主原耕氏以下乗組員一同元気すこぶる旺盛にて前古未曾有の壮挙に成功し、十二日午前七時にパラオを出航、蘭領セレベスのパラマス、タラオ、メナドル各島に寄港し、途中鰹漁場の探険に従ひつゝ、帰国の途についた旨、便乗せる岸良技師および原耕氏とから勝部水産試験場長に電報が来た」（句読点を追加した）とある。

(211) 日本で、耕たち一行の消息が明らかになるのは、１９２７年10月４日のことである。当時の新聞にこの間の経緯が、「原氏の漁船隊、我邦人未到の南半球に進入　漁場の探険を了す　今や帰航の途中」という見出しで掲載されている（ちなみにこの頃はまだ、耕は南半球までは進出しておらず、帰国も決まっていない。鹿児島港に着くのは11月25日のことである）。記事は、「原耕氏の率ゆる南洋漁場探険隊の消息は、パラオ島附近調査以来絶えていたが、一行の岸良技手が９月６日に差出した書状が四日県立水産試験場へ届いた。それに依ると、一行は何れも元気旺盛所期の目的を達成しつゝ南下し、パラオを八月十一日に出て、十六日にフイリピンの南にあたるパルマスについた（後略）」（句読点を追加した）と報じられている。『鹿児島新聞』１９２７年10月６日１面。この記事掲載数日後に、「霧島丸」の慰霊祭が予定されていた。そのため、耕一行の行方にも関心が高かったと見え、同記事は１面に掲載されている。
　また『鹿児島新聞』１９２７年10月14日１面にも、「原氏の一行　帰途に就く」の見出しで次の記事が掲載されている。「本県漁業界のため大に気を吐いた原耕氏の南洋漁場探険の一行は蘭領メナドを根拠とし附近に出漁中であつたが来月末には帰国するそうで、十三日県庁宛左の電報が来た。漁あるも一先づ帰る来月末着く」という記事が掲載されている。ケマでの成果を受けて、耕が帰国を意識したのがこの時期だったことが分かる、貴重な記事である。

(212) 耕は、帰国後の１９２７年12月５日に、鹿児島商船水産学校（「霧島丸」沈没事件があった学校）で南洋漁場探険の講演を行っている。そこで耕は、「［パラオから蘭印に移ることになった経緯を説明した後―筆者注］蘭領ニ於テモ有望ナルハ菲（ママ）律賓ニ近キパルマスト聞キソンソールヲ後ニパルマスニ向ヒタルニ漁夫ノ或ル者ハ己ニ意気消沈シ帰郷ヲ逼ル者サヘアリマシタ。パラオヨリパルマスニ向フ途中船員一人海中ニ飛込ム者アリ様々ニシテ救助セシハ正ニ夕陽ノ没セントスル頃ニシテ若シ晩ナリセハ一命ヲ捨テル處ナリ多分精神ニ異状（ママ）ヲ呈シタ結果ニシテ其ノ夜充分ナル手当看護シ無事ナル得タリ」と述べている。『大正十五年・昭和元年度　事業報告書』１４７頁。一方、岸良は、次のように記録している。「八月十六日午后五時頃、千代丸後部船員室で雑談中の一人の魚（ママ）夫が突然「エーモー」叫ぶやいなや、室から飛び出し釣台の所から「ザブーン」とばかり投身した。驚いた同僚達が直ちにライフブイを目印に投入し、船を止めて青年三人が救助に飛び込んで追いかけた。船を近づけて見ると何と投身した男は一生懸命逃げ廻（ママ）っている様子であったが、三方から取り囲まれて掴まって了い船に引き揚げられ助った。それにしても何故逃げ廻ったのか判らない。原因はひどいホームシックで、まさに発狂寸前の態で船内での雑談中、突然行動を起こしたらしく、自殺の意志があったとは考えられない。私は前後の事情をきいてみたが現場に居合せた連中は、只もう「エーモー」云ったきり飛び込んだと言うのみであった。この「エーモー」何を意味するのか！　薩摩の決断を現す気合なのか、泣こよかひっ飛べの決断なのか、今に判らない珍事であった」。岸良、前掲書、88～89頁。

(213) 同右、84頁。

(214) 同右、95頁。

(215) 同右、96～97頁。

(216) 同右、98頁。

(217) 同右、１０２頁。

(218)『大正十五年・昭和元年度　事業報告書』１４９頁。耕は、帰国後の鹿児島商船水産学校の講演で、わざわざこのエピソードを学生達に語っている。よほど、印象に残ったできごとだったようだ。

(219) 岸良、前掲書、１００～１０１頁。

(220) 10月中の漁獲高については、同右、50～58頁を参照のこと。

(221) 同右、１１３頁。

(222) 拙稿、前掲「原耕関連文書（一）―南洋庁からの指令文書とその報告書（その二）」37～38頁。

(223) 岸良、前掲書、１１４頁。

(224) 同右、59頁。

(225) 同右、１２１頁。

(226) 田代清英については、立石幸徳『清冽の人、田代清英』（ジャプラン、１９９９年）という書籍が出版されている。著者の立石幸徳には、直接お話をお伺いして、いろいろと貴重な情報をいただいた。記して謝したい。

(227) 沖縄県水産試験場『沖縄県水産試験場の歩み』（沖縄県水産試験場、１９７４年）１頁。田代は、東京帝国大学農

学部卒業で、沖縄県立水産試験場長、宮崎県農林技師水試験場長、茨城県水産試験場長などを歴任した。東京帝国大学農学部内にあった水産学会が発行している『水産學會報』第7巻第2号（1936年）、第7巻第3号（1937年）、第8巻第1号（1940年）の会員名簿には、田代清友の名前とともに、所属が記載されている。

(228) 沖縄県水産試験場、前掲書、1頁。初代場長は佐々木武治である。またこの当時の試験場の様子については、沖縄県農林水産行政史編集委員会『沖縄県農林水産行政史　第八・九巻（水産業編）』（農林統計協会、1990年）413〜416頁を参照のこと。

(229) 佐々木初代場長時代の水産試験場事業報告は、「大正十年度　沖縄県立水産試験場事業報告　漁撈之部」「大正十年度　沖縄県立水産試験場事業報告　製造之部」「大正十年度　沖縄県立水産試験場　養殖之部」が、沖縄県農林水産行政史編集委員会『沖縄県農林水産行政史　第十七巻（水産業資料編Ⅰ）』（農林統計協会、1983年）715〜766頁に再掲されている。

(230) 試験場建設の経緯については、沖縄縣水産試験場『自大正十五年度至昭和三年度　沖縄縣水産試験場事業報告』（沖縄県水産試験場、1929年）に掲載されている「付録　沖縄縣水産試験場諸設備新営概要」245〜269頁を参照のこと。

(231) 新水産試験場の落成式は1929年3月30日に行われている。田代はすでに1928年4月から茨城県水産試験場長を務めていたが、落成式の日には、田代が沖縄県立水産試験場長として、来賓からの祝辞に対する答辞を行っている。同右、249頁。こうしたことからも田代が新水産試験場整備に、かなりの力を発揮したことが伺える。

(232) 当初は、水産指導船の大きさは、70トン50馬力の予定だったが、田代場長時代に「他ノ模範トナル様」に100トン200馬力に変更された。沖縄県水産試験場、前掲『自大正十五年度至昭和三年度　沖縄県水産試験場事業報告』248頁。

(233) 佐々木場長時代の試験場報告書を見ると、餌の入手先は沖縄県内になっていたようである。沖縄県水産試験場、前掲「大正十年度　沖縄県立水産試験場事業報告　漁撈之部」717〜719頁に掲載されている「琉球丸」の航海日誌を見ると、餌魚は座間味で調達していたことが分かる。田代場長時代の試験場報告書を見ると、餌魚確保のために鹿児島県の山川、鹿児島港、もしくは垂水にまで出掛けてそこで餌魚を購入していることが分かる。沖縄県水産試験場、前掲『自大正十五年度至昭和三年度　沖縄県水産試験場事業報告』6〜9頁、39〜46頁、122〜130頁。

(234) 沖縄県『沖縄県史　第7巻各論編6（移民）』（沖縄県、1974年）399頁。

(235) 沖縄県農林水産行政史編集委員会、前掲『沖縄県農林水産行政史　第八・九巻』308頁。

(236) 川上、前掲書、25頁。

(237) ここで注目してもらいたい点は、鰹漁獲量の変化が玉城のいたトラック島から生じたのではなく、昭和2年に耕が南洋漁場開拓事業を行ったパラオから生じている点である（表1参照）。

(238)『鹿児島朝日新聞』１９２７年11月26日7面。

(239)『鹿児島新聞』１９２７年11月22日2面。

(240)岸良、前掲書、62頁。

(241)『鹿児島朝日新聞』１９２７年11月26日7面。

(242)岸良、前掲書、１２２〜１２３頁。

(243)例えば、『鹿児島新聞』１９２７年11月26日2面および同月28日1面、『鹿児島朝日新聞』１９２７年11月26日7面および同月27日6面。

(244)『鹿児島新聞』１９２７年12月28日3面。

(245)「本会の忘年会―水産各方面の名士集り―原氏の南洋漁場談あり」『水産界』第５４２号（１９２８年1月）１０２頁。この資料に関し

表1　南洋群島における鰹漁獲高　　（キロ）

	サイパン	ヤップ	パラオ	トラック	ポナペ	ヤルート	計
大正11	2,363	－	－	3,600	3,750	－	9,713
大正12	2,813	1,455	－	3,037	－	－	7,305
大正13	9,097	1,763	1,556	5,212	113	－	17,741
大正14	14,805	1,988	8,531	6,049	4,946	－	36,319
大正15	44,842	2,156	42,409	2,764	113	－	92,284
昭和2	28,110	731	14,771	7,500	1,624	218	52,954
昭和3	26,494	1,125	131,445	4,500	150	－	163,714
昭和4	24,690	892	228,904	214,500	525	－	469,511
昭和5	258,004	896	157,058	913,384	6,375	－	1,335,720
昭和6	564,258	442	548,118	1,097,125	525,239	81,626	2,816,808
昭和7	1,309,725	－	1,592,328	810,263	534,184	614,763	7,861,263
昭和8	1,762,300	－	2,144,463	1,883,362	926,846	172,430	6,889,401

（出所）南洋水産協会『南洋群島の水産』（南洋水産協会、1935年）20頁の「鰹漁獲高累年表」をもとに作成。

ては、山本ちひろからご教示いただいた。記して謝したい。

(246)水産の専門誌でも、耕の第1回南洋漁場開拓事業は取り上げられている。高山伊太郎「昭和の御世に相応しい発達を辿った漁業界」『水産』第15巻12号（１９２７年12月）9頁では、「南方に於ける漁業界の出来事としては鹿児島県枕崎の原耕氏の南洋漁場探検を特記しなければならない。氏は元医を業とし、漁業界に打つて出たのは最近のことであるが、本年六月上旬、その所有大型カツヲ漁船二艘を率いて独力南洋に遠征、現にセレベス海を探検中である。而してその結果の如何は之を知悉し得ないが、兎に角探検小説中にでもありそうなこの壮挙は、斯界の驚歎措く能はざる處のものである」と述べている。その翌月号では、「南洋海の拓発と昭和の新水産」『水産』第16巻第1号（１９２８年1月）36〜37頁で、第1回南洋漁場開拓事業についての記事が紹介されている。この他にも、『水政』第5号（１９２８年12月）には、原耕「南洋の鰹漁業に就て」（11〜22頁）、岸良精一「南洋開発の一端」（23〜28頁）の記事が掲載されている。

(247)『鹿児島新聞』１９２８年1月1日7面。

(248)原拓からご提供いただいた戸籍より。

(249)この演劇については、『南日本新聞』２００４年12月8日18面および同月20日20面にも掲載された。

(250)この『見はてぬ夢―原耕・千代子物語』はビデオ・ＤＶＤにもなっている。本文で引用した収のコメントは、このＤＶＤに撮影されていた収の言葉である。このＤＶＤ

については、新屋敷幸隆からご提供いただいた。記して謝したい。

(251)『鹿児島新聞』1928年2月23日1面。

(252)同右。

(253)佐多の講演会については、『鹿児島新聞』1928年3月13日3面を参照のこと。

(254)鹿児島銀行行史編纂室、前掲書、857〜866頁。鮫島剛の墓地内に建立された石灯籠には、耕の名前が刻まれていることから、剛の娘トミが他界した後も鮫島剛と関係のあったことが確認できる。この件については、鮫島剛令孫の鮫島健志にご教示いただいた。記して謝したい。

(255)『鹿児島新聞』1928年3月11日1面。当時の新聞では、指宿線工事の様子がかなり詳細に報道されている。また、指宿線については、久木田末夫『鹿児島の鉄道・百年』(春苑堂出版、2000年)110〜118頁を参照のこと。

(256)高井薫平・田尻弘行『鹿児島交通南薩線—南薩鉄道顛末記(上)』(ネコ・パブリッシング、2008年)4〜8頁。

(257)同右、9〜10頁。

(258)『鹿児島新聞』1928年2月16日2面。

(259)「第五十五回帝国議会　衆議院議事速記録付録」『官報号外』(1928年5月9日)12頁。

(260)免許失効日については、『鹿児島新聞』1928年9月18日3面を参照している。高井薫平・田尻弘行、前掲書、7頁では、1924年に免許失効としているが、本書では当時の新聞記事をもとに執筆している。

(261)『鹿児島新聞』1928年6月16日2面。「南薩鉄道を枕崎まで　延長の協議会」という見出しで、「加世田枕崎間南薩鉄道延長協議会は、十三日午後十時より枕崎倶楽部で開会。同地、町会議員は種々協議した」と短く報じられている。しかしこれが、14年間動かなかった南薩鉄道枕崎延長を動かすきっかけになった会合であった。

(262)『鹿児島新聞』1928年7月4日2面。

(263)『鹿児島新聞』1928年9月1日2面。

(264)『鹿児島新聞』1928年9月21日3面。またこの株主総会開始以前にも、多くの報道がなされている。それらについては、『鹿児島新聞』1928年9月18日3面、同月19日3面も参照のこと。

(265)『鹿児島新聞』1928年10月9日2面、同月10日2面、同月11日2面、同月12日2面で、鮫島慶彦の死去について報じられている。

(266)升味準之介『日本政党史論(新装版)』第5巻(東京大学出版会、2011年)77頁。

(267)同右、113頁。

(268)同右、160〜178頁。

(269)『東京朝日新聞』1928年8月7日2面。

(270)『東京朝日新聞』1928年8月9日3面。

(271)新党倶楽部の鹿児島選出議員のうち、床次と行動をともにせず、民政党に移籍したのは岩切重雄だけであった。

(272)海上保安庁燈台部『日本燈台史—100年の歩み』(燈光

会、1969年）61頁。
(273)同右。
(274)「第五十六回帝国議会衆議院速記録第六号」『官報　号外』（1929年1月26日）72頁。
(275)「第五十六回帝国議会衆議院　噸税法中改正法律案外一件委員会議録（速記）第二回」（1929年2月1日）1頁。
(276)この委員会において、委員が何人か入れ替わっているが、採決された第四回委員会でのメンバーと所属政党は以下の通りである。委員長の原耕は新党倶楽部所属、政友会所属議員は理事の板谷順助（北海道選出）、岩本武助（奈良選出）、石射文五郎（福島選出）、枡谷音三（山口選出）、民政党所属議員は理事の福田五郎（佐賀選出）、安倍邦太郎（新潟選出）、作田高太郎（広島選出）である（民政党は1名欠席）。この委員会の議事録については、「第五十六回帝国議会衆議院　噸税法中改正法律案外一件委員会議録（筆記速記）第一回」（1929年1月29日）、「第五十六回帝国議会衆議院噸税法中改正法律案外一件委員会議録（速記）第二回」（1929年2月1日）、「第五十六回帝国議会衆議院噸税法中改正法律案外一件委員会議録（速記）第三回」（1929年2月4日）、「第五十六回帝国議会衆議院噸税法中改正法律案外一件委員会議録（筆記速記）第四回」（1929年2月21日）を参照のこと。
(277)噸税法改正の経緯については、拙稿「南方漁場開拓者・原耕の帝国議会における議員活動をめぐって」『研究年報』第42号（2010年3月）を参照のこと。
(278)海上保安庁燈台部、前掲書、61頁。
(279)草垣島灯台の役割については、「串木野海上保安部」の皆さんにご教示いただいた。また草垣島灯台補修点検の際に同行させていただき、無人島の灯台の様子などについても詳しく説明していただいた。記して謝したい。
(280)「故原耕位記追賜ノ件」（国立公文書館所蔵、本館-2A-017-00・叙01162100）を参照のこと。
(281)『朝日新聞』2006年4月6日27面（鹿児島版）。
(282)『朝日新聞』2000年10月25日27面（石川県版）。
(283)串木野海上保安部のホームページ、http://www.kaiho.mlit.go.jp/10kanku/kushikino/kaijouhoansi/kaijouhoansi/10087/newpage1.html（2018年2月27日閲覧）より。
(284)「第五十六回帝国議会衆議院議事速記録第三十五号」『官報　号外』（1929年3月19日）797頁。
(285)遠洋漁業奨励法の制定と改正については、次の資料に全面的に依拠している。農林水産省百年史編纂委員会編『農林水産省百年史　上巻』（農林水産省百年史刊行会、1979年）548〜559頁、および農林大臣官房総務課編『農林行政史』第四巻（農林協会、1959年）566〜568頁、634〜636頁、681〜685頁、752頁を参照のこと。
(286)「第五十六回帝国議会衆議院議事速記録第三十五号」『官報　号外』（1929年3月19日）797頁。
(287)同右。
(288)同右、797〜799頁を参照のこと。衆議院本会議での演説に関する引用元は、この議事速記録である。また、耕の演説は、以下の論文でも閲覧することができる。拙稿、前掲「南方漁場開拓者・原耕の帝国議会における議員活動をめぐって」を参照のこと。

(289)『鹿児島新聞』1928年12月18日1面。この疑惑が1面で報じられているところに、事態の深刻さが現れている。当時の政局がめまぐるしく動いていたことが推測できる。

(290)『鹿児島新聞』1928年12月27日3面。

(291)同右。

(292)『鹿児島新聞』1929年4月7日3面。

(293)同右。

(294)この件については、本書第50回を参照のこと。

(295)原耕『南洋の鰹漁業に就いて』(出版社不明、出版年不明)。この冊子は、東京海洋大学附属図書館の羽原文庫に保管されている。

(296)原耕『南洋の鰹漁業(其貳)』(出版社不明、出版年不明)。この冊子も、東京海洋大学附属図書館の羽原文庫に保管されている。

(297)南日本新聞連載中に、『敢へて漁友諸君に訴ふ』が南さつま市の鮫島昭一のもとに所蔵されていることが明らかになった。この発見は南日本新聞でも取り上げられた。『南日本新聞』2015年12月21日15面。また鮫島のもとには、1928年11月に作成された『南洋漁業株式会社設立趣意書(案)・企業目論見書(案)・定款(案)』も保管されていた。初期の原耕の事業計画を知るうえで貴重な資料である。この2つの資料については、拙稿「原耕関連文書(三)『敢へて漁友諸君に訴ふ』及び『南洋漁業株式会社』関連文書」『研究年報』第49号(2018年3月)として翻刻したものがある。

(298)岸良、前掲書、134頁。

(299)同右、156~157頁。

(300)今回の第2回南洋漁場開拓事業にも、水産技師の岸良精一が同行し、詳細な記録を残している。同右。しかし岸良の記録にも、62人(137頁)としている箇所もあれば、「七十人ほか製造人十人」(134頁)としている箇所もあり、正確な参加者数が特定できない。

(301)同右、141頁。

(302)同右、223頁。

(303)同右、161頁。

(304)同右、223~228頁。

(305)同右、228頁。

(306)同右、229頁。

(307)同右、165頁。

(308)同右。岸良は、アンボン近海の餌魚についても記録を残している。餌魚についての記録は、同右、145~149頁を参照のこと。

(309)同右、165頁。

(310)この資料については、枕崎市立図書館所蔵の資料を参照した。

(311)岸良、前掲書、163頁。

(312)同右、170頁。

(313)これは、7月28日のことである。同右、168頁を参照のこと。
(314)同右、171頁。
(315)同右、172~173頁。この時の大漁については日本にも報告され、『鹿児島新聞』1929年9月21日3面でも、「釣つたも釣つた‼前代未聞の釣り方　原氏一行のアンボンでの鰹漁　捨て切れぬその獲物」という記事で紹介されている。
(316)8月15日に、キリスト教徒とイスラム教徒の村人が耕の元を訪れている。この時に撮影された写真が、岸良の著書には掲載されている。岸良、前掲書、174~175頁を参照のこと。
(317)同右、245頁。
(318)若林半『水産立國論：海洋經濟と南洋水産』(政治經濟通信社、1930年)。
(319)若林半『回教世界と日本』(出版社不明、1937年)。
(320)岸良、前掲書、247頁。
(321)同右、256~257頁。マルクスについて、「アンボイナに於ける原氏一行の好技にジヤワの技師驚異　日本人の来漁を地元で大歓迎」という記事が、『鹿児島新聞』1929年12月17日6面に掲載されている。
(322)『鹿児島新聞』1929年12月12日2面。
(323)『鹿児島新聞』1929年12月24日7面。
(324)同右。
(325)『鹿児島新聞』1929年12月27日2面。
(326)『鹿児島新聞』1929年12月27日7面。
(327)同右。
(328)『鹿児島新聞』1929年12月27日2面。
(329)『鹿児島新聞』1930年1月28日1面。耕の選挙戦についても、『鹿児島新聞』の同年2月4日1面、同月7日1面、同月8日1面、同月9日2面、同月10日1面、同月14日3面、同月15日3面、同月16日1面、同月17日1面、同月18日3面などで報じられている。
(330)『鹿児島新聞』1930年2月23日1面。
(331)『鹿児島新聞』1930年2月22日1面。熊毛郡の得票率については、『鹿児島新聞』同月23日2面を参照のこと。
(332)『鹿児島新聞』1930年2月24日6面。
(333)「原耕の遺業」が掲載されているのは、『枕崎市誌　上巻』651~697頁だが、そのなかで落選後の記述がされているのは、683~688頁。
(334)「俺はおれ　原耕の巻」第33回1973年3月27日3面から第37回同月31日3面まで。
(335)岸良、前掲書、266~269頁。
(336)南日本新聞社編、前掲『郷土人系　下巻』256頁。
(337)西、前掲『回想の日本外交』19~34頁。
(338)同右、34頁。
(339)欧米局第一課長時代については、同右、49~59頁。
(340)JACAR:B09042214200(第37画像目)、本邦漁業関係雑件／南洋漁業関係(印度洋並豪州沿岸ヲ含ム)第三巻(E-4-9-0-7-7_003)(外務省外交史料館)。この他にも耕は、農林省関係の補助金として、「昭和七年度漁業奨励金　15088円」を、拓務省関係として、昭和六年度に「アムボイナニ於ケル製氷設備及鰹節製造工場建設費　100

００円」を、昭和七年度に「アムボイナニ於ケル事務所及漁夫住宅建設費　８０００円」を受けている。

耕は、この時の調査旅行について詳細な報告書を残していて、同書は外務省史料館に保管されている。JACAR:B09042213000（第３～72画像目）を参照のこと。当時の南洋の水産業を知るうえで重要な情報を含んでいる。

(341)『鹿児島新聞』１９３０年７月29日２面。この記事には、耕は神戸港を出発後、スラバヤ、バタヴィア、マカッサル、アンボンをそれぞれ１～２週間滞在して調査する予定だということが記されている。

(342)ジャガタラ友の会編『ジャガタラ閑話—蘭印時代邦人の足跡』（ジャガタラ友の会、１９７８年）。

(343)三宅哲三郎「ジャガタラ談話」同右、５～13頁。三宅が頭を悩ましていたのは、沖縄から進出していた追込網漁を行っていた漁民や、シンガポールに拠点をおいていた水産会社であった。沖縄漁民、シンガポールの水産会社が行っていたのは、鮮魚供給型漁業であり、地元の市場に魚を卸す必要があった。鮮魚供給型漁業は様々な問題を引き起こし、その問題を解決するために、三宅は漁業組合を設立し、自ら事実上の組合長となり業務を行ったことが回想されている。鮮魚供給型と輸出商品型については、片岡千賀之『南洋の日本人漁業』（同文舘、１９９１年）11～19頁を参照のこと。

(344)JACAR:B09042213100（第６～14画像）、本邦漁業関係雑件／南洋漁業関係（印度洋並豪州沿岸ヲ含ム）第二巻（E-4-9-0-7-7_002）（外務省外交史料館）。

(345)「沿岸漁業令」については、大久保達正他編著『昭和社会経済史料集成』第二巻（御茶の水書房、１９８０年）１４９頁。またこの「沿岸漁業令」についての現地の日本総領事館の反応は、JACAR:B09042211900（第７～９画像）、本邦漁業関係雑件／南洋漁業関係（印度洋並豪州沿岸ヲ含ム）第一巻（E-4-9-0-7-7_001）（外務省外交史料館）。またこの「沿岸漁業令」に言及している先行研究として、後藤乾一『近代日本と東南アジア—南進の「衝撃」と「遺産」』（岩波書店、１９９５年）40～75頁がある。

(346)JACAR:B09042211900（第15～18画像）。

(347)同右史料（第19～34画像）。一連の史料から、バタヴィア総領事館では、シンガポール総領事館とも連絡を取りながら、日本人漁業者の問題を解決しようとしていたことが分かる。

(348)JACAR:B09042213000（第42～43画像目）。

(349)JACAR:B09042212900（第８～10画像）、本邦漁業関係雑件／南洋漁業関係（印度洋並豪州沿岸ヲ含ム）第二巻（E-4-9-0-7-7_002）（外務省外交史料館）。

(350)同右史料（第９画像）。

(351)同右史料。

(352)同右史料。

(353)同右史料。

(354)同右史料。

(355)同右史料（第10画像）。

(356)同右史料（第９画像）。

(357)同右史料（第54画像）。

(358)知事との面会については、同右史料（第56～57画像）に依拠している。

(359)同右史料。

(360)『鹿児島新聞』1930年9月30日1面。

(361)『鹿児島新聞』1930年10月3日2面。

(362)『鹿児島新聞』1930年10月4日2面。この記事から当時の耕の認識を詳しく知ることができるので、以下、すべての記事の内容を引用しておく。「宝庫!!南洋上の漁業原前代議士のお土産話　南洋水産事情の調査を終へ、今般帰国した原耕氏は二日夜大正会館に於ける講演会閉会後、水産関係者及各新聞社を大門口松元楼に招待したが、視察感想に就いて左の通り語った。

　今日世界の水産界を見れば三大漁場と称せられた、瑞典（スウェーデン）、諾威（ノルウェー）の漁業、亜米利加沿岸の鮭漁業共に何れも昔日の面影はない、亦、亜米利加、メキシコの鮪漁業等更に本郡北海道の鰊漁業も不振、政府は之には何かの欠陥があるものとしてしきりに恢復策を講じているが、逐年の漁獲激減に如何とも為難い　亦ベーリング海の日露漁業の蟹漁業も段々不振だ。

　此等の原因は種々あらうが要するに乱獲に依るとり減りが主な原因である。三十年前迄は三百七八十割の利益を挙げていた漁場の運命も先が知れている。されば新漁場の発見は、今日では理屈ではなく、再重大の必要事（ママ）件である。米国も和蘭もこゝに既に着目し、亦日本もこの為に、今濠州附近迄出（ママ）してはいるが同地とて、既に獲り尽しの状態である。帰する所、今日世界の海洋を見渡して南洋より以外には開拓の余地はない、南洋の魚は品質が劣るといふが自分の調査した結果では断じて内地産と大差はない。南洋の漁撈には自分は自信があるが、漁獲物の処理という点は、最も大きな問題として残つている訳だからこの為、今回、同地米領蘭領植民地一帯を夫々調査してみた訳だが、先づ第一着に、マニラ政府の米国最高官憲に面会し、米本国が大資本を下し、現地人を使役して経営しやう計画とかの説の真偽を訊ねたら、明瞭に然りと答へた。もつとも資本は幾らかと訊いてみたが、資本の点を明瞭にお答へらる程、計画は進んではいないと云ふのたつたが、兎も角、これが事実実現する暁には、現在我が鹿児島県漁船は現在を根拠としてヒリツピン迄出ているが、此等の将来は全然絶望である。

　同様和蘭植民地とても漁業熱勃興しつつあり、シンガポールの鱶漁業のケーヒーエム□（判読不能）沿会社、その他の全国政府助成の漁業組織は漸次設立されている。自分は米国の先手を打つ為、和蘭日本の漁業提携漁場開拓を今回、同地官民に就き□（判読不能）力、唱した結果、何れも多大の共鳴を得、漁業権許可の件も、十一月十日迄にこつちから正式申請書を提出するに対し、向ふでも極力援助し様と云ふ同地和蘭最高官憲の諒解を得る迄漕ぎ付けた。同時にモロツカ州知事よりは、日蘭提携の漁場開拓に要する餌料を獲る同地沿岸漁業権の許可を与へられたが、これ実に外国人として和蘭領海の漁業権取得の端緒であらう。

現在本邦人ではボルネオル（ママ）鰹漁業の折田氏、シンガポールの沿海漁業の永福虎氏の二人あり、アンボイナ、ビレベス（ママ）、ニユウギニヤ等今後の日本人開拒（ママ）の未来は愈々大きく、ボルネオ以東は全然無人の野を行くの状態であらう。漁業従業者の入国にも種々の便法があるから難儀ではない。之に反し兎に角フイリツピンは駄目だ。米国の進出触手は益々延びつつあり、日本人漁業者も約三百名位はいるがみな、漁業ノ名義は現地人の名を仮（ママ）らねば許さぬ日陰的状況に置かれている。ラバオはまだ余裕があると思はれるが、茲には目下邦人入国制限の事から在留邦人と日本領事と衝突し、悶着を起している様な具合ひである、だからフイリツピンは見込みはない、唯蘭領諸島だけは無限の宝庫を蔵し、我等の開拓を待つているのであると云へるのである」（句読点を追加し、一部表現を改めた）。

(363)同右。

(364)JACAR:B09042212900（第12画像）。

(365)幣原への電報は、同右史料（第11画像）。姉歯への電報は同右史料（第13〜15画像）。

(366)注362と同じ。

(367)JACAR:B09042213000（第1〜72画像）。

(368)同右史料（第43画像）。

(369)同右史料。

(370)起業予算、業務内容などについては、同右史料（第56〜66番目）を参照のこと。

(371)拙稿、前掲「原耕関連文書（一）——南洋庁からの指令文書とその報告書（その二）」37〜38頁。

(372)JACAR:B09042213000（第66画像）。

(373)JACAR:B09042212900（第18〜20画像）。

(374)同右史料（第19画像）。

(375)1930年11月12日付の鹿児島新聞に、この会合に参加する以前の耕の消息が紹介されている。「南洋の鰹漁を恒久的に計画　原氏愈よ明年一月に」という見出しで、次のような記事が掲載されている。重要なので全文引用する。「さきに日蘭提携による南洋漁業開拓の実地調査を終へて、これが準備に奔走中の枕崎町前代議士原耕氏はこれが為更に十二日上京する筈であるが水産試験場に於て記者に対し左の通り語る。

『郡山拓務局長の招電により今晩上京するが、来年度静岡県の鰹漁船が大挙南洋進出の計画もあるとか、これには自分と提携することが和蘭に対しても都合がよいという説も過般来産（ママ）れているから、大方その媒介の労を執るべく招致したのでなかろうか。これらの事に就いては要するに自分としては、これは何ともあれ、明年一月よりは企業し度いと思ひ東奔西走している訳ではある。和蘭政庁に対する日蘭合弁漁業企業に関する出資請願問題に就いては、自分は十月十五日意見申請書を発送して置（ママ）いたから、本月一杯には何とか諾否の返答に接することと思ふ。更に漁業権問題はアンボイナ知事が既に与へると明言しているのだから之は単に時日の問題だ。兎も角自分は、一月になつたら、和蘭政庁の意向の如何に係わらずアンボイナに渡り、予て計画通り愈々鰹漁業企業を初（ママ）める。漁獲物は節、缶詰、塩魚、魚粉として製造処理するつもりだ。南洋に於けるこの方面の現在の購買力は年間約五千万円以上だから、製品の消費については茲丈（ママ）けでも大丈夫と確心（ママ）しているが云々。』

　斯くして、氏は愈々年来の抱負を実行すべく、来年一月早々、同氏愛船千代丸を艤し、南洋遠征の途に就き、アンボイナを根拠として、之より恒久的南洋漁業の実行第一歩を画する意図である」（傍線は筆者による）。『鹿児島新聞』１９３０年11月12日３面。この記事で注目するべきは、耕が漁業権について必ず許可されると考えていたところである。

(376) JACAR:B09042212900（第26〜27画像）。

(377) 同右史料（第27画像）。

(378) 同右史料（第30〜31画像）。

(379) 同右史料（第31〜32画像）。

(380) 同右史料（第40〜46画像）。

(381) 同右史料（第57画像）。

(382) 同右史料（第63画像）。

(383) 同右史料（第64画像）。

(384) 同右史料（第65画像）。

(385) 同右史料（第67〜68画像）。

(386) 同右史料（第67画像）。

(387) 拓務省拓務局編『南洋ニ於ケル水産業調査書』（拓務省拓務局、１９３１年）。

(388) 同右、２３３〜２３４頁。

(389)「本會報告」『南洋協会雑誌』第17巻第3号（１９３１年3月）１２６〜１２７頁。

(390) 耕の講演内容については、原耕「南洋漁業の實際」『南洋協会雑誌』第17巻第4号（１９３１年4月）18〜27頁に掲載されている。

(391) 前掲記事、「本會報告」『南洋協会雑誌』、１２６頁。この時の記事において前田は、「海軍軍令部第三班海軍少佐」と紹介されている。

(392) 前田精については、秦郁彦編『日本陸海軍総合事典』第二版（東京大学出版会、２００５年）２５１頁、ならびに軍令部第三班の管掌事項等については、同書５２３頁を参照のこと。また後藤乾一『東南アジアから見た近現代日本―「南進」・占領・脱植民地化をめぐる歴史認識』（岩波書店、２０１２年）の第7章「ジャカルタ海軍武官府とインドネシア民族主義―前田精をめぐる人間群像」（２０９〜２４５頁）でも、前田精のことが紹介されている。

(393) 有村貫一「蘭領印度の産業」『南洋協会雑誌』第17巻第12号（１９３１年12月）20〜21頁。

(394)『拓務時報』第4号（１９３１年7月）69頁。

(395) 同右、71〜72頁。

(396) 同右、82頁。

(397) 産業組合化については、当時の『鹿児島新聞』で次のような記事が紹介されている。「鰹漁業経営の産業組合化　枕崎町船主全部十三名で十六日計画を協議す」（１９３１年1月18日1面）、「転漁期に際会し鰹漁業経営　内地で

は産業組合化　大島では製造漁撈の分離」（1931年1月31日3面）。

(398)鰹漁だけでなく、鮪漁でも南洋進出が行われていた。「本邦鮪延縄漁業上嚆矢　南洋新漁場開拓計画　串木野漁船により決行　根拠地の高雄に向け前後して出発」という記事では、串木野漁船がフィリピン海域に行くことが報じられている。『鹿児島新聞』1930年11月13日2面。当時の水産業の南洋進出について、『鹿児島新聞』では、次のような見出しで取り上げられている。「休閑漁期の転漁で漁業経営の多角化　本年鰹と鮪漁の遠洋出漁で実施注目せらる、新計画」（1931年3月7日2面）、「将来の漁場は南洋に移る　我邦漁業の新傾向に対して本県は第一線の立場」（1931年5月20日3面）、「本県遠洋漁業南洋開拓懇談　二十六日出漁船を中心に」（1931年5月21日2面）、「呂宋附近に鰹群殊に多し　照洋丸の無電報告」（1931年5月22日2面）、「南洋出漁船の組合と根拠地　近く県で計画具体化が　蓋し全国嚆矢の計画」（1931年5月26日3面）、「串木野漁船が鮪漁場の探険シンガポール沖中心に」（1931年5月31日3面）、「南洋新鰹漁場予想通り好漁　枕崎出漁船の情報」（1931年6月5日2面）、「県下鰹漁船の南洋出漁愈濃厚　更に有望な曽根もある見込み」（1931年6月9日2面）等がある。この他にも多くの記事が掲載されている。

(399)『鹿児島醫學雑誌』第10年10号（1933年10月）555頁。

(400)JACAR:B09042213000（第1〜2画像）。

(401)『鹿児島新聞』1932年2月9日1面。

(402)『鹿児島新聞』1932年2月15日5面。

(403)耕の選挙戦は、『鹿児島新聞』でも取り上げられた。同新聞社は、耕に対して非常に好意的な記事を掲載している。例えば、選挙期間中に「南洋の征服者　うみの勇士　我国水産界の大新人　元代議士原耕」という見出しで、次のように紹介されている。耕に対する当時の評価が分かるので、全文を引用する。「原耕氏と云へば南洋征服を思ひ南洋漁業を論ずる者は必ずその脳裏に原耕氏を意識している筈だ、自町枕崎の漁民を自ら引具し太（ママ）して大きからぬ発動船に身を投じ、果てしなき大海原を横切つて遙々南洋を征服する氏の壮図こそ勇ましい限りだ。

明治三十四五年今の大阪医大の前身大阪高等医学を出で神戸市の衛生課に入り、のち米国の領事館に転じ三十八年医師を開業女医の夫人と協力して自町枕崎に医院を経営しあほじろい病人相手に優しく聴診器を耳にはさんでいるが、何と云つてもほうとう（ママ）の原氏を連想するのは南洋上の勇士としての原氏であり、原氏の実の買値も亦こゝにあらねばならぬ、漁民の大親分漁業界の先覚者なればこそ我等は氏を国政壇上に起たせ、この方面の経綸を行はせたいのだ。

資性剛胆、猥りに盲動せぬ代り一度心決すれば、大山の崩るゝもなほ動かない底の気概を有し、この意気をもつて彼の南洋は征服された、これこそ我が国有史以来の事であり、而も今日まで氏の外にこの壮図を決行し得た人は一人もいない、これが我国水産業開拓の上に万丈の気を吐いたのは事実であり、政府を初め全国の斯界は眼を丸くして氏の成功に驚歎したものである。氏三回の征服により豊富な南洋漁場は完全に我国のものとなつたと云へる、農林省が氏を表彰し氏の本事業に莫大の助成をなす亦故ありであり、氏のこの功績は我が漁業史上の一頁を飾るであらう。

　彼の満州事変の意義並びにその影響については我が国民にとつて色々の事を思はせるがこれによつて国民が海外発展を関心したのは事実で、満州の確保を叫ぶ者は更に南洋開拓の必要も感ずるであらう、北洋漁業の逆転せる今日茲に南洋漁場の発見されたのは我国水産界今後の指針を導いた事に外ならず、原氏の功績は二重三重に価値づけられている、氏今や区内各地に転戦亦転戦して中原に鹿を争ひ合つている、好漢原氏を我等の水産界代表者として中央議会に送れ！」『鹿児島新聞』１９３２年２月15日４面。

(404)『鹿児島新聞』１９３２年２月23日１面。

(405)『枕崎市誌　上巻』６８３頁。

(406)１９２９年２月に耕が執筆した『敢へて漁友諸君に訴ふ』には、「資本家側の代表者は我国の富豪岸本兼太郎氏に依つて担当せらるゝのであります」と書かれていることから、岸本汽船の岸本兼太郎とも連絡を取り合っていたことが分かっている。しかしその後、１９３２年の段階で、岸本汽船との関係がどうなったのかは不明である。拙稿、前掲「原耕関連文書（三）——『敢へて漁友諸君へ訴ふ』及び『南洋漁業株式会社』関連文書」88～89頁を参照のこと。

(407)この文書は、国立国会図書館憲政資料室の斎藤実関連文書に所蔵されているが、目録については『斎藤実関係文書目録書類の部２・国立国会図書室／1995.3／GK123-E100』の「意見書・パンフレット（内政）」内「181農林水産」項目の「６　南方漁場開拓に関する陳情書　原耕　内閣総理大臣斎藤実宛　昭和七年六月一日　墨書一綴」を参照のこと。https://rnavi.ndl.go.jp/kensei/tmp/index_saitoumakoto_shorui2.pdf（２０１８年４月22日閲覧）。

(408)「鰹群を追って」『南日本新聞』第１回１９７９年６月１日５面～第50回同年８月22日５面。

(409)本書の第88回「赤道を越えた実験」を参照のこと。

(410)JACAR:B09042214100（第20～26画像）、本邦漁業関係雑件／南洋漁業関係（印度洋並豪州沿岸ヲ含ム）第三巻(E-4-9-0-7-7_003)（外務省外交史料館）。町頭は、１０３トンの大神丸に43名の漁師他を連れて、１９３２年11月15日～12月29日まで南洋にて漁場調査を行った。またこの時の大神丸の調査に関しては、鹿児島県知事から拓務省拓務局長宛、拓務局長から外務省通商局長宛に送られた文書も残されている。この文書については、JACAR:B09030205100（第１～５画像）、本邦練習船海外巡航関係雑件（F-1-6-0-3）（外務省外交史料館）を参照のこと。この時の大神丸の調査は、当時の新聞でも報道された。「南洋冬期鰹漁　有望を確む　漁夫を驚喜させて鮪鰹大漁　大神丸武市技師帰る」『鹿児島新聞』１９３３年１月７日３面。

(411) JACAR:B09042214500（第80～81画像）、本邦漁業関係雑件／南洋漁業関係（印度洋並豪州沿岸ヲ含ム） 第三巻（E-4-9-0-7-7_003）（外務省外交史料館）。この史料では、概要説明として次のように書かれている。「昨年度本試験ニ於テ冷蔵庫ヲ設備セバ南方鰹鮪兼漁式ヲ以テ通漁スル事ノ可能性アルヲ確メ得タルヲ以テ本年度ニ於テハ昨年度使用船ニ冷蔵機ヲ特設セシメ本縣ヲ根拠トシテノ通漁試験ヲ為サントスルモノナリ」。

(412)『枕崎市誌　上巻』６９７～６９９頁。前述の大神丸の成果が新聞で報じられた約1週間後、「南進漁船共同経営で鰹漁業更正新計画　産業組合組織により大型船建造　注目さるる本県転換策」という記事が掲載されている。『鹿児島新聞』１９３３年1月15日3面。

(413)「第六十三回帝国議会衆議院議事速記録第十号」『官報号外』（１９３３年9月3日）２４９頁。

(414) 建議委員会において耕は、「簡単ニ説明致シマス、此鉄道ハ日本ノ南支、南洋ニ向ッテノ最短距離ノ地点ニ当ッテ居リマスノデ、日本ノ西南ノ全ク端デアリマス、即チ鉄道ノ終点トナルベキ地点ニアリマス、故ニ此必要ハ申ス迄モアリマセヌ、願クバ諸君ノ御賛同ヲ御願致シマス」と発言している。「第六十三回帝国議会衆議院建議委員会議録（速記）第三回」（１９３３年９月１日）25頁。

(415) 原拓所蔵史料。

(416) 同右。

(417) 同右。

(418) １９３２年に、拓務省から「アムボイナニ於ケル事務所及漁夫住宅建設費」として８０００円が、農林省から「昭和七年度漁業奨励金」として１５０８６円が助成されている。JACAR:B09042214200（第37画像）を参照のこと。また、農林省からの漁業奨励金の詳細については、同右史料（第6～10画像）を参照のこと。同様に南洋庁からも、１５００円の助成金が下りている。この件については、拙稿、前掲「原耕関連文書（一）―南洋庁からの委嘱文書とその報告書（その一）」および拙稿、前掲「原耕関連文書（一）―南洋庁からの指令文書とその報告書（その二）」を参照のこと。

(419) JACAR:B09042214200（第11～12画像）。

(420)『東京朝日新聞』１９３２年10月13日2面。

(421) 耕は12月3日に枕崎を出港後、鹿児島港に立ち寄り、12月5日に南洋に向けて出発している。『鹿児島新聞』１９３２年12月6日9面。またアンボンに到着した日については、後述する和田儀太郎の弔文の記述をもとにしている。和田の弔文については、拙稿「原耕関連文書（二）―原耕への弔文」『商経論叢』第64号（２０１３年10月）23～26頁を参照のこと。

(422) 原拓所蔵史料。

(423) JACAR:B09042214200（第23～25画像）。

(424) 同右史料（第24画像）。

(425) JACAR:B09042214500（第71～72画像）。

(426) 同右史料（第71画像）。

(427) 原拓所蔵史料。

(428) 例えば和田は、「南洋協会ニューギネヤ（ママ）地方調査嘱託」として、「極楽島狩猟」という連載記事を、『南洋協会雑誌』に21回にわたり連載している。第1回は『南洋協会雑誌』第17巻第4号（1931年4月）から第21回は同第19巻第1号（1933年1月）である。その後、同誌に「蘭領アロー島概観」という連載を、3回掲載している。第1回は第19巻第2号（1933年2月）から第3回は第19巻4号（1933年4月）である。

(429) 拙稿、前掲「原耕関連文書（二）―原耕への弔文」22～26頁。

(430) 同右、25頁。

(431) このエピソードについては、第67回を参照のこと。

(432) JACAR:B09042214500（第73画像）。

(433) 『鹿児島新聞』1933年8月5日1面。

(434) JACAR:B09042214500（第73画像）。

(435) 「故原耕位記追賜ノ件」（国立公文書館所蔵、本館-2A-017-00・叙01162100）。

(436) 『東京朝日新聞』1933年9月14日4面や、『鹿児島新聞』1933年9月13日5面にも葬儀の告知が掲載されている。

(437) 拙稿、前掲「原耕関連文書（二）―原耕への弔文」を参照のこと。

(438) 『鹿児島新聞』1933年9月17日2面。

(439) このエピソードが紹介されているのはそれぞれ、「俺はおれ　原耕の巻」第35回1974年3月29日3面、「郷土の記憶・南海を拓く」第19回1975年6月21日17面、および『枕崎市誌　上巻』684～686頁である。

(440) このエピソードについては第111回を参照のこと。

(441) JACAR:B09042214200（第30画像）。

(442) 同右史料（第31画像）。

(443) 三菱商事からの回答は同右史料（第32画像）、農林省水産局長からのものは同右史料（第33～34画像）、拓務省拓務局長からの回答は同右史料（第35画像）をそれぞれ参照のこと。三者とも、後継者を決定し、耕の事業を継続することに賛成している。

(444) 拙稿、前掲「原耕関連文書（二）―原耕への弔文」25頁。

(445) JACAR:B09042215800（第7～9画像）。1934年1月11日、広田弘毅外務大臣発姉歯準平スラバヤ領事宛の電信では、耕の死後、アンボンの借地料6千ギルダーの支払いが滞り、所有船は差押を受け、従業員は官憲に収容されたことが報告されている。捨思を通じて、6千ギルダーのうち2千ギルダーを年度中に支払い、残額の4千ギルダーは支払いを猶予する方向で交渉が行われていたようだがうまくいっていなかった。そのため、千代子が外交ルートを通じての解決をのぞんでいることが記されている。

(446) 同右史料（第10～11画像）。1934年1月16日付で、千代子から外務省通商局第二課長のもとに、当該年度の地代は解決したことが報告されている。しかし、当局から従業員全員引き揚げの命令が出されていたようで、1月22日の千代子からの電報では、アンボンでの事業を継続できるように外務省に斡旋を依頼する電報が送られている。

(447)同右史料（第12画像）。
(448)同右史料（第17画像）。
(449)同右史料（第33画像）。神戸に入港した知らせは、耕の弟の義秀から外務省通商局第二課長に報告されている。
(450)同右史料。
(451)同右史料（第26画像）。
(452)この時の姉歯の電文からは、耕の事業遂行にあたり危惧されていた問題が一気に噴出していたことが読み取れる。アンボンの知事は、捨思らに3日間以内の退居を命じていたが、現地領事館の取りなしもあり、退去命令を取り消すためのいくつかの条件を提示していた。それは、（1）事業継続を望む場合には、総督宛の請願書を提出すること。（2）残留者全員分の入国税を支払うこと。「漁師は船上で生活するので入国税を支払わない」と言った方便はもう通用しなくなったのである。（3）沿岸での（餌魚）漁を行わないこと。どうも耕は蘭印の法律に違反して、何度か沿岸で餌魚漁を行っていたようである。姉歯の電報では、耕は、現地邦人からも資金を借りていたようで、そうした借金の返済も滞っていたために、現地邦人間の評判も非常に悪いことを伝えている。事業継続も危ういので、姉歯は、三菱商事が耕の事業を監督することを提言している。現地の悪化する情勢に対して、捨思では対応ができなくなっていたことが分かる。
　知事からの要求に対する対応策が、日本にいる義秀から外務省通商局第二課長宛に報告されたのは、1934年2月3日のことである。これによると、（1）事業継続の見込みがたったこと。（2）ある個人が資金調達を申し出たこと。（3）全員分の入国税の納付は困難なことから、これまで同様海上居住者の入国税免除を申し出ること、という方針が出されていたことが分かる。
(453)『鹿児島新聞』1933年9月25日7面。
(454)『鹿児島新聞』1933年10月17日2面。この記事の見出しは「原未亡人の壮挙に注目　アンボイナを失ふな」と刺激的な表現になっている。
(455)『鹿児島新聞』1933年11月1日3面でも、「国策漁業の第一線・南洋に！　原氏遺図を継ぎ原千代子夫人近くアンボイナに　農林省も余程声援」という記事が掲載されている。この記事によると、11月までにアンボンに行くことになっていると紹介されているが、実際にアンボンへ出発したのは早くても翌年3月以降のことである。
(456)JACAR:B09042215800（第39〜45画像）。
(457)原拓所蔵史料。
(458)JACAR:B09042214100（第2〜5画像）。
(459)耕が1回の航海で1万円の漁獲高を出したエピソードについては、第51回を参照のこと。
(460)JACAR:B09042215800（第55画像）。
(461)谷川洋子所蔵史料、および谷川家墓碑銘による。
(462)川崎、前掲書、59頁。
(463)原拓所蔵史料。
(464)『鹿児島新聞』1940年4月13日5面。
(465)耕の墓碑銘より。この墓碑銘の一部が、枕崎の松之尾公園の碑文に引用されている。

(466)『福岡日日新聞』1942年1月16日3面。

(467)川上、前掲書、19頁。

(468)この時取り付けられた墓碑には、次のように刻印されている。
「原耕ここに眠る　DR. KOO HARA, BERKEBANGSAAN JEPANG［インドネシア語で日本国籍—筆者注］.KAGOSHIMA 1876-AMBON 1933」、そして「原耕　日本鹿児島　生業とせし医術を捨て鰹漁業の発展に情熱を捧げ竟に南方漁場の開拓に精魂を傾く　その間　衆議院議員たりしも　躬ら九十七屯の木造船千代丸を駆り南方海域を踏査すること三度　数年に亘る苦闘の末　この地の好適たるに着目　昭和八年（一九三三）八拾余人の従業員とともに基地設営中病を得て殪る　時に　年歯五十八　なお　耕が片腕と頼みし　谷川佐平次も時を経ずして歿す　この丘たる生前　耕が　墳墓の地と定めたる処　二人の男の夢を埋めて莫々たり　昭和四十九年十一月　有志一同　墓□（碑？）を改修す」。当時、インドネシアに滞在していた岩切成郎の発案で、墓碑にインドネシア語表記が付け加えられた。現在、この墓碑は二つともはがされてしまっている。墓碑がついた写真は、村井吉敬、藤林泰編『ヌサンタラ航海記』（リブロポート、1994年）155頁を参照のこと。

(469)川上、前掲書、19頁。

あとがき

「海を耕した政治家」、原耕の生涯はいかがだったでしょうか。

筆者が耕のことを初めて知ったのは２００９（平成21）年4月1日のことで、その後の研究成果をまとめたのが本書になります。しかしまだ、研究は継続しています。今回、外務省外交史料館の史料を利用しましたが、日本側の史料だけではなく、オランダ側の史料も利用する必要を痛感しています。現在、オランダのハーグにある国立公文書館で調査を行っていますので、いつの日か日本とオランダの外交文書を用いた研究をまとめたいと思っています。

本書は、鹿児島の地方紙『南日本新聞』に5年間にわたり執筆した連載がもとになっています。敬称は省略させていただきますが、実に多くの方々にお世話になりました。

「原耕は、書籍化、ドラマ化が可能なテーマですので60回程度連載させてください」との売り込みを真摯《しんし》にご検討いただいたのは、当時の文化部長の岩松マミ、副部長の山下博行でした。この2人の決断がなければ、新聞連載はもとより本書も存在していません。その後、井上喜三郎、原田茂樹、桑畑正樹にもご担当いただきました。また桐原史朗には、耕の研究をはじめるきっかけを間接的にいただきました。

本書に登場する人物の遺族からは、史料提供やインタビュー調査にご協力いただきました。耕の息子の収には直接会えませんでしたが、妻の綾子からは様々なお話をお伺いできました。耕の令孫の原拓とその妻裕美、檜山陽子、郷三千代、中村まゆみとその夫智幸にも史料等をご提供いただきました。また、西進次郎

（西盛之進令息）、兼廣倫生（兼廣教真令孫）、田代英雄（田代清友令息）、鮫島健志（鮫島剛令孫）、谷川洋子（谷川佐平次令嬢）、谷川茂洋（同令孫）、庵原哲郎（庵原市蔵令息）からも貴重なお話をお伺いすることができました。

耕に関する研究は、水産史研究会を中心とする研究会にて報告させていただき、特に『南洋の日本人漁業』の著者である片岡千賀之、および日本カツオ学会初代会長の若林良和からは多くのご指導を賜りました。大海原宏、小野征一郎、小岩信竹、中居裕、伊藤康宏、藤井賢二、中野広、田島佳也、越智信也、河原典史、北窓時男、末田智樹、橋村修、後藤乾一、村井吉敬（故人）、内海愛子、山本ちひろからも貴重なアドバイスをいただきました。また恩師の多賀秀敏、岡澤憲芙からはいつもあたたかい叱咤《しった》激励を頂戴することができました。

筆者が在籍する鹿児島県立短期大学にも物心ともにお世話になりました。特に、前編著『カツオ今昔物語地域おこしから文学まで』（筑波書房、2015年）を一緒に作り上げた「チームカツオづくし」の山下三香子、有村恵美、楊虹との知的交流は本書の成立に大きな影響を及ぼしています。1974（昭和49）年、アンボンに残された耕の墓が修復されたことは本文で紹介した通りですが、この時の実務的な責任者は、当時インドネシアに滞在していた鹿児島大学水産学部助教授の岩切成郎でした。この岩切が本学第6代目学長（任期は1990～1995年）だったことを知った時、不思議なご縁を感じました。当時の写真を提供していただいたり、経緯について説明していただいたり、実に多くのことをご教示いただきました。カバーデザインは丸山容爾に、校正と本書全体についてのアドバイスは四元恵美に、挿絵と地図作成は前編著に引き続いて卒業生の下薗秋穂の力を借りました。長期連載になりましたが、最後まで関心をもち感想を聞かせてくれた種村完司、野呂忠秀、岡村俊彦、田口康明、内田克巳、小田洋一にも感謝しています。専門が違うにも関わらず、研究の構想をいつも聞いてくれたのは倉重賢治でした。『海耕記』というタイトルは福田ゼミの学生と考えたもので、KLC（Kentan Library Club）にはタイトル案アンケートなどに協力していただきました。学生と一緒に作り上げた感じがしています。鹿児島県立短期大学地域研究所プロジェクト研究、同地域研究学会研究補助金、同学会種村完司特別会員寄付金から助成金を受けることができました。同時に、本書の成果の一部は、ＪＳＰＳ科研費15K03028の助成も受けています。

また、以下の方々や団体・組織にも大変お世話になりました。順不同になりますが、お名前をご紹介させていただき感謝の意を表したいと思います。枕崎市役所、枕崎水産加工業協同組合、枕崎市漁業協同組合、株式会社枕崎フランス鰹節、枕崎市通り会連合会、枕崎市立図書館、南薩地域地場産業振興センター、鹿児島県医師会、枕崎市医師会、南さつま市坊津歴史資料センター輝津館、鹿児島県水産技術開発センター、串木野海上保安部、鹿児島県立鹿児島水産高等学校、鹿児島県立薩南工業高等学校、鹿児島県立川辺高等学校、東京女子医科大学大学史料室・吉岡彌生記念室、野口英世記念館、福島県立会津工業高等学校、白虎隊記念館、久木田整形外科病院、旭漁業株式会社、（株）マルモ、オーシャンパートナーズ株式会社、金七商店、すし匠五条、鳴海旅館、呑喰厨房ふくろう、福留日新堂、新屋敷幸男、新屋敷幸隆、立石幸徳、栄村道博・ちえ子、鮫島昭一、北川忠武、ちゃんサネこと實吉国盛、町頭芳朗、松之下幸朗、エディ・マンチョロ（Eddy MANTJORO）、佐藤順二（故人）。

最近の出版不況のおり、前編著に続いて本書の出版を快く引き受けてくれた筑波書房の鶴見治彦社長にもお礼申し上げます。鰹と芋焼酎をこよなく愛するだけでなく、常に書き手を最優先に考え、わがままな要望に快く応えていただきありがとうございます。

最後に感謝の気持ちを伝えたいのは家族に対してです。福田照美、清野誼・ユキ子は、遠く鹿児島に住む筆者家族を温かく見守ってくれています。そしてなによりも、妻玲子と俊輔、史華の2人の子どもたちがいたからこそ、研究も継続できました。連載開始当時、「お父さんは原耕、原耕って言っているけど、学校で原耕のこと知っている人なんて誰もいないよ」と子どもたちに言われました。今もあまり状況は変わらないかもしれませんが、本書出版を機に、原耕のことを知る人が少しでも増えてくれれば、筆者としては望外の喜びです。

福田 忠弘（ふくだ ただひろ）

1974年栃木県宇都宮市生まれ。早稲田大学大学院社会科学研究科博士課程満期退学。

現在：鹿児島県立短期大学商経学科教授

主な著書：『ベトナム北緯17度線の断層－南北分断と南ベトナムにおける革命運動（1954-60）』（単著、成文堂、2006年、第5回東南アジア史学会賞受賞）、『地方発国際NGOの挑戦－グローカルな市民社会に向けて』（共編著、明石書店、2008年）、『カツオ今昔物語－地域おこしから文学まで』（共編著、筑波書房、2015年）など。

海耕記　原耕が鰹群《なぐら》に翔けた夢

2018年11月24日　第1版第1刷発行

著　者 ◉ 福田 忠弘
発行人 ◉ 鶴見 治彦
発行所 ◉ 筑波書房
東京都新宿区神楽坂2-19 銀鈴会館 〒162-0825
☎03-3267-8599
郵便振替 00150-3-39715
http://www.tsukuba-shobo.co.jp

定価はカバーに表示してあります。
印刷・製本＝中央精版印刷株式会社
ISBN978-4-8119-0544-0　C0023

カバーデザイン：丸山容爾